Werner Haupt
Das Buch der Panzertruppe 1916–1945

Werner Haupt

Das Buch der Panzertruppe 1916–1945

DÖRFLER · VERLAG

Genehmigte Lizenzausgabe für DÖRFLER VERLAG GmbH,
Eggolsheim

Verantwortlich für den Inhalt ist der Autor.

Im Internet finden Sie unser Verlagsprogramm unter:
www. doerfler-verlag.de

INHALT

Zur Einführung

»Das Buch der Panzertruppe« schildert in komprimierter Form die organisatorische Entwicklung der jüngsten Waffengattung der ehemaligen deutschen Wehrmacht.
Das vorliegende Werk ist kein historisches Buch, das sich mit den Geschichten der Schlachten im 1. und 2. Weltkrieg befaßt; es ist auch keine rein technische Veröffentlichung, die allein der hochkomplizierten Technik der Panzerwagen gerecht wird, sondern es soll in erster Linie eine mit Fotos und Dokumenten angereicherte Geschichte der Organisation dieser Truppe darstellen. Der Bogen ist von der Entwicklung im 1. Weltkrieg über die geheime Aufrüstung in der Weimarer Republik bis hin zum letzten Einsatz der Panzertruppe im Mai 1945 gespannt.
Obwohl es zur Geschichte dieser Waffengattung schon viele Publikationen im In- und Ausland gibt, schließt der Autor dennoch eine Lücke, denn mit diesem Buch wird jeder ehemalige Soldat der Panzertruppe angesprochen wie jeder Leser, der sich mit einem Kapitel der deutschen Militärgeschichte, ihrem Auf und Ab, ihren Fehlentwicklungen und großen Erfolgen beschäftigen möchte oder sich für ihre Organisation – praktisch »aus dem Nichts« – interessiert.
Der Verfasser, der die Führerscheine zum Fahren der Kampfwagen vom P-I bis P-V besaß, möchte dieses Werk den ehemaligen Soldaten der deutschen Panzertruppe, die nicht mehr in die Heimat zurückkamen, widmen.

Waiblingen, im Sommer 1989 — Werner Haupt

Statt eines Vorworts

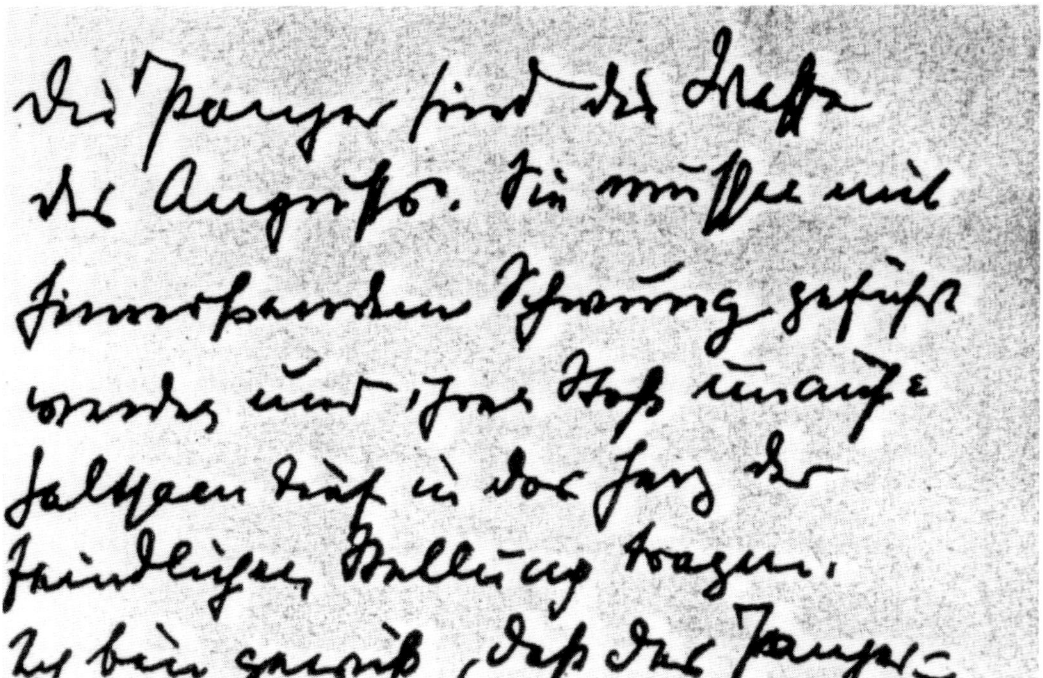
Die Panzer sind die Waffe
des Angriffs. Sie müssen mit
hinreißendem Schwung geführt
werden und ihren Stoß unaufhalt-
sam tief in das Herz der
feindlichen Stellung tragen.
Ich bin gewiß, daß das Panzer-
offizierkorps sich seiner stolzen
kriegerischen Überlieferung aus
den verflossenen 4 Jahren stets
erinnern und in aller Zukunft
danach handeln wird.
Guderian

Handgeschriebenes Geleitwort des Generalinspekteurs der Panzertruppen, Generaloberst Guderian, für ein im Jahre 1944 erschienenes Buch zum Einsatz der Panzer im Ostfeldzug.

Das Vorspiel

Deutsche Panzer im 1. Weltkrieg 1916 - 1918

Es war am 15. September 1916, als graue Wolken tief über die zerschossene Landschaft an der Somme zogen und andauernder Regen das durch Granattrichter aufgewühlte Gelände immer nasser werden ließ. Seit Tagen, ja seit Wochen und Monaten, tobte in dieser Gegend die mörderische Sommeschlacht, von der die alliierten Generalstäbe endlich eine entscheidende Wende erwarteten.
Da — nachdem das britische Artilleriefeuer sich langsam auf das rückwärtige Gebiet der deutschen Front vorarbeitete, durchbrachen Motorenlärm und die Geräusche von schweren Ketten das Trommeln der Geschütze und Pfeifen der Maschinengewehrgeschosse. Als sich der Dunst von Feuer und Rauch etwas lichtete, erblickten die verdreckten und ausgehungerten Soldaten des deutschen Reserve-Infanterieregiments 28 graugelbe Ungeheuer, die sich langsam durch das Trichtergelände auf ihre Schützengräben zubewegten.
Sie starrten entsetzt und fast hoffnungslos auf diese Stahlkolosse, die sich roboterhaft und unentwegt fortzubewegen schienen. Die wenigen Offiziere, Unteroffiziere und Soldaten dieses rheinischen Regiments sahen als erste Deutsche, daß eine neue Waffe das Schlachtfeld erreichte.

Als am 15.9.1916 britische Tanks gegen die deutschen Stellungen bei Flers/Somme vorrollten, begann die Geschichte der Panzertruppe.

Es waren die Tanks des britischen Royal Tank Corps, die an diesem Herbsttag des Jahres 1916 den ersten Panzerangriff der Kriegsgeschichte fuhren. Trotzdem gelang die erhoffte Überraschung nicht. Von den eingesetzten 49 britischen Tanks erreichten überhaupt nur 32 das Schlachtfeld; die anderen waren bereits auf dem Transport bzw. auf dem Anmarsch steckengeblieben. Fünf weitere Tanks liefen sich in den zahlreichen Granattrichtern fest und konnten durch eigene Kraft nicht weiter; neun andere mußten infolge Motorschäden aufgegeben werden. Der Rest von ihnen, der in die deutschen Stellungen einbrach, wurde von den Geschützen unter Feuer genommen. Acht dieser Tanks explodierten durch Volltreffer und ein weiterer konnte von einem namenlosen Infanteristen durch Handgranaten außer Gefecht gesetzt werden.
Nachdem hier, im Raum der französischen Stadt Flers, der erste Panzerangriff ausgelaufen war, besichtigten deutsche Offiziere mit Staunen die britischen Stahlungetüme. Es handelte sich um Tanks des Typs »Big Willie« — später als Typenbezeichnung »Mark I« bekannt — die ein Gewicht von 28 Tonnen aufwiesen, mit zwei 5,7-cm-Kanonen und vier Maschinengewehren ausgerüstet waren und eine Besatzung von einem Offizier und sieben Mann zählten.
Die Bezeichnung »Tank« war der Tarnname für diese neue Waffe. Nachdem die Herstellung dieser stählernen Fahrzeuge nicht mehr geheimgehalten werden konnte, streuten die Briten die Nachricht aus, daß es sich bei diesen mit Ketten versehenen Ungetümen um fahrbare Wassertanks für die Armee handelte — so kam die neue Waffe zu ihrem Namen. (Die Bezeichnung Panzer tauchte erst in den Jahren nach dem Krieg auf.)

Das preußische Kriegsministerium erteilte aufgrund der bei Flers gemachten Erfahrungen und Erkenntnisse am 13. November 1916 im Anschluß an eine am 30. Oktober vorher geführte vertraulichen Besprechung der Verkehrstechnischen Prüfungskommission der Obersten Heeresleitung und der Verkehrsabteilung im Allgemeinen Kriegs-Department den Auftrag zur Konstruktion und zum Bau eigener Tanks. Nach ersten intensiven Besprechungen mit Vertretern der Industriefirmen Daimler, Knoop, Dürkopp, Lohrmann-Benz, Bosch, Büssing und Hansa-Lloyd wurden die entsprechenden Aufträge vergeben.
Die Richtlinien für die unter Leitung von Oberingenieur Vollmer der Verkehrstechnischen Prüfungskommission vorzunehmenden Konstruktion lauteten:

Leistungen:
Querfeldeinfahrt über jeden Boden,
Überfahren von Gräben bis zu 1,5 m Breite,
Steigungsfähigkeit querfeldein 1:10, auf Straße 1:4,
Vor- und Rückwärtsfahren,
Geschwindigkeit querfeldein 6, auf Straße 12 km/h,
Nutzlast mindestens 4 t,
Panzerung entsprechend Nutzlast.

Ausstattung:
Schnellfeuergeschütze vor- und rückwärts,
einige Maschinengewehre,
80 - 100 PS-Motor,
Munition 300 - 500 je Geschütz, 6000 je Maschinengewehr,
Baukosten 250.000 Mark.

Bedeutende Ingenieure der Firmen Büssing, Opel, Daimler, Audi und Knoop gingen sofort an die Arbeit. Zur Grundlage nahmen sie erbeutete britische Tanks und den österreichischen Caterpillar-Lastkraftwagen. Bereits am 22. Dezember 1916 lagen der Obersten Heeresleitung (OHL) die ersten Zeichnungen für den deutschen Tank vor, der die Bezeichnung »A 7 V« erhielt. (A 7 V war die offizielle Bezeichnung für die Verkehrsabteilung im Allgemeinen Kriegs-Department in Friedenszeit.)
Doch wie immer, wenn es um Neukonstruktionen ging, klafften die Meinungen zwischen OHL und den beteiligten Konstrukteuren und Firmen weit auseinander — und darüber verging kostbare Zeit. (Genauso war es dann 25 Jahre später, als sich OKW [Oberkommando der Wehrmacht], Rüstungsministerium und Industrie nie einig waren, wann, wie und warum ein neuer Panzer zu bauen war!)

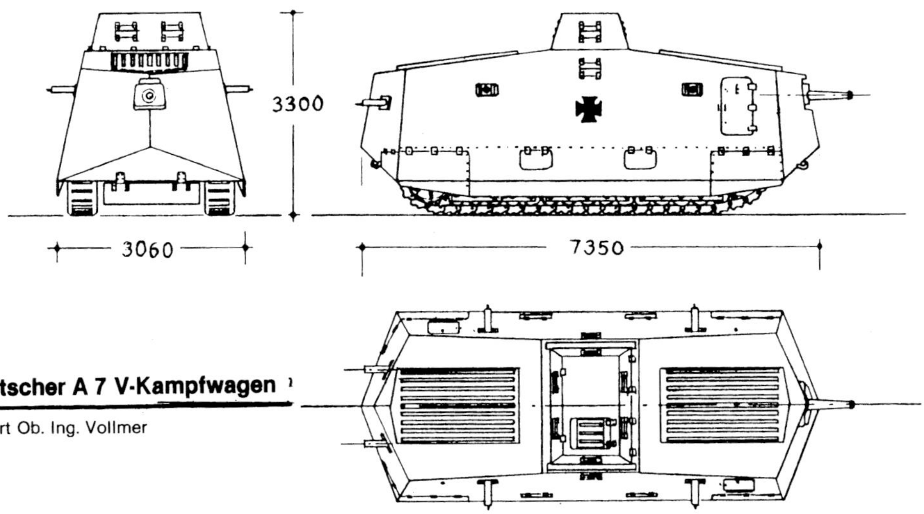

Deutscher A 7 V-Kampfwagen

Bauart Ob. Ing. Vollmer

Es bedurfte monatelanger Arbeit, ehe endlich das Innere und Äußere des »A 7 V« Gestalt annahm. Der Produktionsablauf wurde außerdem durch Kohlemangel bei den Industriewerken und durch das Fehlen der Facharbeiter erheblich gestört. Doch am 30. April 1917 erfolgte in Berlin-Marienfelde die Vorführung des ersten Fahrgestells mit Holzaufbau. Das Garde-Pionier-Ersatzbataillon hatte hierzu ein Gelände mit Granattrichtern, Gräben, Stacheldrahthindernissen u.a.m. aufgebaut und stellte auch den »Feind« dar. Die OHL war nicht zufrieden. Erst nachdem am 14. Mai 1917 eine weitere Vorführung, jetzt mit Panzeraufbau, in Mainz stattfand, wurde der Bau deutscher Tanks von der OHL in die Dringlichkeitsstufe I eingereiht.
Die Alliierten, besonders die britische Armee, setzten inzwischen mehr und mehr ihre Tankwaffe auf dem Schlachtfeld ein. So rollten am 9. April 1917, gegen 5.30 Uhr morgens, Rudel von Tanks gegen deutsche Stellungen bei Arras. Der Angriff wurde drei Tage später von elf Tanks wiederholt, von denen neun brennend auf dem Schlachtfeld liegenblieben. Der letzte größere Angriff britischer »Mark I« lief sich gleichfalls bei Ypern in den Schützengräben fest.

Jetzt hatte der Bau der deutschen Tanks und die Ausbildung der Besatzungen begonnen. Der »A 7 V« erreichte eine Länge von 7,35 m, eine Breite von 3,06 m und eine Höhe von 3,30 m. Das Gewicht belief sich auf 9 t, die Panzerung betrug vorn und hinten 3 cm und an den Seiten 1,5 bis 2 cm. Die Bewaffnung bestand aus einer 5,7-cm-Kanone (belgische Beutekanone) und sechs Maschinengewehren. Der Fahrbereich wurde bei einer Geschwindigkeit von 16 km/h bis zu 80 km auf Straße erzielt. Die Besatzung bestand meist aus einem Offizier oder Feldwebel und zehn Mann.
Bei Übungsfahrten stellte sich u.a. heraus, daß die beiden 100-PS-Motoren häufig nicht ansprangen und leicht heiß wurden, die Getriebegehäuse brachen und bei Geländefahrten die Rollenwagen entgleisten. Nach Abschaffung dieser Mängel war der erste kriegsbereite deutsche Tank Ende Oktober 1917 fertig. Inzwischen war in Berlin-Marienfelde eine Fahrschule für »A 7 V«-Tanks eingerichtet worden.

Deutsche Tankbesetzung und ihr mit dem Totenkopf bemalter Kampfwagen. Die Männer trugen Asbestanzüge, Lederhelme und Splittermasken.

Der Chef des Feldkraftfahrwesens, Oberst Meyer, befahl am 29. September 1917 die Aufstellung der Sturmwagenabteilungen 1 und 2 (Hauptmann Greiff, Hauptmann Steinhardt). Die Zusammenstellung der Abteilungen erfolgte in Berlin-Marienfelde. Jede Abteilung erhielt fünf Tanks.

Doch inzwischen war der Krieg an der Front weitergegangen. Der britische Generalstab setzte im November 1917 zu einer Großoffensive gegen die deutsche Front bei Cambrai an. Nach tagelanger Artillerievorbereitung griffen am 20. November 1917 mehrere Infanterie- und Kavalleriedivisionen, unterstützt von Hunderten von Kampfflugzeugen und 378 (!) Tanks die »Siegfriedstellung« an.
Es kam zu erbitterten Kämpfen, bei denen es den Briten am ersten Tag gelang, die deutsche Front in 13 km Breite und 9 km Tiefe aufzureißen. Kavallerie war bis in die Vororte von Cambrai gedrungen — und in der Kathedrale St. Paul in London läuteten bereits die Siegesglocken. Doch dann schlugen die deutschen Truppen zurück. Nach 14 Tagen waren die Briten auf die Ausgangsstellungen zurückgetrieben, 60 Tanks ließen sie als Verluste zurück.
Diese »Tankschlacht von Cambrai« brachte jetzt die OHL endlich dahin, den Bau der eigenen Tanks und den Aufbau dieser neuen Waffengattung voranzutreiben. Die erste Sturmwagenabteilung war am 5. Januar 1918 marschbereit und wurde eine Woche später über Sedan an die Westfront verlegt. Inzwischen erfolgte in der Heimat die Aufstellung der 2. und 3. (Hauptmann Uihlein) Abteilung. Kaiser Wilhelm II. besichtigte im Februar 1918 diese Abteilungen mit ihren Fahrzeugen. Zwei weitere Abteilungen wurden gleichzeitig mit erbeuteten britischen Tanks in Charleroi aufgestellt, Hauptmann Bornschlegel vom kgl.-bayerischen Luft- und Kraftfahrbataillon wurde Kommandeur aller Sturmwagenabteilungen.

Das Innere eines deutschen Kampfwagens

Mittlerweile erfolgte der erste Einsatz fünf deutscher Tanks bei St. Quentin mit einem Teilerfolg. Beim zweiten Einsatz aller drei deutschen Abteilungen bei Villers-Bretonneux am 24. April 1918 zeigten sich Erfolge und Schwächen. Die Tanks waren auf sich allein gestellt, da jede Nachrichtenverbindung fehlte. Versuche dieser Art waren inzwischen fallengelassen, man behalf sich mit Brieftauben. Die Abteilungsstäbe blieben hinten und hielten durch Melder die Verbindung mit den Fahrzeugen. Nach diesen Einsätzen ergaben sich folgende Erkenntnisse:

1. Ausstattung der Tanks mit Kanone ist gut,
2. Feuergeschwindigkeit reicht aus,
3. Munitionsmenge genügt,
4. Zielen mit Zielfernrohr ungeeignet, da Fahrzeug dauernd in Bewegung.

Die OHL hatte aufgrund der Erfahrungen 100 Tanks in Auftrag gegeben, gleichzeitig wurde der Bau eines schweren und größeren Fahrzeugs angeregt. Dieser als »A 7 VU« bezeichnete Tank in einer Größenordnung von 40 Tonnen, einer Länge von 8,38 m, Breite von 4,69 m und Höhe von 3,14 m bewährte sich nicht, obwohl man — wie bei den britischen Tanks — eine umlaufende Kette angebracht hatte. Der Bau dieses Typs wurde am 12. September 1918 eingestellt.
Zu dieser Zeit standen neun Abteilungen mit 45 Tanks an der Front. Die Tanks waren aufgrund eines Befehls der OHL vom Juli 1918 einheitlich grau-grün-braun angestrichen und trugen an den Seiten, Vorder- und Rückwand je ein aufgemaltes Eisernes Kreuz.
Die Abteilungen kamen verzettelt zum Einsatz. So u.a. die Abteilungen 1 und 13 Anfang Oktober nördlich Cambrai, wo von zehn angreifenden Tanks vier verlorengingen. Ganz anders gestaltete sich der Einsatz des britischen »Royal Tank Corps«. So griffen die Engländer am 18. Juli 1918 bei Chateau-Thierry allein mit 600 Fahrzeugen und Anfang August 1918 bei Villers-Cotterét mit 400 Tanks an!

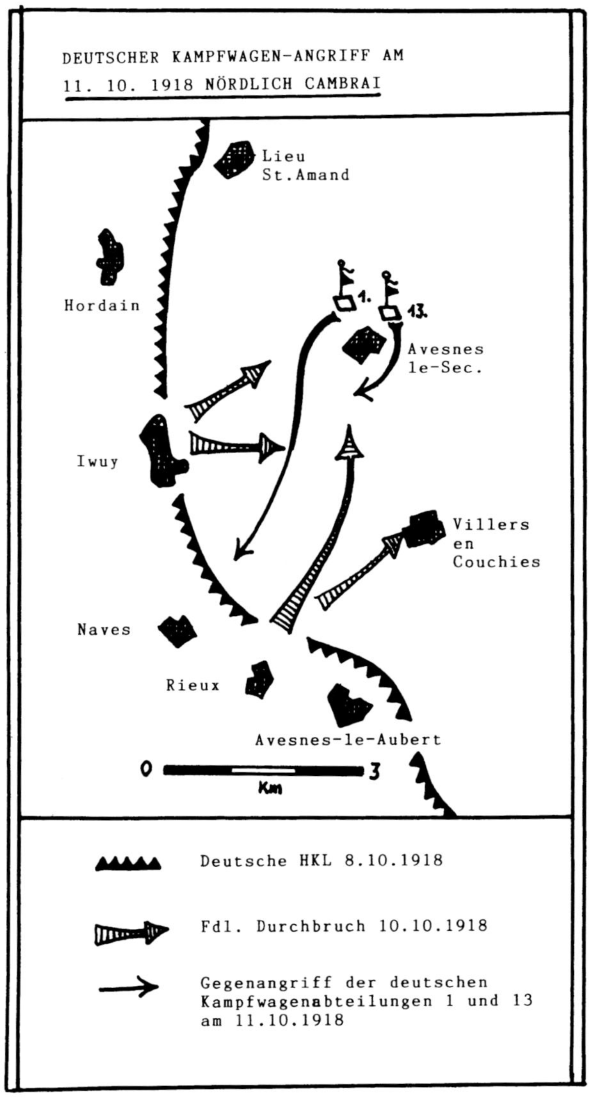

Bei diesen Kämpfen kam es u.a. zum ersten Duell Tank gegen Tank. Leutnant Bittner und Leutnant Blitz der 3. Sturmwagenabteilung schossen die ersten drei britischen Tanks in Brand. Doch bei aller Einsatzfreude und Opferbereitschaft — die deutschen Tanks wurden weniger und weniger. Die Industrie konnte infolge des Material- und Kohlemangels sowie der andauernden Streiks nicht mehr Panzerplatten und Motoren liefern.
Die OHL hatte sich deshalb entschlossen, um Material zu sparen, leichte Kampfwagen zu bauen. So entstanden die 17 Tonnen schweren Tanks der Typen »LK I« und «LK II«. (LK bedeutet einfach Leichter Kampfwagen.) Zwar wurden 600 Stück davon in Auftrag gegeben, aber nur wenige bis Kriegsende hergesellt.
Noch standen am 1. November 1918 neun deutsche Sturmwagenabteilungen mit 45 Tanks an der Front. (Die Alliierten verfügten am selben Tag über 3500 Tanks!) Die letzten deutschen Abteilungen wurden nach dem Waffenstillstand nach Wiesbaden verlegt und hier demobilisiert.
Der Versailler Vertrag bestimmte später die Auslieferung der letzten noch fahrbereiten »A 7 V« an Polen. Hier bewährten sich die deutschen Tanks noch einmal im polnisch-russischen Krieg 1920. Die wenigen »LK I« und »LK II« übernahm die schwedische Armee, wo diese Fahrzeuge bis Mitte der 20er Jahre im Dienst standen.

Das Zwischenspiel

Die geheime Aufrüstung 1919-1934

General der Infanterie Ludendorff schrieb: »Der Tank gewann ... unheilvollen Einfluß ... Der Krieg war zu beenden.« Damit war die neue Waffe als kriegsentscheidendes Mittel anerkannt. Selbstverständlich durften nach dem Willen und den Beschlüssen der Alliierten deutsche Truppen über keine Kampfwagen mehr verfügen.
Doch es gab noch welche; hierbei handelte es sich um leichtere britische Beutekampfwagen und deutsche Übungsfahrzeuge. Diese wurden den Ende 1918 in Berlin aufgerufenen Freiwilligenverbänden zugeführt und als Kampfwagenabteilung Vetter in den bis Ende Januar 1919 dauernden Straßenkämpfen gegen die Spartakisten eingesetzt. Erst auf energischen Einspruch der alliierten Stellen mußte das Kommando aufgelöst und die letzten deutschen Kampfwagen abgegeben werden.

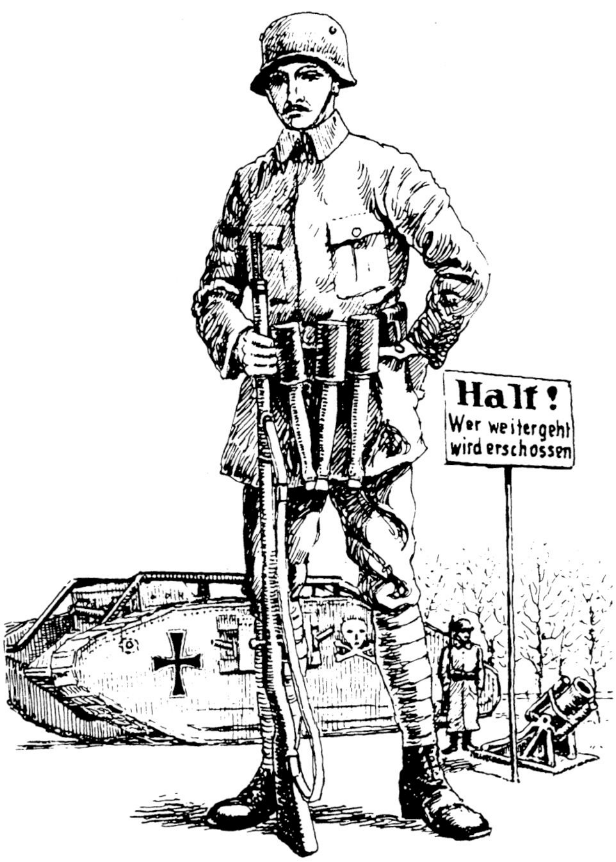

Britischer Beutekampfwagen und Soldat der Sturmwagenabteilung Vetter in Berlin 1919.

Noch gab es keine Reichswehr. Die aus dem Feld zurückgekehrten Truppenverbände, die nicht demobilisiert wurden, bezogen die alten Kasernenanlagen. Im Herbst 1920 richtete das Reichswehrministerium bei den beiden Gruppenkommandos in Berlin und Kassel jeweils Dienststellen ein, die sich um den Aufbau einer sogenannten Kraftfahrtruppe bemühten. Damit war im deutschen Heer eine neue Waffengattung entstanden, die allerdings keine Kampftruppe werden sollte, sondern für den Nachschub gedacht war. Oberstleutnant Hannemann (Kassel) und Major Grundtmann (Berlin) waren die ersten verantwortlichen Offiziere dieser Truppe.

Mit der Neubildung der Reichswehr im Jahre 1921 aufgrund der im Versailler Vertrag festgelegten Bestimmungen — Heer 100.000, Marine 15.000 Mann — entstand im Reichswehrministerium die Inspektion der Kraftfahrtruppen. Diese zeichnete nun verantwortlich für die Aufstellung und Ausbildung der bei den sieben Infanteriedivisionen zu bildenden Kraftfahrabteilungen. Der Inspekteur, Generalmajor von Tschischwitz, und sein Chef des Stabes, Major Petter, verstanden ihre Aufgabe darin, eine leicht-motorisierte Truppe zu schaffen, die der kämpfenden Truppe den entsprechenden Nachschub liefern sollte.

Inspektion der Verkehrstruppen (In 6).

Kraftfahrtruppen — In6 (K) und Fahrtruppen — In6 (F).

Inspekteur: Oberst von Natzmer (Pr.Gen.St.) 1.10.20 (24)

Chef des Stabes der Fahrtruppen: Oberstlt. Adam (GTrA) 1. 1.23 (2)

Chef des Stabes der Kraftfahrtruppen: Oberstlt. Petter (Militärtechnische Akademie) 1. 2.23 (3)

Maj. Brettner (TrA6) 18. 5.20 (10)
= Feßmann (Adj.d.B.2.Kav.Br) 1. 3.23 (1)
Hptm. Woerler (B.2.TrA) 28.11.14 (67)
Hptm. Guderian (JägB10) 18.12.15 (22)
= Löweneck (B.EB) 18. 4.16 (35)

---

5. Kraftfahr=Abteilung.

Gr. Kdo. 2.
5. Div.

St u. 1. (Württemb.) K.: Stuttgart-Cannstatt, 2. (Württemb.) K.: Ulm, 3. (Preuß.) K.: Cassel.

Stammtruppenteile: 1. K.: Württemb. Luftsch. u. Kraftf.Tr.

Kommandeur: Maj. Knox (JR67) 15. 7.18 (6)

Hauptleute:

von Hartlieb genannt Walsporn (JR127) 27. 1.15 (34) St
Austmann (Fuß=AR13) 18. 4.17 (11) 2
Stahl (LB5) 18. 4.18 (7) 3
Schroeder (JR116) 20. 9.18 (12) 1

Oberleutnant

Hupfeld (ER1) 18.10.17 (12) 1

Leutnante:

Runge (EB4) 22. 6.14 (7) Adj
König (JR125) 1.12.15 (4) 2
von Schoenebeck (GrR109) 1. 5.16 (8) 3
Haarde (JR78) 1. 2.17 (6) 3

Aus der Rangliste des Reichsheeres - 1923

Der Reichswehrminister stiftete am 15. Juli 1921 das »Kampfwagenabzeichen« für Offiziere, Unteroffiziere und Mannschaften, die (so wörtlich) »mindestens drei Feindfahrten in deutschen A 7 V-Wagen oder englischen Beutetanks im Felde mitgemacht haben oder auf einer dieser Fahrten verwundet wurden.« Das Kampfabzeichen konnte an der Uniform, linke Brusttasche, getragen werden. Es zeigte einen ovalen Schild, der mit Eichenlaub und Lorbeer eingefaßt war. Dieser Kranz, der unten eine Schleife trug, lief in einen Totenkopf — das Kennzeichen der ehemaligen deutschen Tanks — aus. Im Schild selbst war ein A 7 V-Kampfwagen dargestellt, über dem drei Schrapnells platzten. Das Abzeichen wurde insgesamt 99 mal verliehen.
In dem Jahr, als diese Auszeichnung gestiftet wurde, dachte kein Offizier an das Entstehen einer späteren deutschen Panzerwaffe — doch schon ein Jahr später sollte es anders werden!
Ein bis dahin namenloser Offizier, Hauptmann Guderian, wurde 1922 in die Inspektion der Verkehrstruppen versetzt und vorerst zur Dienstleistung der in München stationierten 7. Kraftfahrabteilung (Kommandeur Major Lutz) kommandiert. Im selben Jahr unterzeichneten die Außenminister Deutschlands und Rußlands den Vertrag von Rapallo. Dabei konnten die deutschen Vertreter, Generalmajor Hasse und Oberst von Schleicher, mit russischen Diplomaten Absprachen über gegenseitige militärische Ausbildung treffen. (Es war auch das Jahr, in dem deutsche und russische Passagierflugzeuge den regelmäßigen Luftverkehr zwischen Berlin und Moskau aufnahmen, bevor ein deutsches Verkehrsflugzeug die westlichen Hauptstädte anfliegen durfte!) Die beiden Staaten, die als große Verlierermächte des 1. Weltkrieges anzusprechen waren, hatten sich zur militärischen Zusammenarbeit entschlossen!
Das Reichswehrministerium bildete eine Abteilung »R« unter Führung von Oberst Nicolai (im 1. Weltkrieg Chef der deutschen Abwehr), die eine Außenstelle in Moskau (Oberst von der Lieth-Thomsen, Major Ritter von Niedermayer) einrichtete. Die Zusammenarbeit zwischen deutschen und russischen Militär-Dienststellen klappte vorzüglich, im Gegensatz zu den beiderseitigen Wirtschaftsämtern. Nach der Vereinbarung konnten deutsche Offiziere zur Ausbildung in die (seit 1922) Sowjetunion entsendet werden und umgekehrt konnten russische Offiziere an Lehrgängen an deutschen Kriegsschulen teilnehmen. Die abkommandierten deutschen Offiziere mußten aus rechtlichen Gründen aus ihrem Dienstverhältnis ausscheiden, wurden aber weiterhin in den Ranglisten geführt und kehrten nach Rückkehr in ihre Truppenteile zurück. Die Reichswehr unterhielt drei Ausbildungszentren: eine Gaskampfschule in Saratow, eine Flugzeugführer- und -beobachterschule in Lipezk und eine Panzertruppenschule bei Kasan am Fluß Kama; aus Tarnungsgründen deshalb Panzertruppenschule »Kama« genannt.
Die »Rote Armee« stellte Übungsgelände, Unterkünfte, Gerät und Hilfskräfte zur Verfügung. Bei dem Kampfwagenmaterial handelte es sich um die leichten Panzer der Typen »MS I« und »MS II«, letztere waren bereits mit einer 3,7-cm-Kanone bestückt.
Die Reichswehr kommandierte nach Abschluß entsprechender Vorarbeiten ab Mitte der 20er Jahre vorwiegend Offiziere der Kraftfahrtruppen zur bis zwei Jahre dauernden Ausbildung nach Kasan. Gleichzeitig stellten die Firmen Daimler, Krupp und Rheinmetall Ingenieure und Techniker nach Kasan ab. Diese konnten hier an eigenen Konstruktionen — so u.a. Fahrgestell für den späteren »P-I« und »P-II« — arbeiten. Leiter der Ausbildung waren deutscherseits Direktor Mahlbrand, Major Ritter von Radlmaier und Major Harpe (der spätere Generaloberst und Oberbefehlshaber mehrerer Panzerarmeen).
Die sowjetischen Dienststellen unterstützten die Ausbildung der jeweils neun bis zwölf deutschen Offiziere hervorragend. Generalmajor von Blomberg, der spätere Kriegsminister, Generalmajor Lutz, Oberstleutnant Guderian, Oberstleutnant Model

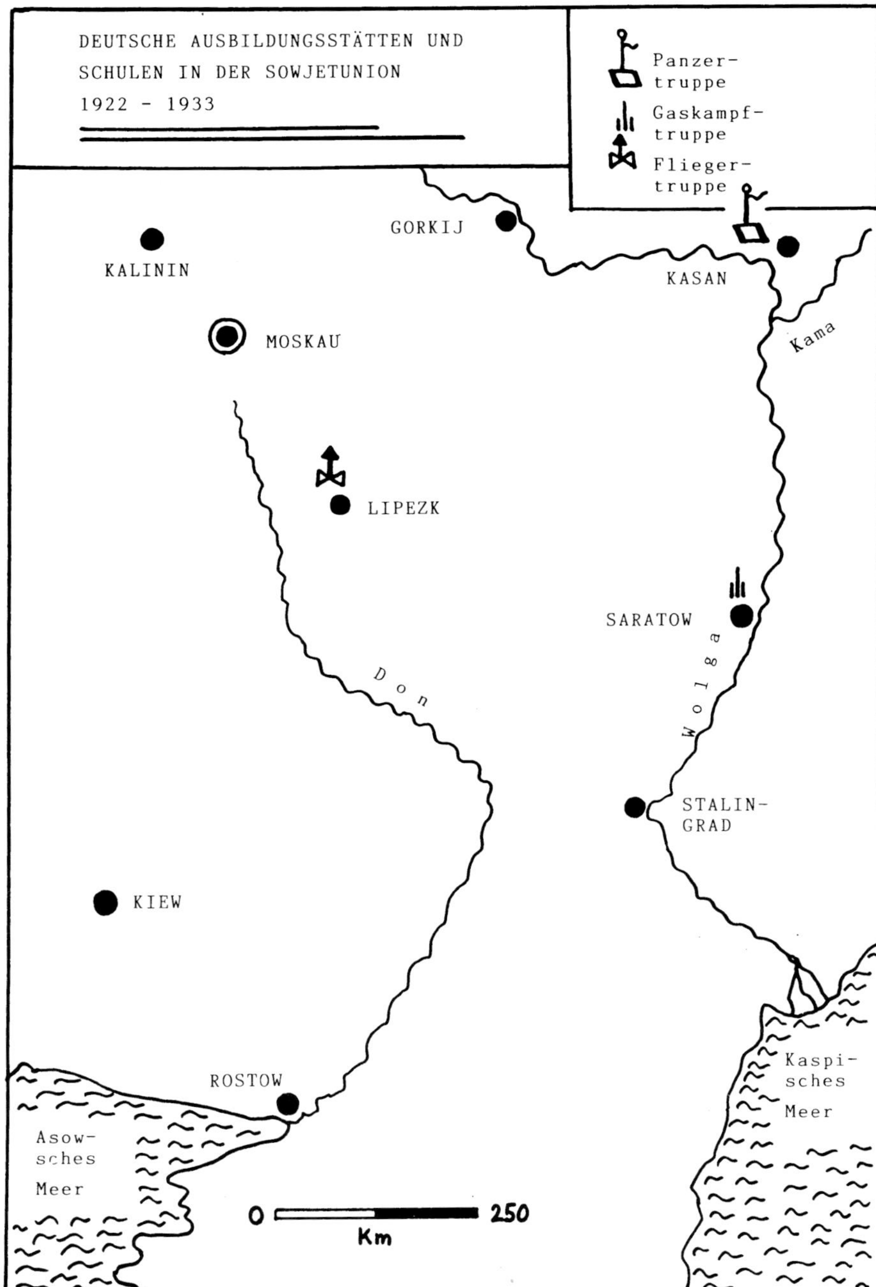

und andere höhere deutsche Offiziere besuchten zu Besichtigungen die Schule. Das gute Verhältnis zwischen deutschen und sowjetischen Offizieren wurde erst im Sommer 1933 gestört, als von Berlin der rigorose Befehl eintraf, die Panzertruppenschule aufzulösen. Die Befehlsstellen der »Roten Armee« zeigten kein Verständnis für diesen abrupten Abbruch.

Es gelang schließlich nur unter Mühe, die ersten dort erprobten deutschen Kampfwagen, als leichte Kleintraktoren getarnt, über die Grenze zurückzubringen und in der Schießschule Altgartz-Wustrow unterzustellen.

Inspektion der Verkehrstruppen (In 6)

Kraftfahrtruppen — In6 (K) und Fahrtruppen — In6 (F)

Inspekteur: Gen. Maj. von Vollard Bockelberg	1.11.27	(3)
Chef des Stabes der Fahrtruppen: Oberst Adam	1.11.27	(6)
Chef des Stabes der Kraftfahrtruppen: Oberst Petter	1.11.27	(7)

Maj. Busch	1. 4.25	(6)	Hptm. Ritter von Radlmaier	18.12.15	(14)
" Kaempfe	1. 5.25	(4)	" Kühn	27. 1.18	(3)
" Krafft	1. 4.26	(10)	" Harpe	18. 4.18	(5)
" Dörffer	1. 2.28	(2)	" Schwartz	20. 9.18	(24)
" Müller	1. 2.28	(17)			

Gr. Kdo. 1
1. Div.

1. (Preußische) Kraftfahr-Abteilung

St 1. u. 3. K.: Königsberg (Pr.), 2. K.: Allenstein.

Kommandeur: Oberstlt. Mencke 1. 2.27 (25)

Hauptleute

Kempf	27. 1.16	(2a)	2	Blankenstein	1. 2.24	(10)	3
Meyer	18. 8.18	(27)	St	Breith	1. 3.24	(8)	1

Oberleutnante

Dittmann	1. 4.25	(121)	1	von Hülsen	1. 3.27	(5)	3
Brüning	1. 4.25	(569)	Adj	Teege	1. 2.28	(27)	1

Leutnante

Heyna	1.12.26	(163)	3	von Amsberg	1. 2.28	(16)	1

Gr. Kdo. 1
2. Div.

2. (Preußische) Kraftfahr-Abteilung

St u. 1. K.: Stettin, 2. K.: Schwerin (Mecklb.), 3. K.: Kolberg.

Stammtruppenteil: 3. K.: Preuß. FliegTr.

Kommandeur: Maj. von Puttkamer	1. 3.26	(2)	
Maj. Böhmer	1. 5.28	(2)	St

Hauptleute

Streich	1. 2.23	(1)	1	Werner	1. 2.26	(25)	2
von Bismarck	1. 5.24	(2)	3				

Oberleutnante

Dühring	1. 4.25	(5)	1	Koll	1. 4.25	(232)	Adj

Leutnante

Herschel	1.12.25	(90)	1	Weber	1. 3.28	(8)	3
Wolff	1.12.26	(162)	2				

Stellenbesetzung der Inspektion der Verkehrstruppen und von zwei Kraftfahrabteilungen — Rangliste 1928.

Mittlerweile wurden auch in den oberen Führungsstellen des Heeres erste taktische Überlegungen angestellt, die bisherigen Kraftfahrabteilungen nicht nur als Nachschubverbände, sondern eventuell auch als Frontverbände zu verwenden. In den Jahren 1923 und 1924 fanden erste Planspiele im Reichswehrministerium statt, bei denen man auf Kampfwagen und auf Flugzeuge zurückgriff. Eines dieser Planspiele unter Leitung des Oberstleutnant von Brauchitsch, dem späteren Oberbefehlshaber des Heeres, brachte die Erkenntnis, daß man nun mit gepanzerten Fahrzeugen — also Panzer — zu rechnen habe. Die ersten taktischen Übungen im Gelände erfolgten deshalb unter Einsatz von gepanzerten Mannschaftstransportwagen mit Vierradantrieb. Das Heereswaffenamt erteilte aufgrund dieser Erfahrungen im Jahr 1925 den drei Firmen Rheinmetall, Krupp und Daimler-Benz den Auftrag, unter strengster Geheimhaltung eigene leichte Panzer zu konstruieren. Die Entwicklung dieser geplanten Typen wurde allerdings durch Meinungsverschiedenheiten zwischen den einzelnen Inspektionen im Reichswehrministerium stark gehemmt. Hier war man sich — bis praktisch zum Jahr 1935 — nicht einig, ob eine zukünftige eigene Panzerwaffe offensiv oder nur zum Begleitschutz für Infanterie und Kavallerie taugte.
Die nachfolgenden Inspekteure der Kraftfahrtruppen, Generalmajor von Natzmer und Oberst von Vollard-Bockelberg, konnten sich mit dem Einsatz von Panzern nicht anfreunden. Der junge Hauptmann Guderian, inzwischen in der Transportabteilung des Reichswehrministeriums tätig, entwickelte inzwischen eigene Gedanken über den Einsatz zukünftiger Panzerwagen. Er konnte diese Pläne ab 1928 als Lehrer für Panzertaktik weiterentwickeln.
So fanden unter seiner Anregung im selben Jahr erste Übungen mit hölzernen Attrappen, die Panzer darstellten, statt. Soldaten des III./Infanterieregiment 9 (Spandau) schoben diese Attrappen und stellten damit die ersten deutschen Panzersoldaten zu Fuß dar. Der Kommandeur dieses Bataillons, Major Busch (der spätere Feldmarschall) und sein Adjutant, Hauptmann Wenck, (der spätere General der Panzertruppe) waren begeisterte Anhänger dieser Manöverübungen.

Übung mit Panzerattrappen des IR 9 (Potsdam).

Major Guderian, der 1929 vorübergehend zum II. Bataillon Garde der schwedischen Armee abkommandiert war, lernte hier den ersten Kampfwagen überhaupt kennen. Es war ein leichter deutscher Panzer vom Typ »LK II« aus dem 1. Weltkrieg. Zurückkommend aus Schweden, legte Major Guderian dem neuen Inspekteur der Kraftfahrtruppen, Generalmajor von Stülpnagel, seine Gedanken zur Aufstellung einer eigenen Panzerdivision vor. Die Pläne wurden selbstverständlich abgelehnt; lediglich der neue Chef des Stabes, Oberst Lutz, der einstige Kommandeur Guderians in München, begeisterte sich für diesen Plan. Der »aufdringliche« Guderian mußte deshalb zur Truppe wechseln. Er übernahm die 3. (Preußische) Kraftfahrabteilung in Berlin-Lankwitz. Er ließ seine in Döberitz stationierte 2. Kompanie auf Panzerattrappen »umrüsten«, um erste praktische Erfahrungen zu sammeln.

Inspektion der Kraftfahrtruppen (In 6)

Inspekteur: Gen. Maj. Lutz	1. 4.31	(1)
Chef des Stabes: Obstlt. Guderian	1. 2.31	(41)

Maj. Nehring	1. 4.31	(14a)	Hptm. Ritter von Hauenschild	1.10.28	(2)
Hptm. Irmisch	1. 5.22	(11)	Oblt. Chales de Beaulieu	1. 4.25	(420)
" Breith	1. 3.24	(8)			
" Werner	1. 2.26	(25)			

Kraftfahr-Lehrstab (Stab F. 4)

Berlin

Kommandeur: Oberst Feßmann 1. 4.31 (12)

Abg. Ausgesch.: Oberst Genée.

Gru. Kdo. 2
7. Div.

7. (Bayerische) Kraftfahr-Abteilung

St. u. 1. Kp.: München, 2. Kp.: Würzburg, 3. Kp.: Fürth (Bayern).

Stammtruppenteile: 1. Kp.: B.FliegTr, 2. Kp.: B.LuftschTr, 3. Kp.: B.KraftfTr.

Kommandeur: Maj. Kempf 1. 2.29 (11)

Hauptleute

Fichtner	1. 5.26	(4)	1	Cuno	1. 2.29	(12)	3
Rüger	1. 6.26	(7)	2				

Oberleutnante

Höfle	1. 4.25	(607)	1	Hansen	1. 4.31	(1)	3
Görgmaier	1.11.28	(37)	2	Stoeckl	1. 4.32	(20)	1
Pasquay	1. 2.30	(35)	Adj				

Leutnante

Gradl	1. 2.31	(63)	2	Schreyögg	Ern. 1. 3.31		3
Ott	1. 5.31	(10)	2				

Abg. Ausgesch.: H Müller.

Auszug aus der Rangliste des Reichsheers vom Jahr 1932.

Doch mittlerweile hatten sich die drei Industriefirmen an die Entwicklung eines leichten und eines mittleren Panzerwagens herangetraut. Die Firmen Rheinmetall, Krupp und Daimler-Benz bauten 1928/29 zwei Prototypen des mittleren Panzers — »Großtraktor« aus Tarnungsgründen bezeichnet — die im Werk Unterlüß entstanden. Dieses Fahrzeug war bereits mit einer 7,5-cm-Kanone und drei Maschinengewehren bewaffnet, hatte eine Panzerung von 13 mm und ein Gefechtsgewicht bis zu 19 t. Die Geschwindigkeit betrug 20 km/h an Land und 4 km/h im Wasser. Der Vortrieb im Wasser wurde von zwei Schiffspropellern gewährleistet. Der Motor erzeugte 250 PS. Der von Oberingenieur Porsche bei Daimler entwickelte »Großtraktor« besaß sogar einen 300 PS-Flugmotor aus dem Jahr 1918. Beide Prototypen konnten auf »Schleichwegen« zur Panzertruppenschule Kama in der Sowjetunion gebracht werden, wo sie allerdings infolge von Konstruktionsfehlern nicht einsatzbereit waren.
Der von den Firmen Krupp und Rheinmetall ab 1929 gebaute leichte Kampfwagen — »Leichttraktor« bezeichnet — entsprach etwa einem Vollketten-Panzerauto. Im Drehturm war eine 3,7-cm-Schnellfeuerkanone untergebracht. Das Gewicht des »Leichttraktors«, der noch aus Weichstahl bestand, belief sich auf 9,5 t. Er brachte es auf eine Geschwindigkeit von 18 km/h.
Die technische Entwicklung konnte ab 1931 forciert werden. In diesem Jahr wurde Generalmajor Lutz neuer Inspekteur der Kraftfahrtruppen. Er holte sich noch im selben Jahr Oberst Guderian zum Chef des Stabes. Als Gehilfen in den nächsten beiden Jahren taten Offiziere Dienst in der Inspektion, die wenige Jahre später bedeutende Panzerführer wurden: die Majore Kempf und Nehring und die Hauptleute Châles de Beaulieu und von Hünersdorff.
Die neue Inspektion betrieb nun vorrangig die weitere Entwicklung bisheriger Panzerbaupläne. Das Heereswaffenamt gab den bekannten Firmen erneut Aufträge zur Konstruktion und Entwicklung je eines leichten und eines mittleren Typs, wobei auf die Erfahrungen mit den bisherigen »Traktoren« zurückgegriffen werden sollte.
So entstanden bei der Firma Rheinmetall in Zusammenarbeit mit der Firma Krupp ein sogenanntes »Neubau-Fahrzeug«, von dem fünf Stück gebaut wurden. Ein Kampfwagen wurde mit einer 10,5-cm-, der andere mit einer 7,5-cm-Kanone sowie je einer 3,7-cm-Kanone und je einem MG (Maschinengewehr) ausgestattet. Diese Fahrzeuge bewährten sich nicht; ihr Bau wurde 1933 eingestellt.
Die Firmen MAN, Krupp, Henschel, Daimler-Benz und Rheinmetall-Borsig erhielten deshalb 1932 einen neuen Entwicklungsauftrag. Dieser neue Kampfwagen — als »Landwirtschaftlicher Schlepper« getarnt —, wurde von der Firma Krupp konstruiert und von der Firma Henschel gebaut. Bis Ende des Jahres waren drei Prototypen fertig.
Zu dieser Zeit hatte bereits eine neue Ära in der deutschen Geschichte begonnen. Reichspräsident von Hindenburg ernannte unter voller Zustimmung des neuen Reichskanzlers Hitler den Generaloberst von Blomberg zum Reichskriegsminister, den Generalleutnant von Reichenau zum Chef des Ministeramts und den General der Infanterie von Fritsch zum Oberbefehlshaber des Heeres. Alle drei Offiziere forderten kurz nach Dienstantritt weitere und intensive Versuchs- und Lehrübungen der Kraftfahrtruppen.
Die ersten Übungen in Schlesien sowie auf den Truppenübungsplätzen Jüterbog und Grafenwöhr hatten die Beweglichkeit einer motorisierten Truppe — hier noch mit Attrappen geübt — klar bewiesen.
Der neue Oberbefehlshaber des Heeres ließ am 1. Juni 1934 die bisherige Inspektion der Kraftfahrtruppen in Kommando der Kraftfahrkampftruppen umbenennen und ernannte zum Kommandeur Generalleutnant Lutz und zum Chef des Stabes Oberst Guderian.

Schon vorher war unter Befehlsführung der damaligen Inspektion der Kraftfahrtruppen am 1. November 1933 der erste deutsche Panzerverband entstanden! An diesem Tag begann die Geschichte der deutschen Panzertruppe!
Die aus Kama (Sowjetunion) zurückkehrenden Offiziere und Techniker sowie Unteroffiziere und Mannschaften des Kraftfahrlehrstabes und der 3. Kraftfahrabteilung (Berlin-Lankwitz) wurden zum Kraftfahrlehrkommando Zossen zusammengestellt. Vorgänger dieses Kraftfahrlehrkommandos waren die einstigen Technischen Lehrgänge der Inspektion der Kraftfahrtruppen, aus denen im Jahre 1929 der Kraftfahrlehrstab entstanden war. Der Kommandeur dieses Lehrstabes, Oberst Fessmann, wurde erster Kommandeur des Kraftfahrlehrkommandos Zossen.

H. Dv. 300/1

Truppenführung

(T. F.)

I. Teil

(Abschnitt I—XIII)

Vom 17. 10. 33

133

Artillerie für Einzelheiten des Infanteriekampfes nicht genügt.

339. Kampfwagen und Infanterie, die zusammenarbeiten, sollen im allgemeinen dasselbe Angriffsziel haben, nach Möglichkeit die feindliche Artillerie. In der Regel werden die Kampfwagen dort eingesetzt, wo die Entscheidung im Angriff gesucht wird.

Der Angriff der Kampfwagen erfolgt entweder in der gleichen Richtung wie derjenige der Infanterie oder aus einer anderen Richtung. Ausschlaggebend ist das Gelände. Enges Binden an die Infanterie beraubt die Kampfwagen des Vorteils ihrer Schnelligkeit und läßt sie unter Umständen ein Opfer der feindlichen Abwehr werden. Sie sind jedoch so anzusetzen, daß ihr Vorgehen die den Angriff der Infanterie hemmenden feindlichen Waffen, vor allem die feindliche Artillerie, ausschaltet oder daß sie zusammen mit der Infanterie in den Feind einbrechen. In letzterem Fall ist es geboten, sie dem Führer der Infanterie, in dessen Bereich sie angreifen, zu unterstellen.

Gelegentlich kann der Angriff der Kampfwagen die in der letzten Zeitspanne des Infanterieangriffs schwieriger werdende Artillerieunterstützung ergänzen, oder er kann den Stellungswechsel der Artillerie überbrücken, wenn sie zur weiteren Unterstützung des Angriffs vorgehen muß.

340. Der Truppenführer bringt die Gefechtstätigkeit der Kampfwagen und die Mitwirkung der übrigen Waffen in Einklang. Das Gefecht der übrigen Waffen muß sich im Angriffsbereich der Kampfwagen nach diesen richten.

Infanterie muß die Wirkung der angreifenden Kampfwagen zum schnellen Vorgehen ausnutzen.

Das neue Kommando begann noch im Winter 1933/34 mit der Aufstellung einer ersten Panzerabteilung, die mit 55 leichten Kampfwagen ausgerüstet werden sollte. Die Fahrzeuge standen allerdings erst ab Sommer 1934 zur Verfügung. Die Serienprogramme des sogenannten »Landwirtschaftlichen Schleppers« liefen in diesen Monaten bei Krupp, Henschel und später bei MAN an und der »Schlepper« wurde noch Ende 1934 als »Panzerkampfwagen (MG) Sonder-Kfz 101« bei der Truppe eingeführt. Der erste brauchbare deutsche Kampfwagen — der P-I — war entstanden!

Der erste brauchbare deutsche Panzer — P-I — der Ende 1934 in die Truppe eingeführt wurde. Ursprünglich nur als Ausbildungspanzer zur Überbrückung der Zeit bis genügend Pz-III zur Verfügung standen — vorgesehen.

Das Kraftfahrlehrkommando Zossen, — seine Angehörigen trugen die Uniform der Kraftfahrabteilung 3 (rosa Paspelierung), — bestand am 1. April 1934 aus Stab, vier Kompanien und einem Schießlehrgang.

Kommandeur:	Major Harpe
Chef 1. Lehrtrupp:	Hauptmann Conze
Chef 2. Lehrtrupp:	Hauptmann von Köppen
Chef 3. Lehrtrupp:	Hauptmann Thomale
Chef Schießschule:	Hauptmann Baumgart.

Schon wenige Wochen später wurde ein weiteres Kraftfahrlehrkommando gebildet und zwar auf dem Truppenübungsplatz Ohrdruf/Thüringen. Beide Kraftfahrlehrkommandos wurden nun auf zwei Abteilungen erweitert. Die Stellenbesetzung beider Lehrkommandos am 1. Juli 1934:

Kraftfahrlehrkommando Zossen:

Kommandeur:	Oberstleutnant Zukertort
Kdr. I. Abteilung:	Oberstleutnant Harpe
Kdr. II. Abteilung:	Major Breith;

Kraftfahrlehrkommando Ohrdruf:

Kommandeur:	Oberstleutnant Ritter von Radlmaier
Kdr. I. Abteilung:	Oberstleutnant Kühn
Kdr. II. Abteilung:	Major Ritter von Thoma.

Die vier Abteilungen wurden noch bis Ende des Jahres 1934 mit dem Kampfwagen P-I komplett ausgerüstet. Die grau-grün-braun gestrichenen Panzer trugen am Turm Unterscheidungskennzeichen. So standen Spielkartensymbole für Züge, Kreise für Kompanien. Der erste Militärmarsch für die neue Truppe waren die von der Panzerschule Kama/UdSSR mitgebrachten Melodien des »Tscherkessischen Zapfenstreiches«.

Eine weitere Entwicklung zeichnete sich am 1. Oktober 1934 ab. Das Kommando der Kraftfahrtruppen gab nach Befehl des Oberbefehlshabers des Heeres den Auftrag zur Bildung der 1. Panzerbrigade, die dem Generalkommando des Kraftfahr-Kavallerie-Korps unterstellt wurde.
Das in Dresden und Kamenz stationierte Reiterregiment 12 mußte absitzen und wurde das erste motorisierte Schützenregiment des Heeres, das mit dem 1. und 2. Panzerregiment die 1. Panzerbrigade bildete.
Die bisherigen sieben Kraftfahrabteilungen — seit 1. Mai 1933 in Kraftfahr-Kampfabteilungen umbenannt — stellten neben Aufklärungs- und Panzerabwehrabteilungen die beiden Panzerregimenter auf. Das abgesessene Reiterregiment 12 (mot.) wurde inzwischen auf Kampfwagen umgeschult, um später das 3. Panzerregiment zu bilden. Während diese Abteilungen bereits mit dem P-I übten, liefen die Entwicklungsarbeiten für einen 10 t-Kampfwagen bei den Firmen MAN, Henschel und Krupp an. Dieser Typ, als »Landwirtschaftlicher Schlepper 100« getarnt, kam 1935 mit einer 2-cm-Kanone als Sonder-Kfz 121 oder als P-II an die Truppe. Die enorm kurze Entwicklungszeit erklärte sich aus der 1935 angelaufenen Wiederaufrüstung. Der Typ P-II lief mehrere Entwicklungsphasen durch und ging erst mit der Ausführung IIc, nachdem bereits 200 Kampfwagen dieses Typs gebaut waren, in Serie. Kennzeichnend für die Ausführung II»c« waren die fünf mittleren großen Laufrollen und Viertelfedern.

Deutscher Panzerkampfwagen P-II. (Bild aus dem britischen Panzermuseum in Dorchester).

Das Hauptspiel

Panzerwaffe der Wehrmacht 1935 - 1939

»Die Reichsregierung hat das folgende Gesetz beschlossen, das hiermit verkündet wird:

§ 1

(1) Wehrdienst ist Ehrendienst am Deutschen Volke.
(2) Jeder deutsche Mann ist wehrpflichtig.
(3) Im Kriege ist über die Wehrpflicht hinaus jeder deutsche Mann und jede deutsche Frau zur Dienstleistung für das Vaterland verpflichtet.

§ 2

Die Wehrmacht ist der Waffenträger und die soldatische Erziehungsschule des Deutschen Volkes.
Sie besteht aus
dem Heer
der Kriegsmarine
der Luftwaffe

§ 3

(1) Oberster Befehlshaber der Wehrmacht ist der Führer und Reichskanzler
(2) unter ihm übt der Reichskriegsminister als Oberbefehlshaber der Wehrmacht Befehlsgewalt über die Wehrmacht aus.«

Der Text dieses am 21. Mai 1935 erlassenen »Wehrgesetzes« ermöglichte nun den Aufbau der Wehrmacht ohne politische Rücksichtnahme gegenüber dem Ausland. Gleichzeitig konnte im größeren Stil eine Wiederaufrüstung an Waffen, Material und Fahrzeugen durchgeführt werden.
Das erste offizielle Auftreten der Kraftfahrkampftruppe — die Bezeichnung Panzertruppe erfolgte erst im Herbst 1935 — geschah bei der Parade einer Panzerabteilung des Kraftfahrlehrkommandos Zossen im Juni 1935. Oberstleutnant Harpe führte die Kampfwagen P-I an Generalleutnant Lutz in Potsdam vorbei. Das zweite Auftreten der neuesten Waffengattung der Wehrmacht geschah wenige Wochen später auf dem Truppenübungsplatz Munsterlager. Hier waren alle bisherigen Abteilungen sowie die von den Kraftfahrabteilungen gebildeten Aufklärungs- und Panzerabwehrkompanien zu einer Übungs-Panzerdivision zusammengefaßt worden. Generalleutnant Freiherr von Weichs war erster Kommandeur dieses Truppenverbandes. Die vierwöchige Übung gab dem Kommando der Kraftfahrkampftruppen die Möglichkeit zur Aufstellung der organisatorischen und taktischen Einsatzfähigkeit eines solchen Großverbandes. Es wurden Pläne, Richtlinien und Verfügungen aufgestellt und erlassen für die im Herbst zur Aufstellung geplanten Panzerdivisionen.
Die Herstellung der Kampfwagen vom Typ P-I konnte ab Sommer 1935 auf Hochtouren laufen. Nachdem die Firma Krupp die ersten Fahrgestelle des neuen Kampfwa-

gens noch aus England eingeführt hatte, wurde jetzt auf eigene Entwicklungen zurückgegriffen. Die Firma MAN, die gleichfalls am Bau des P-I beteiligt war, wurde zur Entwicklung des Kampfwagens P-II herangezogen. Der als »Landwirtschaftlicher Schlepper« bisher getarnte Kampfwagen konnte jetzt die offizielle Bezeichnung tragen.

Das von Krupp gebaute Fahrzeug wurde ohne Aufbau als Fahrschulwagen und als Munitionsschlepper gebraucht.

Die Weiterentwicklung der P-I wurde ab März 1936 durch einen 100-PS-Maybach-Sechszylindermotor verbessert. Da dieser Motor mehr Platz brauchte, mußten die Panzerwanne und das Ketten-Laufwerk verlängert werden. Dieses Fahrzeug lief jetzt unter der Kennzeichnung P-I Ausf. B. (Insgesamt wurden von diesem Typ bis Kriegsausbruch 2000 Stück gebaut.)

Vorderansicht des P-I

Das Oberkommando des Heeres ließ durch das Heereswaffenamt noch im Jahr 1935 Entwicklungsaufträge an die Firmen Daimler-Benz, Krupp, MAN und Rheinmetall-Borsig zur Herstellung eines Kampfwagens bis zu 15 Tonnen Gewicht vergeben. Aufgrund der entwickelten Prototypen wurde die Firma Daimler-Benz mit der Produktion beauftragt. Dieser unter der Tarnbezeichnung »ZW« (Zugführerwagen) laufende Kampfwagen erhielt bis zum Ausbruch des Krieges die Bezeichnung P-III. Das Oberkommando des Heeres bestimmte im Jahr 1935 die Farbgebung der Kampfwagen. Danach wurde die gepanzerte Oberfläche zu 2/3 dunkelgrau und zu 1/3 braun gestrichen.

Die seit 1934 geschaffene Heereskraftfahrschule in Berlin verlegte 1935 nach Wünsdorf. Die neue Kaserne erhielt den Namen »Cambrai-Kaserne«. Der Schule wurde im selben Jahr eine Kraftfahr-Lehr- und Versuchsabteilung in Döberitz unterstellt, die 1936 nach Wünsdorf kam. Beide Einheiten bildeten die Kraftfahrkampftruppen-Lehrabteilung und die Kraftfahrkampftruppen-Versuchsabteilung. Bei der ersten Abteilung waren die 4. Kompanie die Panzerkompanie und die 5. die Panzer-Schießkompanie.
Die letztere Kompanie wurde der Panzer-Schießschule unterstellt, die Ende Juli 1935 nach Putlos (Kommandeur Oberstleutnant Baumgart) verlegt worden war.
Der 15. Oktober 1935 war dann der einschneidendste Tag in der kurzen Geschichte der Waffengattung Panzertruppe.
Das Kommando der Panzertruppen hatte sich endlich gegenüber dem Chef des Generalstabes — der nach wie vor der Meinung treu blieb, daß Panzer nur als Unterstützungswaffe für Infanterie und Kavallerie zu betrachten waren — durchgesetzt. Nun entstanden am 15. Oktober 1935 gleich drei Panzerdivisionen als selbständige Großverbände des Heeres. Jede Division bekam zwei Panzerregimenter, ein Schützenregiment, ein Artillerieregiment, ein Pionierbataillon, eine Aufklärungs-, eine Panzerabwehr- und (noch teilweise) eine Nachrichtenabteilung unterstellt.
Der Stab der 1. Panzerdivision (jetzt PD genannt) wurde unter Generalleutnant Freiherr von Weichs in Weimar zusammengestellt. Der Stab der 2. PD bildete sich unter Führung von Oberst Guderian in Würzburg und der der 3. PD unter Generalleutnant Fessmann in Berlin.

Das bisherige Kampfwagenregiment 1 (Kraftfahrlehrkommando Zossen) wurde in Panzerregiment 5 (jetzt PR genannt) umgetauft. Das Kraftwagenregiment 2 (Kraftfahrlehrkommando Ohrdruf) erhielt die Nr. 1. Die übrigen vier Regimenter wurden neu gebildet. So gaben die Reiterregimenter 4, 7 und 12 ihren gesamten Offizier- und Mannschaftbestand ab. Das Reiterregiment 12 war bereits am 15. Mai 1935 motorisiert und als getarntes »Reiterregiment Dresden« aufgestellt worden. Ebenfalls hatte das Reiterregiment 4 Potsdam im Frühjahr 1935 abgesessen und war auf Kampfwagen umgestiegen.
Das letzte Regiment, das bisher die Tradition der alten preußischen Garderegimenter führte, gab diese nun an die neuen Panzerregimenter weiter. So übernahm z. B. die I. Abteilung des PR 6 die Tradition des Regiments »Gardes du Corps«.
Zur 1. PD gehörten PR 1 (Erfurt) und 2 (Eisenach), zur 2. PD das PR 3 (Kamenz) und 4 (Ohrdruf) und zur 3. PD das PR 5 (Wünsdorf) und 6 (Zossen). Die Regimenter 3, 4 und 6 blieben allerdings nur knapp ein Jahr, dann wurden sie in neue Garnisonen nach Bamberg, Schweinfurt und Neuruppin verlegt.

Einzug der PR. 6 in die Garnison Neuruppin.

Einzug der mit P-I und P-II ausgerüsteten Pz.Abt. I./10 in Zinten/Ostpreußen.

Die im Oktober 1936 eingerückten Rekruten aller Regimenter nahmen in der ersten Novemberwoche an der feierlichen Vereidigung teil, bevor der Dienst an Waffe und Fahrzeug begann. Die junge Panzertruppe mußte schon wenige Monate später den ersten taktischen Einsatz erleben. Das Kommando der Panzertruppen zog überraschend in der letzten Februar- und in der ersten Märzwoche 1936 einzelne Regimenter zu einer großen Übung im Staumühlenlager des Truppenübungsplatzes Senne zusammen. Die ersten Tag- und Nachtübungen, gefechtsmäßiges Verhalten, gepanzerte Aufklärung und Schießen aus der Bewegung standen auf dem Programm.
Die Panzerregimenter und alle hier zusammengezogenen Einheiten waren bereitgestellt, um als Eingreifreserve zu dienen. Dieser Sachverhalt wurde klar, als am 7. März Infanterieeinheiten in die bisher entmilitarisierte Zone des Rheinlands marschierten.

Übung mit Kampfwagen P-I auf dem Truppenübungsplatz Senne, Frühjahr 1936.

Noch blieben die Regimenter im Sennegebiet zurück; erst als sich die politischen Wogen in den nächsten vier Wochen wieder geglättet hatten, kehrten die Verbände in ihre Garnisonen heim.
Die kommenden Sommermonate mußten zur intensiven Ausbildung genutzt werden. Die einzelnen Regimenter — (die Kompanien bestanden anfangs nur aus acht Kampfwagen; erst ab 1936 erhielt jede Kompanie 22 vom Typ P-I) — wurden nach und nach zur Schießschule Putlos verlegt oder übten im Verband auf den verschiedenen Truppenübungsplätzen des Reiches.
Das bisherige Kommando der Panzertruppen wurde 1936 gleichberechtigte Inspektion (In 6) im Oberkommando des Heeres. Die Stellenbesetzung vom 1. Juni 1936 ergab folgende Namen:

Inspekteur:	General d. Panzertruppen Lutz
Chef des Stabes:	Oberst i. G. Nehring
Mitarbeiter:	Oberst Kempf, die Oberstleutnante Breith, Irmisch, Werner, die Majore Châles de Beaulieu, Ritter von Hauenschild, Nedtwig, von Schell.

Die Inspektion bildete im Herbst zwei weitere Regimenter. Es entstanden PR 7 (Vaihingen) aus Abgaben der Regimenter 1, 2 und 4; das PR 8 (Böblingen) aus Abgaben der Regimenter 3, 5 und 6. Die bisherigen Regimenter gaben jeweils geschlossene Kompanien an die Neuaufstellungen ab, die dann von den Ersatzämtern durch Zuführung an Personal neuaufgestellt wurden. Das PR 7 unterstand der 1., das PR 8 der 3. PD. Gleichzeitig mit diesen Regimentern entstand eine 4. Panzerbrigade (vorerst nur Stab).

Paradeaufstellung einer Panzerabteilung in den neuen Uniformen.

Marsch zur Paradeaufstellung

Die Stäbe der bisherigen Panzerbrigaden, die bereits am 15. Oktober 1935 gebildet worden waren, hatten die Aufgabe, als Führungsstäbe für die beiden Regimenter einer Division zu dienen.

Sonderbekleidung der Panzertruppen

Zum Dienst mit Panzerwagen wird von den Panzertruppen und den sonstigen mit gepanzerten Fahrzeugen ausgestatteten Truppen eine Sonderbekleidung aus schwarzem Tuch: Schutzmütze, Feldjacke und Feldhose getragen.

Schutzmütze:

Das Hoheitsabzeichen zur Schutzmütze entspricht dem der Feldmütze, ist also für Unteroffiziere und Mannschaften aus silbergrauem Baumwollgarn, für Offiziere aus hellem

Aluminiumgespinst. Eichenlaubkranz für Mannschaften, Unteroffiziere und Offiziere aus silbergrauem Baumwollgarn.

Feldjacke:

Grundtuch schwarz; Vorstöße am Kragen und um die Kragenpatten in Waffenfarbe; Kragenpatten schwarz mit Totenkopf aus Aluminium. Schulterklappen mit Vorstößen in der Waffenfarbe, Grundtuch schwarz. Schulterklappen für Unteroffiziere mit entsprechendem

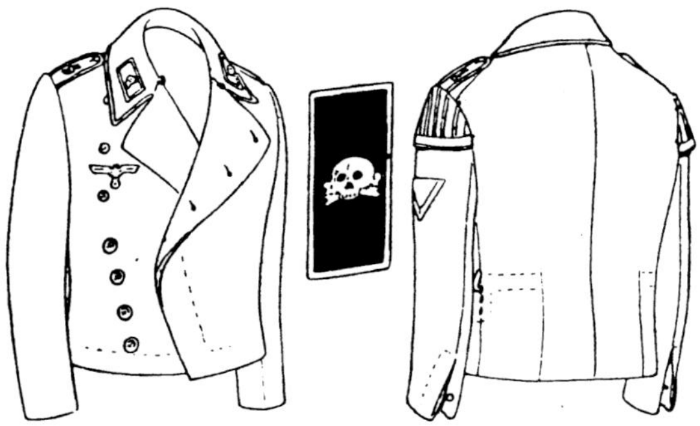

Tressenbesatz usw., für Offiziere Schulterstücke der Feldbluse. Abzeichen für Mannschaftsdienstgrade, Spielleute, Musiker wie zur Feldbluse. Keine Kragentressen für Unteroffiziere, jedoch doppelte Ärmeltresse für Hauptfeldwebel. Hoheitsabzeichen für alle Dienstgrade aus silbergrauem Baumwollgarn auf schwarzer Unterlage, gewebt.

Schwarze Feldhose ohne Vorstöße.

Zur schwarzen Sonderkleidung wird Koppel ohne Seitenwaffe getragen; zu Paraden von Offizieren Feldbinde mit Achselband, von Unteroffizieren und Mannschaften Schützenschnur, soweit verliehen. Schuhwerk: leichte Schnürschuhe.

Neben der personellen Erweiterung der Panzertruppe erfolgte auch die Erweiterung des Kampfwagenbaus. Während bis Ende 1936 bereits 3000 leichte Kampfwagen geliefert waren und der Bau bzw. die Konstruktion des P-II und P-III erfolgten, gab das Heereswaffenamt schon zur Jahreswende 1935/36 der Firma Krupp den Auftrag, einen noch besseren Panzer als den bisherigen P-III zu bauen. Dieser vorerst unter den Tarnnamen »BW« (Bataillonsführerwagen) laufende Panzer sollte fünf Mann Besatzung tragen und eine mittlere Kanone besitzen.

Stoffgliederung 21	Geheime Kommandosache Pz KpfW II (2cm) Sd Kfz 121 Ausf. A–C und F (F. Sd. Kfz. 122)	Blatt G 300

Dringl.-St.: -

Technische Daten:

Gesamtgewicht des Fahrzeuges (Gefechtsgewicht) 9,5 t

Motor Maybach HL 62TR 140 PS

Spez. Leistung 14,75 PS/t

Höchstgeschwindigkeit 40 km/Std.

Mitgeführte Kraftstoffmenge 170 l (einschl. Reservetank)

Fahrbereich mit einer Kraftstoff-Füllung:

Straße ~ 190 km; mittl. Gelände ~ 125 km

Grabenüberschreitfähigkeit 1,7 m, Klettervermögen 0,42 m

Watfähigkeit 0,925 m; Steigvermögen 30°

Bodenfreiheit 0,345 m

Besatzung 1 Pz. Führer zugl. Pz. Schütze, 1 Pz. Funker, 1 Pz. Fahrer

Länge 4,810 m, Breite 2,280 m

Höhe mit Aufbau Ausf. A–C 2,020 m, Ausf. F 2,150 m

Feuerhöhe: 1,595 m

Bordmunition 180 Schuß 2cm Kw.K.

1425 " M.G.

Bestückung: a) Turmwaffen 1 2cm Kw. K. 38; 1 M.G. 34 in Walzenblende

b) Bugwaffen —

Abfeuerung Kw.K. u. MG: mech. Handabfeuerung

Optisches Gerät: a) Turmoptik 1 TZF 4, Zielschiene "2cm u. M.G. 34"

b) Kugeloptik —

c) Fahreroptik KFF 1

Funkgerät (normale Ausstattung) 2 UKW-Empf., 1 UKW-Sender

Panzerung: Front 35 mm Seite 14,5 mm

Turm 30 mm Dach 10 mm

Bug 30 mm

Kette 108 Glieder, Kettengewicht 385 kg

Rohstoffbedarf	Fe	Mo	Cr	W	Mg	Sn	Cu	Ni	Al	Pb	Kautschuk Reifen u.s.w.	Zn
f. 1 Stck. i. kg ohne Waffe, Optik u. Funk												

Preis RM 49.228.– ohne Waffe	Durchschn. Fertigungszeit ~ 12 Monate	Arbeitsstunden

Da der P-III als Hauptwaffe für die Panzerregimenter ausersehen war, sollte der neue Kampfwagen mit einer größeren Kanone lediglich Unterstützungswaffe für die anderen Panzer sein. Dieser neue Kampfwagen, von dem bis Jahreswechsel 1936/37 die ersten 35 Stück hergestellt wurden, fand später unter der Bezeichnung P-IV Verwendung bei der Truppe.
Kampfwagen — ab 1941 meist Kampfpanzer genannt — hießen nur die Panzer mit drehbarem Turm. Sie gehörten zur Panzertruppe; es waren P-I bis P-VI mit ihren verschiedenen Abarten.
Das Jahr 1936 sollte für die junge Waffe — oder wenigstens einem kleinen Teil von ihr — Ernstfall und Feuerprobe sein. Der Bürgerkrieg in Spanien hatte in den ersten Monaten zu einem Übergewicht der linksliberalen und kommunistischen Kräfte geführt, so daß die Führungskräfte der Nationalen (zu denen besonders die Armee zählte) die Regierungen Italiens und Deutschlands um militärische und wirtschaftliche Unterstützung baten.
Das Oberkommando des Heeres (kurz OKH genannt), richtete im September 1936 eine Dienststelle »Führer Heer« in Berlin ein. Dieser war verantwortlich für die Überführung von Heeresteilen nach Spanien, die dort die nationalspanischen Freiwilligen ausbilden und ihnen Kampfunterstützung im Felde geben sollten.
Das Oberkommando des Heeres stellte eine Panzerabteilung auf, die als Tarnbezeichnung den Namen »Abteilung Drohne« bekam, amtlich aber die Bezeichnung Panzerabteilung (kurz Pz. Abt. genannt) 88 erhielt. Kommandeur dieser Abteilung wurde Major Ritter von Thoma. Die Panzerregimenter 4 und 6 mußten freiwillige Offiziere, Unteroffiziere und Mannschaften in Stärke von je einer Kompanie abstellen, dazu gehörte schließlich noch ein Werkstattzug; es war damals der modernste Zug dieser Art im deutschen Heer. Dieser Zug wurde kurz darauf auf eine Kompanie erweitert.
Die ersten 300 Freiwilligen der jungen Panzertruppe schifften sich als Zivilisten der Reisegesellschaft »Union« auf Fahrgastschiffen der »Woermann-Linie« ein und fuhren unter der Flagge der NS-Organisation »Kraft durch Freude« nach Spanien. Im Unterdeck der Schiffe befanden sich allerdings die Kampfwagen P-I. Das Fahrtziel war Sevilla.
Der Stab der Pz. Abt. 88 bezog vorerst hier Quartier, das in den folgenden Jahren mehrmals wechselte, so Toledo, Burgos u. a. m. Die deutschen Soldaten mußten die Aufgabe lösen, nationalspanische Soldaten als Panzermänner auszubilden. Das Lager der Abteilung befand sich anfangs in einem kleinen wüstenartigen Dorf mit Namen Cubas unweit von Toledo.

Offiziere und Unteroffiziere der Pz.Abt. 88 in Spanien. Ganz links Leutnant Buchterkirch, später erster Eichenlaubträger der Panzertruppe.

Deutsche Freiwillige unter der heißen Sonne von Sevilla.

Ein beschädigter P-I in der Werkstatt in Cubas.

Nachdem es den nationalspanischen Truppen, vor allem den marokkanischen Verbänden, gelungen war, die ersten rotspanischen Kampfwagen zu erbeuten — dabei handelte es sich vornehmlich um sowjetische Fahrzeuge vom Typ »T-26 B« — konnten erste Panzerkompanien der spanischen Nationalarmee aufgestellt werden. Die Feuertaufe der deutschen Freiwilligen fand im Oktober 1936 statt. Wenige P-I wurden zum Schutz der angreifenden Nationalspanier auf Madrid eingesetzt.
Nachdem die Pz. Abt. 88 weitere Verstärkung erhielt — insgesamt jetzt drei Kampf- bzw. Schulkompanien, eine Transport- und eine Werkstattkompanie — konnten am 11. Mai 1937 zum ersten Mal deutsche Kampfwagen einen geschlossenen Einsatz im Rahmen der 5. Navarra-Division gegen die rotspanischen Stellungen bei Eremita im Raum Teruel fahren.
Nach der Schlacht wurden die ersten drei deutschen Offiziere, ein Feldwebel, ein Unteroffizier und ein Gefreiter mit der höchsten nationalspanischen Tapferkeitsauszeichnung dekoriert.

Die Freiwilligen verblieben ein Jahr auf dem spanischen Kriegsschauplatz und wurden dann ausgewechselt. Erst im Februar 1939 kehrten die letzten Freiwilligen der Panzertruppe zurück. Oberst Ritter von Thoma wurde für die Führung der Pz. Abt. 88 von General Franco bei der Abmeldung mit der höchsten Verdienstmedaille Spaniens ausgezeichnet. Der Oberst selbst hatte bereits Ende 1936 ein »Panzertruppenabzeichen der Legion Condor« geschaffen, das am 10. Juli 1939 an die ehemaligen Angehörigen der Pz. Abt. 88 verliehen wurde. Zehn Unteroffiziere und vier Soldaten kehrten von diesem Einsatz nicht mehr zurück. Es waren die ersten vor dem Feind gebliebenen Soldaten der Panzertruppe.

Die Entwicklung der Truppe in der Heimat ging 1937 energisch voran. Intensive Ausbildung aller Einheiten stand auf dem Dienstplan. So übten im Sommer zum ersten Mal Regimenter verschiedener Panzerdivisionen auf den Truppenübungsplätzen Jüterbog und Bergen (Lüneburger Heide). Dabei konnten die neuen Kampfwagen P-II im Gelände erprobt werden.

Anläßlich des Besuches des italienischen Regierungschefs fand zwischen 14. und 29. September 1937 im Raum Neustrelitz/Mecklenburg das sogenannte »Mussolini-Manöver« statt. Hier nahmen geschlossen die 3. PD und 1. Panzer-Brigade (kurz Pz. Br.) mit 800 Kampfwagen vom Typ P-I teil.

Nach den anschließenden Wehrmachtmanövern auf den Truppenübungsplätzen des Reiches erfolgten erneut Neuaufstellungen von Panzerverbänden. Es entstanden am 12. Oktober 1937:

PR 11 (vorerst Truppenübungsplatz Senne, später Paderborn)
aus I./PR 1, II./PR 4 und Abgaben Wehrkreis VI (Münster);
PR 15 (Sagan) aus I./PR 5, II./PR 2 und Abgaben Wehrkreis VIII (Breslau);
I./PR 10 (vorerst Truppenübungsplatz Stablack, später Zinten/Ostpreußen)
aus Abgaben PR 1, 6 und 7;
Pz. Abt. 25 (vorerst Truppenübungsplatz Grafenwöhr, später Erlangen)
aus Abgaben PR 3 und Wehrkreis XIII (Nürnberg);
Pz. Abt. 65 (vorerst Truppenübungsplatz Senne, später Iserlohn)
aus PR 7.

Bei der letzten Abteilung handelte es sich um die erste Panzerabteilung, die keiner Panzerdivision unterstand. Im steten Kampf zwischen der Inspektion der Panzertruppen und dem Chef des Generalstabes hatte der letztere durchgesetzt, daß anstelle weiterer Panzerdivisionen jetzt leichte Divisionen aufgestellt werden mußten. Dabei sollte es sich um Verbände handeln, die an die Stelle der Kavallerie traten; d. h. diese leichten Divisionen hatten die Aufgabe, Gefechtsaufklärung zu treiben und die Flanken der angreifenden Infanterie zu sichern.

Deshalb wurde ihnen jeweils eine auf Tieflader verlastete Panzerabteilung unterstellt, die allein nie den Wahlspruch des Generals Guderian ausführen konnten: »Klotzen — nicht kleckern!«

Zur selben Zeit, als die neuen Panzerverbände zusammengestellt wurden, erfolgte die Umbenennung der bisherigen Kraftfahrkampftruppenschule in Panzertruppenschule. Diese in Wünsdorf gelegene Schule gliederte sich in vier Gruppen:

1. Taktische Lehrgänge,
2. Technische Lehrgänge,
3. Vorschriftenstelle,
4. Pz.-Schießschule Putlos.
5. Panzer-Lehrabteilung.

Diese letzte Abteilung entstand im Oktober 1937 durch Zuführung der Masse des bisherigen PR 8, das in Böblingen (Württemberg) wieder voll aufgefüllt wurde, sowie abkommandierte Dienstgrade aller übrigen Panzerregimenter.

Die Inspektion der Panzertruppen hatte außerdem am 1. Januar 1937 die Zeitschrift »Die Kraftfahrkampftruppe« herausgebracht, die zur Weiterbildung für die Angehörigen dieser Waffengattung, aber auch zur Information der Öffentlichkeit gedacht war.

Standartenübergabe im November 1937 bei der Vereidigung neuer Rekruten. Links General d. Artillerie von Küchler, der spätere Feldmarschall.

Eine neue Kasernenanlage für die Panzertruppe — 1938.

Eine weitere Aufwertung der Panzertruppe erfolgte mit dem 4. Februar 1938. Das OKH hatte an diesem Tag drei neue Generalkommandos geschaffen: XIV. Armeekorps (AK) für alle motorisierten Infanteriedivisionen, XV. AK für alle leichten Divisionen und XVI. AK für alle Panzerdivisionen.
Kommandierender General des XVI. AK wurde Generalleutnant Guderian, als Chef des Generalstabes war Oberst i. G. Paulus (der spätere Feldmarschall) tätig. Die drei Panzerdivisionen führten jetzt:

1. PD. Generalleutnant Schmidt
2. PD. Generalmajor Veiel
3. PD. Generalleutnant Frhr. Geyr von Schweppenburg.

Zusätzlich zu den drei Panzerdivisionen und den selbständig im Rahmen der leichten Divisionen eingesetzten Panzerabteilungen war 1937 die Panzer-Lehrabteilung entstanden. Die unter Führung von Major von Lewinski der Panzertruppenschule in Wünsdorf unterstellte Abteilung sollte vor allem die neuen Kampfwagen erproben. Diese vornehmlich aus Abstellungen des PR 8 gebildete Abteilung konnte nicht nur die neuen Typen der Baureihe des P-II (nämlich Ausführung D und E) im Gelände erproben, sondern bekam 1938 auch die ersten Prototypen der neuen Kampfwagen P-III und sogar schon P-IV zur Erprobung.

Die taktischen Nummern der Panzerfahrzeuge

Um den Führern gepanzerter Verbände die Übersicht über ihre Einheiten zu ermöglichen, waren alle Panzerfahrzeuge, die in geschlossenen Verbänden fochten, mit taktischen Nummern versehen. Es waren dies: Panzerkampfwagen der Panzerregimenter und Panzerabteilungen, Schützenpanzerwagen der Panzer-Grenadierregimenter und Panzer-Pionierbataillone, sowie die gepanzerten Fahrzeuge der Abteilungsstäbe, der Aufklärungskompanien und der schweren Kompanien der Panzer-Aufklärungsabteilungen. In der Regel nicht mit taktischen Nummern versehen waren: Die gepanzerten Fahrzeuge der höheren Stäbe, Panzerspähwagen, Sturmgeschütze, Selbstfahrlafetten der Panzerjäger, Panzerbeobachtungswagen und Selbstfahrlafetten der Panzer-Artillerie und der Beobachtungs-Batterien.

Die taktische Nummer bestand grundsätzlich aus drei Ziffern. Die erste Ziffer bezeichnete stets die Kompanie, die zweite den Zug und die dritte die Stellung des Fahrzeuges innerhalb des Zuges. Beispielsweise war ein Panzerfahrzeug mit der taktischen Nummer 324 im 2. Zug der 3. Kompanie das 4. Fahrzeug, oder mit der Nummer 512 im 1. Zug der 5. Kompanie das 2. Fahrzeug.

Die Fahrzeuge der Abteilungs- bzw. Bataillonsstäbe führten an Stelle der Kompanienummer die Nummer der Abteilung in römischen Ziffern, die der Regimentsstäbe ein R. Über die Führerfahrzeuge möge folgende Liste Aufschluß geben:

Taktische Nummer	Panzerfahrzeug des
R 0 1	Regimentskommandeur
R 0 2	Regimentsadjutanten
R 0 3	Ordonnanz- oder Nachrichtenoffizier
R 0 4 usw.	Regimentsstab
I 0 1	Kommandeur I. Abteilung (Bataillon)
I 0 2	Adjutant I. Abt.
I 0 3	Ordonnanzoffizier I. Abt.
I 0 4 usw.	Stab I. Abteilung
II 0 1	Kommandeur II. Abteilung
1 0 1	Chef 1. Kompanie
1 0 2	Kompanietruppführer 1. Komp.
1 1 1	Führer des 1. Zuges der 1. Komp.
1 3 1	Führer des 3. Zuges der 1. Komp.
usw.	

Abteilungsstäbe selbständiger Panzerabteilungen, z. B. Tigerabteilungen, führten die taktische Nummer I 0 1 usw. Soweit Panzerregimenter mit 2 Abteilungen mit einer Tigerkompanie ausgestattet waren, führte diese die taktische Nummer 9 0 1 usw., gemäß ihrer Kompanienummer.

Unter Umständen konnten auch vierstellige taktische Nummern auftreten, wenn die Kompanien Nummern über 10 führten. Dies trat bei Panzerregimentern mit 3 Abteilungen auf und vor allem bei der 10. Kompanie der Panzer-Grenadierregimenter, der Pz.-Gren.-Pionier-Kompanie. Es waren dann:

1 0 0 1	Kompaniechef
1 0 2 3	3. Fahrzeug des 2. Zuges der 10. Komp.

Die taktischen Nummern bestanden anfangs aus kleinen weißen Ziffern, die auf rhombenförmigen Tafeln saßen. Diese Tafeln konnten dann am Panzerfahrzeug aufgesteckt werden. Später wurden etwas größere weiße Ziffern auf die Wände der Panzerfahrzeuge selbst aufgemalt. Erstmals im Frankreichfeldzug traten dann die später allgemein gewordenen großen roten Ziffern mit weißer Umrandung auf. Die kleineren weißen Ziffern waren bei dunkelgrauem Anstrich gut auszumachen, die größeren roten Ziffern auch auf sandfarbenem Grunde. Letztere waren auf nahen Entfernungen gut zu erkennen, auf mittleren und großen jedoch kaum auszunehmen. Bei Lichtbildern ist zu beachten, daß während des Krieges die taktischen Ziffern weitgehend durch Retusche entfernt wurden.

Die Vielzahl der im Februar 1938 existierenden Panzer- und motorisierten Verbände, die dazu noch in drei verschiedenen Divisionsarten verzettelt waren, führte zu folgender Beurteilung durch Generalleutnant Guderian:

> »Ich habe die Zersplitterung der Kräfte auf dem Gebiet der Motorisierung und der Panzer sehr bedauert, konnte aber nicht verhindern, daß die Entwicklung zunächst diese Bahn ging.«

Der erste Großeinsatz der motorisierten Verbände des Heeres ließ nicht lange auf sich warten. Der Chef des Generalstabes des OKH, Generaloberst Beck, gab am Abend des 10. März 1938 den Befehl an das Generalkommando des XVI. Armeekorps, die sofortige Marschbereitschaft der 2. PD und der vorübergehend unterstellten SS-Leibstandarte »Adolf Hitler« herzustellen. Beide Großverbände wurden noch in der Nacht alarmiert und zum Aufmarsch im Raum Passau zusammengezogen.

Der Einmarsch in Österreich stand bevor.

Es gab keine entsprechenden Vorbereitungen. Die 2. PD besaß überhaupt noch keine Nachschub- und Instandsetzungsverbände. Karten für die zu besetzenden Gebiete waren nicht vorhanden. So verging Zeit. Die Infanteriekolonnen marschierten seit dem frühen Morgen des 12. März 1938 schon über die Grenze; die ersten Einheiten der 2. PD erreichten diese gegen 9.00 Uhr.

Der Vormarsch der beflaggten Fahrzeuge verlief trotz teilweise vereisten Straßen unter dem begeisterten Empfang der einheimischen Bevölkerung reibungslos. Der Weg führte die 2. PD, der die Leibstandarte folgte, über Linz, St. Pölten nach Wien, das am frühen Morgen des 13. März erreicht wurde. Die 2. PD hatte in 48 Stunden einen Weg von 700 km zurückgelegt; 30% der Kampfwagen blieben infolge Motor-, Getriebe-, Kettenschäden oder durch Abrutschen von der Straße zurück.

Die Erkenntnisse dieses Marsches führten dazu, daß ab sofort die Instandsetzungsdienste der Panzerregimenter erheblich erweitert und verbessert wurden!

Nach Eingliederung des österreichischen Bundesheeres in die deutsche Wehrmacht wurde auch die einzige Panzerwagen-Abteilung — so ihr Name — des österreichischen Heeres übernommen. Diese Abteilung erhielt die Bezeichnung Pz. Abt. 33 und blieb in St. Pölten stationiert. Die Abteilung wurde von zukommandierten Offizieren und Unteroffizieren der Panzerregimenter 1, 2, 5 und 6 sowie der Pz.-Lehr-Abt. verstärkt, dafür wurden teilweise die ehemaligen österreichischen Offiziere zu diesen Regimentern ins Reich versetzt.

Panzerabteilung 33

H. Gru. 5
4. leichte Div.

St Pölten

Kommandeur: Maj. **von Köppen** (Pz. Tr. Schule) 1. 4.36 (5)

Maj. **von Collani** (Pz. R. 2) 1. 8.37 (52) 1

Hptm. **Streit**	1.10.38	(77)	4
Nekola	1.10.38	(91)	2
Waldeck	1.10.38	(105)	Adj
Oblt. **Schoen** (Pz. R. 6)	1. 6.38	(43)	3
Lt. **Sturm** (Pz. R. 5)	1. 4.35	(351)	St
von Trotha (Pz. R. 5)	1. 3.37	(5)	3
Kettenacker (Pz. Lehrabt.)	1. 4.37	(281)	4
Lt. **van Gember**	1. 4.37	(398)	4
" **Wießner**	1. 1.38	(1551)	2
" **Hafen**	1. 1.38	(1656)	3
" **Mackensen**	1. 1.38	(1721)	1
" **Grüner** (Pz. R. 1) Ern.	1. 9.38	(735)	1
" **Hoitz** (Pz. R. 6) Ern.	1. 9.38	(1380)	1

Der Stab der 2. PD verblieb in Wien und erhielt hier seinen Friedensstandort, gleichzeitig mit dem Stab der 2. Pz.Brigade. Die beiden Regimenter der Brigade - PR 3 in Mödling, PR 4 in Korneuburg — bezogen Quartier in den dortigen Kasernen. Die Pz. Abt. 33, die in St. Pölten verblieb, wurde der neugebildeten 4. leichten Division unterstellt.

Die kommenden Sommer- und Herbstmonate standen ganz im Zeichen intensiver Ausbildung. Jetzt erst erhielten die drei Panzerdivisionen die ihnen noch fehlenden Einheiten — z. B. hatte die 3. PD erst im Frühjahr das Pionier-Bataillon bekommen — und überall wurden Vorarbeiten für Aufstellung der rückwärtigen Dienste getroffen.

Das am 29. September 1938 geschlossene sogenannte »Münchener Abkommen« zwischen Großbritannien, Frankreich, Italien und dem Deutschen Reich über das Schicksal des Sudetenlandes, brachte u. a. folgenden Satz:

> »... Die entsprechende Besetzung der vorwiegend deutschen
> Gebiete durch deutsche Truppen beginnt am 1. Oktober.«

Das Gebiet war (von rechts nach links) in fünf Zonen eingeteilt worden, die nach und nach besetzt werden sollten. Die dazu benötigten Truppenverbände — darunter fast alle Panzerverbände — rückten direkt aus den Herbstmanövern von den Truppenübungsplätzen in die Bereitstellungsräume an der Grenze vor.

Das Generalkommando des XVI. AK stand mit 1. PD, 13. und 20 ID (mot.) in Nordbayern und Westsachsen. Der Auftrag für die Divisionen lautete: Besetzung des Gebietes um Eger und Karlsbad. Die 3. PD — als äußerste linke Flügeldivision des Heeres — bemarschierte in die Zone 5 um Mährisch-Schönberg und Troppau ein, um nur zwei beteiligte Divisionen zu erwähnen. Die Besetzung des Sudetenlandes war bis zum 10. Oktober in allen Zonen ohne merkliche Ausfälle abgeschlossen.

Die schnelle und fast reibungslose Besetzung Österreichs und des Sudetenlandes hatte gezeigt, daß starke und schnelle Truppenverbände voll für solche Aufgaben geeignet waren. Das war u. a. der Grund, der Hitler bewog, noch im Herbst 1938 eine Verstärkung der Panzertruppe anzuordnen.

Er setzte im OKH eine neue Stelle ein: »Chef der Schnellen Truppen«, dem alle bisherigen Panzer-, motorisierten-, Panzerabwehr- und Kavallerieverbände unterstellt wurden.

Generalleutnant Guderian wurde unter Beförderung zum General der Panzertruppe Chef dieser Dienststelle. Chef des Generalstabes wurde Major i. G. Le Suire, 1. Generalstabsoffizier Hauptmann i. G. Röttiger (der spätere erste Inspekteur des Bundesheeres).

Neu gebildet wurden mit Datum vom 10. November 1938:

4. PD in Würzburg,
5. PD in Oppeln,
4. Pz.Br. in Stuttgart,
5. Pz.Br. in Bamberg,
6. Pz.Br. in Würzburg,
8. Pz.Br. in Sagan.

Es entstanden an neuen Regimentern: 23 vorerst nur I. Abteilung in Mannheim-Schwetzingen; 31 in Königsbrück und Groß-Born, später Jägerndorf; 35 in Bamberg; 36 in Schweinfurt; an selbständigen Abteilungen für die leichten Divisionen wurden außerdem gebildet: Pz. Abt. 65 Sennelager, später Iserlohn; 66 Eisenach später Gera; 67 Groß-Glienicke später Spremberg.

Die Aufstellung der Panzerabteilungen, die selbständig je einer der drei leichten Divisionen unterstellt wurden, erfolgte natürlich nicht gleichmäßig. So wurde — um ein Beispiel anzuführen — die Pz. Abt. 67 bereits ab 1. Oktober 1938 in Groß-Glienicke, Villenvorort von Berlin, zusammengestellt. Kader für den Stab und der vier mit Kampf-

Chef der schnellen Truppen

Gen. d. Pz. Tr. **Guderian** ⟨Kom. Gen. XVI. A. K.⟩ 1.11.38 (1a)

Maj. **Röttiger** (Gen.St.
17. Div.) (Gen.St.d.H.
[4. Abt] m. 1.12.38)
(U. Gen. St.) 1. 1.36 (22)
Riebel
⟨St. Gen. Kdo. XVI. A. K.⟩ 1. 3.36 (91) Adj

Maj. **von Le Suire**
(Gen. St. 2. Pz. Div. m. 1.12.38)
(U. Gen. St.) 1.10.36 (76)
Hptm. (E) Dr. **Luther** 1. 4.34 (450)

Höherer Kavallerieoffizier

Oberst **Freiherr von Waldenfels** ⟨Kdr. K. R. 5⟩ 1. 4.36 (18)

Maj. **Tröger** (Jn 3
m. 30.11.38) [Jn 6] 1. 8.36 (43) Adj

Höherer Panzerabwehroffizier

Gen. Lt. **von Puttkamer** ⟨Höh. Pz. Abw. Offz. 1⟩, zugl. Höh. Pz. Abw. Offz. 1 Char. 1. 4.38

Hptm. **Engels**
⟨b. Höh. Pz. Abw. Offz. 1⟩,
zugl. b. Höh. Pz. Abw. Offz. 1 1. 3.35 (35) Adj

Stellenbesetzung des Stabes Chef der Schnellen Truppen im Oberkommando des Heeres — Stand 1. März 1939.

wagen P-I und P-II ausgerüsteten Kompanien kamen vom PR 8. Die I. Abteilung dieses Regiments bildete mit Abgaben des PR 3 (Mödling) und PR 5 (Wünsdorf) sowie einer Einheit der Landespolizei Schleswig-Holstein die Pz. Abt. 67 der 3. leichten Division.

Das neue Jahr 1939 rückte heran. Die bisherige Zeitschrift »Kraftfahrkampftruppen« wurde nun in »Die Panzertruppe« umbenannt. Diese vom Stab Chef der Schnellen Truppen herausgegebene und vom Verlag Mittler & Sohn Berlin verlegte illustrierte Zeitschrift erschien monatlich zum Preis von 0,50 RM und brachte Abhandlungen sowie Nachrichten über die Panzerverbände des In- und Auslandes. Die Zeitschrift existierte bis Oktober 1944.

Die deutsche Panzertruppe bestand am 1. März 1939 aus

	Offiziere	Beamte	Unteroffiziere	Mannschaften
Feldheer:	961	174	5.444	16.988
Ersatzheer:	246	130	1.608	9.038

Doch bevor die Frühjahrsübungen der Truppe beginnen konnten, hieß es bereits wieder: »Marsch!«
Das OKH erteilte am 12. März 1939 den beiden Heeresgruppenkommandos 3 (Dresden) und 5 (Wien) den Befehl zum Einmarsch und zur Besetzung der Tschechoslowakei. Hierzu wurde das XVI. AK, jetzt unter Befehl von Generalleutnant Hoepner, um Reichenberg gruppiert. Das Korps (Führungskommando der Panzerdivisionen) erhielt Befehl, auf schnellstem Wege Prag zu erreichen.

> »Beißende Kälte, stürmischer Ostwind und ein tolles Schneegestöber lassen ein schnelles Vorwärtskommen der motorisierten Kolonnen auf den eisglatten Straßen nicht zu,« so berichtete die Geschichte der 3. PD.

Die Vorausabteilung dieser Division erreichte bereits 8.20 Uhr morgens die tschechische Hauptstadt. Das PR 6 traf infolge der schlechten winterlichen Straßenlage erst gegen 17.00 Uhr an der Prager Burg ein. Hier fand bereits zwei Tage später die erste Parade deutscher Kampfwagen auf dem Wenzelsplatz statt. Die Besetzung der Tschechoslowakei war überall fast reibungslos erfolgt.

Parade einer Panzerabteilung auf dem Wenzelsplatz in Prag — 1939.

Die Erweiterung des deutschen Hoheitsgebietes unter Einschluß der Tschechoslowakei brachte naturgemäß auch eine Erweiterung der Panzerwaffe mit sich. Das OKH bildete bereits am 1. April 1939 in Prag den Stab der 10. PD. Die Division sollte vorrangig Besatzungsaufgaben übernehmen und bekam keine eigenen Verbände unterstellt. Diese erhielt sie je nach Bedarf von verschiedenen Truppenteilen aus dem Reich. Vorerst wurde das PR 8 der Divisionsführung unterstellt.
Gleichzeitig erfolgte im Reich die Erweiterung der Panzer-Lehr-Abt. in Wünsdorf in ein Panzer-Lehr-Rgt. mit drei Abteilungen. Diese blieb nach wie vor der Panzertruppenschule unterstellt, wurde aber bereits mit den neuesten Kampfwagen des Typs P-IV ausgerüstet.

Stoff-gliederung	Geheime Kommandosache!	Blatt
21	Pz. Kpfw. IV (7,5 cm Kw.K. 40 L/48) (Sd. Kfz. 161/2)	G 315 I

Dringl.-St.:

Technische Daten: (Ausf. H u. J) (Ausf. H zugleich Pz. Bef. Wg. IV)

Gesamtgewicht des Fahrzeuges (Gefechtsgewicht) 25 t

Motor Maybach HL 120 TRM 265 PS

Spez. Leistung 10,6 PS/t

Höchstgeschwindigkeit 38 km/Std.

Mitgeführte Kraftstoffmenge 430 / 680 l (einschl. Reservetank) Ausf. H / " J

Fahrbereich mit einer Kraftstoff-Füllung:

Straße ~210 / ~320 km; mittl. Gelände ~130 / ~210 km

Grabenüberschreitfähigkeit 2,2 m, Klettervermögen 0,6 m

Watfähigkeit 1,2 m Steigvermögen aufw. 30°, abw. 40°

Besatzung wie Ausf. F1 u. G Bodenfreiheit 0,4 m

spez. Bodendruck 0,89 Kg/cm²

Länge 7,015 m, Breite 2,88 m

Höhe mit Aufbau 2,68 m 3,192 m. m. Ostkette

Feuerhöhe 1,96 m 3,330 m m. Schürzen

Bordmunition 87 Schuß 7,5 cm Kw.K., 3150 Schuß M.G., 192 Schuß MP.

Bestückung: 1 7,5 cm Kw.K 40 L/48, 1 M.G. i. Turm, 1 M.G. i. Kugelblende in Fahrerfront

1 M.P. lose (zeitweilig: 1 M.G. 34 f. Fliegerabwehr)

Abfeuerung Kw.K. 40 elektrisch, MG i. Turm d. Fußhebel, MG i. Kugelblende durch Handabzug

Optisches Gerät: a) Turmoptik TZF 5f

b) Kugeloptik KZF 2

c) Fahreroptik KFT 2 (nur bei älteren Geräten)

Funkgerät (normale Ausstattung) 2 UKW-Emp., 1 UKW Sender (f. Pz Bef. Wg IV Sonderausstattung)

Panzerung: Front 80 mm Seite 30 mm; Schürzen 5 mm

Turm 80 mm Dach 15 mm

Bug 80 mm

(Pz-Schürzen an Fahrgestell u. Turm) teilweise aus Drahtgeflecht

Kette 99 Glieder, Kettengewicht 750 kg / Ostkette 1450 "

Rohstoffbedarf (ohne Waffe)	Eisen unleg. 20 211,- kg / leg. 18 752,- " / Eisen gesamt 38 752,- "	dar. Grob u. Mi. Bl. 15 841,- / Feinblech 852,- / Fertiggew. einschl. Waffe 23 600, kg
Preis RM	Durchschn. Fertigungszeit Monate	Arbeitsstunden

Fertigungsfirmen:

Montage: } Nibelungenwerk, St. Valentin
Fahrgestell: }

Panzerung: Gebr. Böhler + Co. Kapfenberg
Eisenwerke Oberdonau, Linz

Die Panzertruppenschule gliederte sich im Sommer 1939 wie folgt:

Stab:	Kdr.: Oberst Kühn
Stabsoffz. Panzer:	Oberstleutnant Theiss
Lehrgangsleiter f.	
Taktik:	Major Fronhöfer
Technik:	Oberstleutnant Spaeth
Schießen:	Oberstleutnant Kraeber.

Die wichtigste Bereicherung nach Besetzung der Tschechoslowakei bedeutete aber die große Zuführung der tschechischen Kampfwagen. 300 Stück des von den Skoda-Werken gebauten mittleren Panzers P-35 (t) mit einer 3,7-cm-Kanone und zwei MG wurden übernommen. Die sich durch außergewöhnliche Robustheit und Lebensdauer auszeichnenden Kampfwagen wurden zur Ausrüstung des PR 11 und der Pz. Abt. 65 bestimmt. Noch bedeutungsvoller war der von den Praga-Werken gebaute mittlere Kampfwagen P-38 (t) mit seinen Abarten. Auch dieser Kampfwagen war in Stärke und Einsatzfähigkeit etwa mit dem P-III zu vergleichen und wurde in den tschechischen Fabriken bis 1942 weitergebaut. Dieser Kampfwagen bildete den Grundstock für die Panzerverbände der späteren 7. und 8. PD.

Umgliederungen, Neuaufstellungen, intensive Ausbildung im Gelände standen auf den Dienstplänen des Sommers 1939.

Die Gliederung der Panzereinheiten bekam nun nach und nach — bis auf die Versorgungstruppen — ein einheitliches Bild.

Die sich bei den leichten Divisionen befindenden selbständigen Panzerabteilungen zeigten in der Gliederung folgenden Stand:

Stab
3 leichte Kompanien (P-I und P-II)
1 leichte Staffel
1 Panzer-Werkstattzug
1 Panzerkolonne.

Da die kleinen Kampfwagen dieser Abteilungen für einen schnellen Einsatz kaum verwendungsfähig waren, wurden die Kompanien mit Tieflader-Lkw ausgestattet. Die 9-to-Lkw mit Tieflader konnten die leichten Panzer schnell an den entsprechenden Einsatzort befördern. Da diese Dreiachs-Fahrzeuge sich aber nicht im Gelände bewährten, wurden sie teilweise schon vor dem Polenfeldzug abgegeben.

Die Panzerdivisionen erhielten Ende Juli/Anfang August 1939 die noch fehlenden Versorgungseinheiten mit bis zu zehn Kraftwagen-Kolonnen für Betriebsstoff, Munition, Verpflegung usw. Eine Panzerdivision zählte jetzt als Ist-Stärke:

394 Offiziere
115 Beamte
1962 Unteroffiziere
9321 Mannschaften
561 Pkw (Personenkraftwagen)
1402 Lkw (Lastkraftwagen)
421 gepanzerte Fahrzeuge (Panzer, Spähwagen usw.)
1289 Kräder, davon 711 mit Beiwagen.

Die Gliederung eines Panzerregiments ergab folgendes Bild:

Stab mit Nachrichten- und leichtem Pionierzug
zwei Panzerabteilungen mit je
Stab, Nachrichten-, Aufklärungs- und lei. Pionierzug
2 leichte Pz.-Kompanien (P-I und P-II)
1 mittlere Pz.-Kompanie (P-III und P-IV)
1 Panzer-Kolonne
1 Werkstattkompanie.

Die Ausrüstung an Kampfwagen mit Waffen bei 2. - 5. PD. betrug:

69 Kampfwagen P-I und P-II (2-cm-Kanone)
10 Kampfwagen P-III (3,7-cm-Kanone)
12 Kampfwagen P-IV (7,5-cm-Kanone),
dazu 254 leichte Maschinengewehre (MG) und
168 Maschinenpistolen (MPi).

5. Gru. 4
XVI. A. K.
1. Pz. Div.
1. Pz. Brig.

Panzerregiment 2

Eisenach

Kommandeur: Obstlt. **Keltsch**	1. 8.36	(32)	
Obstlt. **Jesser** (Sch. R. 11)	1. 8.36	(78)	RSt
" **Voigt**	1. 1.38	(25)	II
Maj. **Graf Strachwitz von Groß-Zauche und Camminetz**	1. 4.37	(59)	I

Hptm. **Wenck** (Gen. St. XVI. A. K.)	1. 5.34	(36)	1
" (E) **Ulbricht**	1.10.36	(13)	RSt
" **Thiede**	1. 2.38	(40)	6
" (E) **Kleinert**	1. 4.38	(3)	St I
Oblt. **von Köckritz**	1.12.34	(45)	5
" **Carganico**	1.10.36	(43)	7
" **von Butler**	1.10.37	(22)	RAdj
" **Carl August Erbgroßherzog von Sachsen**	1.10.37	(143)	RSt
" **Otto**	1.10.37	(180)	3
" **Krajewski**	1. 8.38	(34)	4
" **von Kleist**	1. 8.38	(146)	8
" **von Grolman** (Pz. Abw. Abt. 28)	1. 8.38	(149)	2
Lt. **von Cramon**	1. 4.36	(244)	Adj I
" **Riedinger**	1. 4.36	(386)	St I
" **Graf von Harrach**	1. 4.36	(576)	Adj II
" **Baron Freytag von Loringhoven**	1. 4.37	(29)	RSt
Lt. **von Fritschen**	1. 4.37	(133)	St II
" **Freiherr von Fürstenberg**	1. 4.37	(319)	4
" **von Aulock**	1. 4.37	(392)	8
" **von Stünzner**	1. 4.37	(789)	St I
" **Brauer**	1. 4.37	(943)	1
" **Reichardt**	1. 4.37	(1175)	2
" **Freiherr von Meyendorff**	1. 4.37	(1234)	6
" **Fromme**	1. 4.37	(1521pp)	6
" **von Reinhard,** kdt. Aufkl. Fl. Schule Braunschweig	1. 4.37	(1566)	7
" **von Pogrell**	1. 4.37	(1596)	St II
" **Ohrloff**	1. 1.38	(3)	5
" **Bollert**	1. 1.38	(517)	8
" **Fähndrich**	1. 1.38	(895)	4
" **Müller**	1. 1.38	(1032)	3
" **Schwarz**	1. 1.38	(1396)	1
" **Stumme** Ern.	1. 9.38	(1243)	7
" **Scheidemann** Ern.	1. 9.38	(1402)	3
" **von Brauchitsch** Ern.	1. 9.38	(1737)	6

Kommandiert zur Dienstleistung:

Oblt. a. D. **Kirnbauer** 5

Aus der Rangliste vom 1.3.1939

Lediglich die 1. PD zeigte eine andere Ausstattung. Diese Division besaß 39 Kampfwagen P-II, 56 Kampfwagen P-III und bereits 28 Kampfwagen P-IV.
Noch im August 1939 entstand ein weiteres Generalkommando für die Panzertruppen: Das XIX. AK. Das Generalkommando — Tarnname »Befestigungsstab Pommern« — wurde in Groß-Born zusammengestellt. General der Panzertruppe Guderian wurde Kommandierender General, der ab August in Ostpommern über 3. PD, 2. und 20. ID (mot.) und über die mit neuesten Fahrzeugen ausgerüstete Panzer-Lehr-Abteilung und Panzer-Aufklärungs-Lehrabteilung verfügte.

Die Gliederung der deutschen Panzertruppe zeigte sich Mitte August 1939 in folgender Aufstellung:

Div.	Pz.Br.	PR	PzAbt.
1. PD	1.	1. 2.	
2. PD	2.	3. 4.	
3. PD	3.	5. 6.	
4. PD	5.	35. 36.	
5. PD	8.	15. 31.	
10. PD		8.	
	4.	7.	
	6.	11. 25.	
1. Lei.D			65
2. Lei.D			66
3. Lei.D			67
4. Lei.D			33
Pz.Tr.Schule			

Da traf am 17. August 1939 der Befehl zur Herstellung der Marschbereitschaft für die »beschleunigt ausrückfähigen« Verbände — das waren alle leichten und Panzerdivisionen — ein. Die Truppen zogen zur Ostgrenze des Reiches auf nahegelegene Truppenübungsplätze. Wenige Tage später — 25. August — wurde die getarnte Mobilmachung befohlen. Noch in der Nacht wurde dieser Befehl widerrufen, um wenige Stunden später erneut in Kraft gesetzt zu werden. Die Regimenter zogen in den dichten Grenzwäldern unter. Keine Bewegung durfte tagsüber ausgeführt werden; nur nachts marschierten, fuhren oder rollten die verschiedensten Regimenter und Abteilungen nach vorn.

Kurz vor Mitternacht des 31. August 1939 traf überall der Angriffsbefehl ein: Der Krieg war da!

Das Entscheidungsspiel

Die ersten Kriegsjahre 1939 - 1943

Das deutsche Heer stand bei Beginn des Polenfeldzuges am 1.September 1939 mit zwei Heeresgruppen kriegsbereit; eine Heeresgruppe sicherte die Westgrenze. Die Panzerverbände waren schwerpunktmäßig verteilt; denn für sie sollte die erste Bewährungsprobe beginnen, ob sie das Wort ihres Schöpfers Guderian in die Tat umzusetzen verstanden: »Klotzen — nicht kleckern!«
Die Heeresgruppe Süd bestand aus drei Armeen — 14., 10. und 8. —, wobei die mittlere 10. Armee den Stoßkeil des Heeres bildete. Sie sollte mit geballter Kraft von zwei Panzer-, drei leichten, zwei motorisierten und fünf aktiven Infanteriedivisionen die polnische Front aufreißen, den Gegner überrennen und noch westlich der Weichsel zum Kampf zwingen.
Im Rahmen dieser Heeresgruppe standen bereit bei

14. Armee:
2. PD (Generalleutnant Veiel)
5. PD (Generalleutnant von Vietinghoff)
4. leichte Div. (Generalmajor Hubicki),
10. Armee:
1. PD (Generalleutnant Schmidt)
4. PD (Generalleutnant Reinhardt)
1. - 3. leichte Div. (Generalmajor von Loeper,
Generalleutnant Stumme, Generalmajor Kuntzen),
8. Armee:
kein Panzerverband.

Die Heeresgruppe Nord verfügte über zwei Armeen — 3. und 4. — wobei die 3. Armee (hier nur eine Panzerdivision) von Ostpreußen aus über den Narew nach Süden vorstoßen sollte, während die 4. Armee (hier gleichfalls nur eine Panzerdivision) den sogenannten Korridor vom polnischen Heimatland abschneiden mußte, um dann über Thorn auf Warschau anzugreifen.
Die Geschichte der 3. PD (Generalleutnant Freiherr Geyr von Schweppenburg), die der 4. Armee unterstellt war, beschrieb den Kriegseinsatz ihrer Verbände am 1. September 1939:

> »... Frühnebel geistert noch durch die Wälder, empfindlich kalt ist es schon. Doch überall herrscht gespenstige Unruhe. Motorengeknatter, lautloses Marschieren der Kolonnen. Flüstern und Flüche, leichtes Waffengeklirr... Die Division steht bereit ...
> Da: 4.45 Uhr! ... Plötzlich heulen die Panzermotoren auf, Ketten rasseln, Kräder knattern ...

Die leichten Panzer schieben sich als erste Fahrzeuge durch die von den Pionieren freigemachten Drahthindernisse. ...«

Der 2. Weltkrieg nahm seinen Anfang...

Die deutsche Panzertruppe stand mit allen ihren Verbänden vom ersten Kriegstag an im Kampf. Ein Novum war der in Ostpreußen gebildete Panzerverband unter Generalmajor Kempf. Dieser bestand aus Stab Pz. Brig. 4, dem PR 4, der SS-Standarte »Deutschland«, einem SS-Artillerieregiment, einer SS-Aufklärungsabteilung, einer Heeres-Panzerabwehrabteilung und einer Panzerabwehrabteilung.

Nach dem Feldzug übernahm Stab 10. PD (Generalmajor Schaal) nach Zuführung aus Prag den Verband, wobei das PR 7 endgültig neu unterstellt wurde, so daß jetzt die neue Panzerdivision gleichfalls über zwei Regimenter — PR 7 und 8 — verfügte.

Die Panzertruppe nahm mit allen 34 Panzerabteilungen am Polenfeldzug teil. Sie verfügte am 1. September 1939 über

928 Kampfwagen P-I
1231 Kampfwagen P-II
202 Kampfwagen P-35(t)
98 Kampfwagen P-38(t)
148 Kampfwagen P-III
213 Kampfwagen P-IV
160 Panzer-Befehlswagen.

Alle Panzer bestanden ihre Bewährung im Polenfeldzug besonders durch die Einbauten von Ultrakurzwellengeräten. Sie ermöglichten innerhalb der Panzerverbände eine hervorragende Funksprechverbindung und dadurch schnelles Reagieren.

Die erste Kriegswoche in Polen zeigte deutlich, daß die Wehrmacht dank ihrer modernsten Waffen einschließlich der Luftwaffe den polnischen Armeen weit überlegen war. Es gelang allerdings nicht, »fahrplanmäßig« die Umfassung der polnischen Armee noch westlich der Weichsel zu vollziehen. So wurden die geschlagenen Feindkräfte zur Weichsel praktisch in der ersten Woche zurückgetrieben. Doch stieß das XVI. AK im Rahmen der deutschen 10. Armee fast 70 - 80 Km vor deren Front voraus und deren 4. PD gewann schon am achten Kriegstag die Vororte von Warschau, die hartnäckig verteidigt wurden.

Ein P-II des PR 35 bahnt den Schützen den Weg in die Vororte von Warschau frei. Zu dieser Zeit trugen die Kampfwagen noch das weiße Kreuz. Da es von weitem sichtbar war, wurde es nach dem Feldzug durch das schwarze Eiserne Kreuz ersetzt. Die Zahl R 05 bedeutet, daß dieser Panzer zum Regimentsstab gehört.

Zwei P-II der 4. PD unterstützen den Kampf der Infanterie in Polens Hauptstadt.

Zwei Kesselschlachten gab es in der zweiten Kriegswoche, die eine am rechten Flügel der 10. Armee im Großraum Radom, bei der die 5. PD und die 1. - 3. leichte Division beteiligt waren. Die zweite Schlacht spielte sich an der Bzura ab, die zwar deutscherseits zu Krisen führte, die allerdings nach zehn Tagen gemeistert werden konnten. Mittlerweile war die 2. Phase des Feldzuges eingeleitet, als 3. und 10. PD mit motorisierten Kräften anderer Divisionen am linken Flügel des Heeres am 11. September zum Angriff Richtung Brest antraten, um die polnischen Truppen nun ostwärts der Weichsel abzufangen. Der Bericht des Oberkommandos der Wehrmacht (OKW) meldete am 17. September u. a.:

> »Bei Wlodawa südlich Brest haben sich die vordersten Aufklärungstruppen der aus Ostpreußen und der aus Oberschlesien und der Slowakei angesetzten Armeen die Hand gereicht.«

Damit war praktisch der Polenfeldzug entschieden — und am selben Tag rückten über die polnisch-russischen Grenzen Teile der »Roten Armee«. Das OKH befahl in einer Weisung vom 18. September, 0.30 Uhr, das Einstellen der Kampfhandlungen und den Rückmarsch der deutschen Divisionen hinter die Linie: Lauf der Pissa, Lauf des Narew bis zur Weichsel, Weichsel bis San-Mündung, Lauf des San bis Przemysl, Linie Przemysl-Uzsokerpass.
Der Kampf um Polen klang am 1. Oktober 1939 aus.

PANZER- UND LEICHTE DIVISIONEN IM FELDZUG GEGEN POLEN - 1. - 10. SEPTEMBER 1939

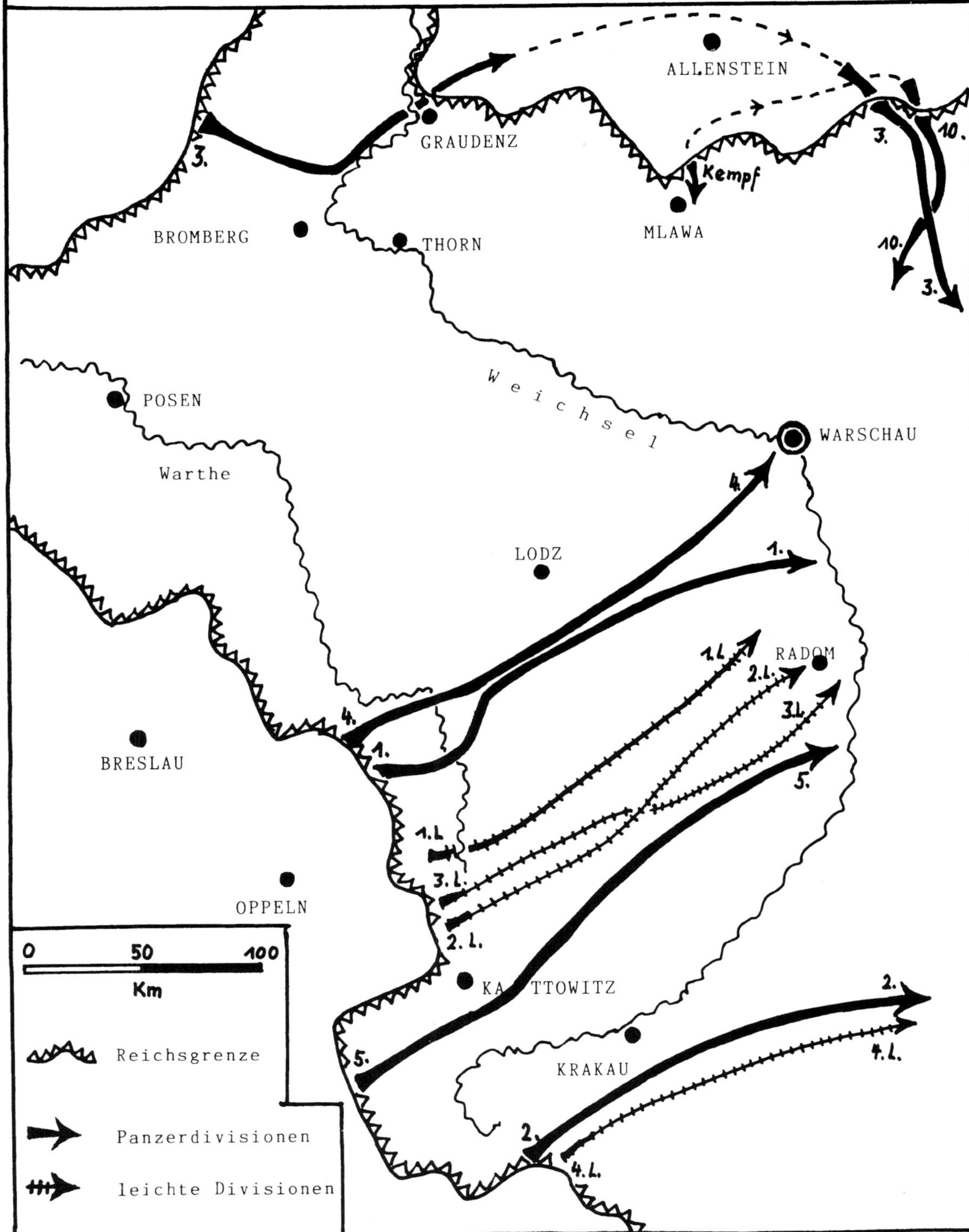

Bei Kriegsbeginn trat auch beim Ersatzheer eine neue Spitzengliederung in Kraft. Der bisherige Stab »Chef der Schnellen Truppen« wurde umgebildet in »Inspekteur der Schnellen Truppen«. Der Geschäftsbetrieb des Stabes war auf die Waffenabteilung In-6 des Allgemeinen Heeresamtes angewiesen. Die Abteilung In-6 nannte sich Stab »Panzertruppe, Kavallerie und Heeresmotorisierung«. Inspekteur wurde Generalleutnant Kühn.
Während die Panzerregimenter in ihre Heimatgarnisonen unter dem Jubel der Bevölkerung einzogen, erfolgte eine Verstärkung der Panzertruppe.
Es wurden neu gebildet:

6. PD mit PR 11 aus 1. lei. Div. und Heerestruppen,
7. PD mit PR 25 aus 2. lei. Div. und Heerestruppen,
8. PD mit PR 10 aus 3. lei. Div. und Heerestruppen,
9. PD mit PR 33 aus 4. lei. Div. und Heerestruppen.

Die bisherigen vier leichten Divisionen wurden komplett, auch mit den bisher ihnen unterstellten Panzerabteilungen, übernommen. Infolge der Materialknappheit wurden 6., 7. und 8. PD mit den tschechischen Typen P-35(t) und P-38(t) ausgerüstet.
Das Ersatzheer hatte noch vor Beginn der Kampfhandlung in Polen sieben Pz.-Ersatz-Abteilungen gebildet, wobei jeweils die Nachkommandos zweier Panzerregimenter die Kader dieser Abteilungen bildeten, z. B.:

Pz. Ers. Abt. 1 (Erfurt) aus 1. und 6./PR 1., 3. und 7./PR 2,
Pz. Ers. Abt. 7 (Vaihingen) aus 2. und 7./PR 7 und 3. und 6./PR 8.

An der Jahreswende 1939/40 wurden zwei Divisionsstäbe im Ersatzheer als Führungsstäbe der Panzertruppen gebildet: Div. Nr. 178 in Liegnitz (hier bis Kriegsende) und Div. Nr. 179 in Weimar (1943 nach Frankreich verlegt).
Die bisherige Abteilung In-6 im Allgemeinen Heeresamt wurde zur selben Zeit getrennt in In-6 »Schnelle Truppen« und In-11 »Heeresmotorisierung«. Zusammen mit In-8 »Fahrtruppenabteilung« bildeten diese drei Dienststellen die neue Amtsgruppe »Kraftfahrwesen und Motorisierung«.
Die Erfahrungen des Polenfeldzuges hatten bereits gezeigt, daß die leichten Kampfwagen kaum fronttauglich waren, so daß das Heereswaffenamt bereits am 27. September 1939 den sofortigen Weiter- und Ausbau der Typen P-III und P-IV befahl. Jetzt erst setzte der Großserienbau, besonders des P-III, ein. Die Altmärkische Kettenfabrik GmbH in Berlin-Spandau wurde bald zum wichtigsten deutschen Panzerhersteller. Neben dieser Firma beteiligten sich besonders Daimler-Benz, Famo, Henschel, MAN und vier weitere kleinere Firmen am Bau dieses Typs. Der Großserienbau des P-IV begann erst im Jahr 1942, als es bereits zu »spät« war.
Die Erkenntnisse des Polenfeldzuges brachten auch die neue Farbgebung für die Kampfwagen zuwege. Die bisherige Bemalung mit braunen Farbtönen hatte sich nicht bewährt; ab Herbst 1939 wurden alle Panzer anthrazitfarben gestrichen. Das Balkenkreuz, das noch während des Feldzuges in weißer Farbe an Turm und Wanne zu erkennen war, mußte nun einem schwarzen Kreuz mit weißem Rand weichen. Der Panzerbau sollte auf höchste Weisung ab 1940 monatlich 600 Kampfwagen und Sturmgeschütze erreichen. Diese Zahl wurde in Wirklichkeit erst 1943 erzielt!
Das neue Kriegsjahr 1940 ließ sich ohne große militärische Ereignisse an. Das deutsche Heer bereitete sich auf die Auseinandersetzung mit der französischen und britischen Armee vor. Der Generalstab in Berlin hatte mehrere Feldzugspläne entworfen, die aber erst Wirklichkeit werden sollten, als der Chef des Generalstabes der Heeresgruppe B, Generalleutnant von Manstein, einen eigenen Plan vorlegte, der unter dem Namen »Sichelschnitt« in die Kriegsgeschichte einging.

Der Oberbefehlshaber des Heeres stiftete am 20. Dezember 1939 zusammen mit dem Infanterie-Sturmabzeichen ein Panzerkampfabzeichen.

Dieses Abzeichen konnte Angehörigen von Panzereinheiten verliehen werden, die sich ab 1. Januar 1940 als Panzerfahrer, -funker, -schütze oder -führer auszeichneten. Diese Bewährung hatte bei mindestens dreimaligem Einsatz an drei verschiedenen Tagen zu erfolgen.

Das Abzeichen hatte eine ovale Form, die durch einen Eichenkranz umschlossen war, in dessen oberem Teil ein Wehrmachtsadler angebracht war. Der Mittelpunkt des Abzeichens wurde von einem schweren Panzer (Typ P III) dargestellt, der von links hinten nach rechts vorn rollte. Das Abzeichen war zunächst in silberner Ausfertigung für die Angehörigen der Panzerregimenter gedacht. Ein Zusatzbefehl des Oberbefehlshabers des Heeres vom 1. Juni 1940 erweiterte die bisherigen Bestimmungen auf andere Einheiten der Panzerdivisionen und der Panzerspäheinheiten. Die Farbe für das Abzeichen dieser Einheiten war allerdings bronzen.

Weitere Erlasse des Oberbefehlshabers des Heeres vom 31. 12. 1942, 31. 1. 1943 und 1. 12. 1944 regelten neue Verleihungsarten und -bestimmungen. Danach konnte zum Beispiel die silberne Ausführung an Kradmelder und an Instandsetzungstrupps verliehen werden, die sich in vorderster Front auszeichneten. Gleichfalls erhielten das silberne Abzeichen die Angehörigen der Panzerjagdverbände und der Panzer-Nachrichtenabteilungen.

Als Anerkennung für die vielen Einsätze der Panzertruppen während des weiterhin andauernden Krieges wurde durch Verordnung vom 22. 6. 1943 die Einführung höherer Stufen genehmigt. Das Panzerkampfabzeichen konnte von da an nach 25, 50, 75 und 100 Einsätzen verliehen werden und erhielt im unteren Teil des Eichenlaubkranzes die entsprechende Zahl. Das Abzeichen für 100 Einsätze wies in der Verbreiterung des Eichenlaubkranzes und in einer stärkeren Stilisierung des Panzers eine etwas abgewandelte Form auf. Die Einsatzzahl stand in goldener Schrift auf einem schwarzen Schild, das wiederum golden eingefaßt war.

Die Wertung der Einsätze erfolgte erst ab 1. 7. 1943. Doch konnten für bewährte Ost- und Afrikasoldaten bei einem ununterbrochenen Einsatz von 15 Monaten bis zu 25 Einsatztage angerechnet werden. Bei Schwerverwundeten war eine Verleihung bereits vor Erreichung der geforderten Einsatztage möglich. Das Abzeichen wurde auf der linken Brustseite getragen.

Stoff-gliederung	**Geheime Kommandosache!**	Blatt
21	PzKpfw III (5 cm Ausf. M bzw. 7,5 cm Ausf. N) (Ausf. M - Sd.Kfz. 141/1, " N - Sd/Kfz. 141/2)	G 305

Dringl.-St.: –

Technische Daten:

Gesamtgewicht des Fahrzeuges (Gefechtsgewicht) ~23 t

Motor HL 120 TRM PS 265

Spez. leistung ~11,5 PS/t

Höchstgeschwindigkeit ~40 km/Std.

Mitgeführte Kraftstoffmenge 310 l (einschl. Reservetank)

Fahrbereich mit einer Kraftstoff-Füllung:

Straße ~155 km; mittl. Gelände ~95 km

Grabenüberschreitfähigkeit ~2 m, Klettervermögen 0,6 m

Watfähigkeit 0,8 m, Steigvermögen aufw. 30°

Bodenfreiheit 0,385 m abw. 40°

Besatzung i. Turm = 1 Pz. Führer, 1 Richtschütze, 1 Ladeschütze
i. Bug = 1 Pz. Funker zugl. Schütze, 1 Pz. Fahrer

Länge Ausf. M 6,412 / " N 5,650 m, Breite 2,970 m / 3,266 m m. Ostkette / 3,410 m m. Schürzen

Höhe mit Aufbau 2,50 m

Feuerhöhe ~1,9 m

Bordmunition 84 Schuß 5 cm KwK bzw. 64 Schuß 7,5 cm KwK
3800 " MG (M u. N)

Bestückung: a) Turmwaffen 1 5 cm Kw.K. 39 od. 1 7,5 cm Kw.K.
b) Bugwaffen 1 MG 34
1 MG 34
1 MP

Abfeuerung Kw.K.: elektrisch
MG 34 i. Turm, " 34 i. Bugpanzer – mechanisch { Fußgestänge / m. Handabzug

Optisches Gerät: a) Turmoptik 1 TZF 5e (Ausf. N 1 TZF 5b)
b) Kugeloptik 1 KZF 2 } 5 cm
c) Fahreroptik 1 KFF 2

Funkgerät (normale Ausstattung) 2 UKW-Empf., 1 UKW-Sender

Panzerung: Front 50 mm Seite 30 mm, Schürzen 5 mm
Turm 50 mm Dach (Turm) 10 mm
Fahrerfront + 20 mm Schottpanzer

Kette 93 Glieder, Kettengewicht 700 kg
Ostkette 1350 "

	Ni	Kautschuk Reifen u.s.w.	

Rohstoffbedarf	Fe	Mo	Cr	W	Mg	Sn	Cu	Al	Pb	Zn
f. 1 Stck. i. kg ohne Waffe, Optik u. Funk										

Preis RM 96 163.- ohne Waffe	Durchschn. Fertigungszeit ~12 Monate	Arbeitsstunden

Doch inzwischen hatte sich der Kriegsschauplatz nach Norden erweitert. Hier im skandinavischen Raum stießen deutsche und britische Wirtschaftsinteressen aufeinander. Der deutschen Kriegswirtschaft ging es um die Eisenerzlager Nordschwedens und der britischen Flotte um Stützpunkte in Norwegen zur Blockade der deutschen Küsten.

So liefen am 6. April 1940 britische Kriegsschiffe aus, um die norwegischen Küsten zu verminen — und zwei Tage später lichtete die deutsche Kriegsflotte mit fast allen Kriegsschiffen und vielen Transportdampfern die Anker zur Fahrt nach Norden.
Es kam zur Besetzung von Norwegen und Dänemark, bei der die Panzertruppe nur mit einer Pz. Abteilung beteiligt war. Es handelte sich hierbei um die extra für diesen Kriegsschauplatz zusammengestellte Pz. Abt. 40 (Oberstleutnant Volckheim, Kampfwagenoffizier des 1. Weltkrieges). Die Abteilung bestand aus drei Kompanien mit den Kampfwagen P-I und P-II und drei noch vorhandene Neubau-Kampfwagen aus der Zeit der geheimen Aufrüstung.
Die Abteilung war im März 1940 in Dabendorf bei Berlin aufgestellt worden und bestand vornehmlich aus zwei aktiven Kompanien des PR. 6. Der Einsatz dieser leichten Kampfwagen in Norwegen war gedacht zur Unterstützung der Infanterie und zur schnellen Besetzung kriegswichtiger Objekte.

Ein leichter Kampfwagen sichert vorgehende Infanterie in Südnorwegen — 25.4.1940.

Die leichten Kampfwagen der Pz.Abt. 40 unterstützen Gebirgsjäger bei den letzten Kämpfen in Mittelnorwegen. (11.5.1940)

Die Vorbereitungen für die Westoffensive liefen inzwischen auf Hochtouren. Die bereitgestellten Panzerdivisionen hatten sich inzwischen durch Auffüllung von Personal, Waffen, Gerät und Fahrzeugen fast 100%ig kriegsbereit gemacht. Alle Divisionen mußten ihre Fahrzeuge durch neue vom OKH festgesetzte Zeichen kenntlich machen, um schnell die einzelnen Verbände auf dem Schlachtfeld oder bei Straßenverstopfungen ansprechen zu können. Die Zeichen der Panzertruppe mußten in gelber Farbe aufgemalt werden.
Der Gesamtbestand an Panzerkampfwagen betrug im deutschen Heer am 10. Mai 1940, als der Westfeldzug begann:

P-I	1026, davon an der Front 523
P-35(t)	143, davon an der Front 106
P-II	1079, davon an der Front 955
P-38(t)	228, davon an der Front 228
P-III	349, davon an der Front 349
P-IV	280, davon an der Front 278
Bef. Wg.	243, davon an der Front 135.

Die Aufstellung der deutschen Panzerdivisionen für den Feldzug gegen die Westmächte erfolgte von rechts nach links:

PD	bei Armee	mit Zielrichtung:
9.	18.	Moerdijk, Amsterdam
3.	6.	nördlich Brüssel, Maubeuge
4.	6.	nördlich Brüssel, Maubeuge
5.	4.	Dinant an der Maas
7.	4.	Dinant an der Maas
6.	12.	Maas südlich Givet
8.	12.	Maas südlich Givet
2.	16.	Sedan
1.	16.	Sedan
10.	16.	Sedan.

So standen am frühen Morgen des 10. Mai 1940 alle deutschen Panzerregimenter in vorderster Front. Der Schwerpunkt der bevorstehenden Offensive zeichnete sich auf dem linken Flügel der zwei Heeresgruppen B (rechts) und A (links) ab. Die dritte Heeresgruppe C war vor der elsässisch-lothringischen Grenze aufmarschiert und führte keine motorisierte Truppe in ihren Verbänden.
Eine Sondermeldung des deutschen Rundfunks am frühen Morgen dieses Tages lautete:

> »... ist das deutsche Westheer am 10. Mai bei Morgengrauen zum Angriff über die deutsche Westgrenze auf breitester Front angetreten.«

Schon drei Tage später ereignete sich an dem kleine Fluß Gette zwischen Orp-le-Grand und Hannut die erste Panzerschlacht des 2. Weltkrieges.

> »Es entwickelte sich ein Kampf Panzer gegen Panzer«, so heißt es in einem späteren Bericht. »Die Abteilungen und Kompanien verlieren bald die Übersicht, werden durcheinandergeworfen, Freund und Feind verzahnen sich ineinander. Rauch, Feuer und Qualm wälzen sich über die Landschaft.

Die Schlacht löst sich in Einzelgefechte auf, die hin und her wogen. Doch endlich klärt sich das Bild — nach einer Stunde. Feuergeschwindigkeit und Feuerdisziplin der Deutschen entscheiden den Kampf!«

Der Schwerpunkt der ersten Phase dieses Feldzuges zeichnete sich eindeutig im Raum Sedan ab. Hier bildeten die vier motorisierten Armeekorps den Schwerpunkt des deutschen Heeres. General der Kavallerie von Kleist war Befehlshaber dieser Schwerpunktgruppe, die insgesamt über 134.370 Soldaten mit 1250 Panzern, 362 Pz.-Spähwagen und 39.528 andere Kraftfahrzeuge umfaßte.
Als nördlich dieser Kräftegruppe die erste Panzerschlacht des Krieges geschlagen wurde, stellten sich am selben Tag die Panzerdivisionen zum Übergang über die Maas bei Sedan bereit. Schon in der Abenddämmerung war der Übergang gelungen. Auch als am Morgen des nächsten Tages sechs französische Divisionen mit einer Panzerabteilung zum Gegenangriff antraten, konnten sie die deutschen Panzer nicht aufhalten.
Der Durchbruch durch die französische Front war gelungen! Der Weg für die Kampfwagen mit dem Eisernen Kreuz nach Westen, nach Nord- und Mittelfrankreich hinein, war frei! Der von Generalleutnant von Manstein, dem späteren Feldmarschall, entworfene »Sichelschnittplan« konnte in den folgenden zehn Tagen in die Tat umgesetzt werden.

Nach der Schlacht um Avesnes am 24./25.5.1940 rollen deutsche Kampfwagen — hier ein P-38(t) — an abgeschossenen französischen Panzern vorbei weiter nach Westen.

Die deutschen Kampfwagen bahnten sich unentwegt ihre Bahn mitten durch französische, belgische und später auch britische Truppen zur Kanalküste hindurch. St. Quentin, Maubeuge, Peronne, Cambrai, Valenciennes wurden praktisch im »Eiltempo« durchfahren. Dann kamen am 17. und 18. Mai plötzlich für die Truppe unverständliche Haltebefehle vom OKH und dem Heeresgruppenkommando, ehe es am 19. Mai endlich weiterging. 24 Stunden später erreichte die 1. PD Amiens und die 2. PD über Abbeville die Sommemündung.
Deutsche Kampfwagen standen am Meer — der »Sichelschnitt« war gelungen!

Vier Tage später nahm die Schlacht um Dünkirchen ihren Anfang. Alle Panzerdivisionen waren daran beteiligt. Sie stießen drei Tage später zwischen Lens im Osten und der Küste im Westen gemeinsam über die belgisch-französische Grenze nach Nordosten Richtung Dünkirchen vor. Es waren von rechts nach links: 5., 7., 4., 3., 8., 6., 1. und 2. PD. Dieser letzte Panzerangriff in der ersten Phase des Westfeldzuges erfolgte erst nach Aufhebung des von Hitler wenige Tage vorher erlassenen »Haltebefehls«, der die Panzertruppe schonen wollte.

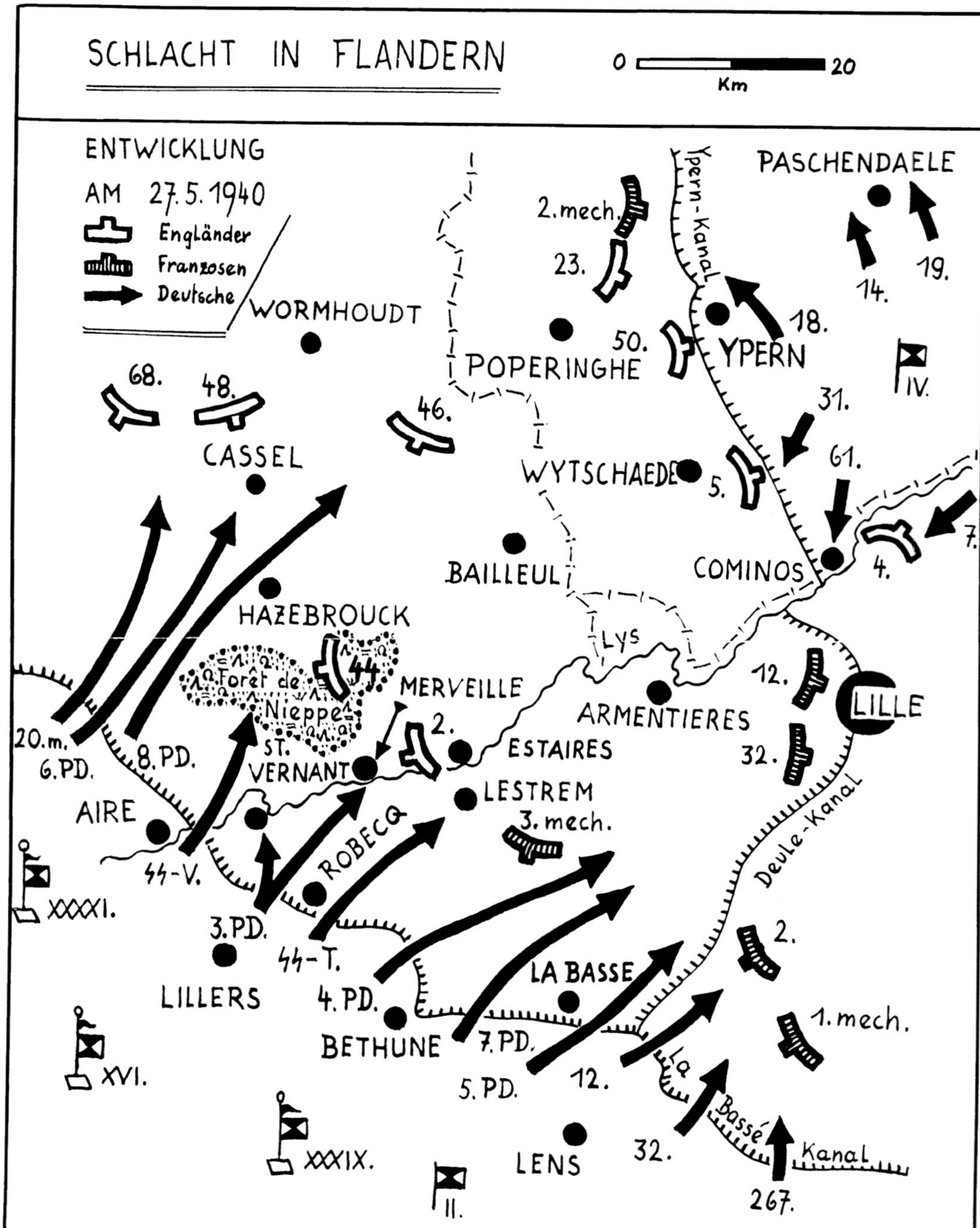

Beim Endkampf um Dünkirchen selbst war dann ab 30. Mai lediglich noch die 9. PD beteiligt, die den linken Flügel der Angreifer bildete.
Doch zu dieser Zeit gliederte sich das Westheer bereits zum Angriff von der Sommemündung bis zur Schweizer Grenze um. Die Panzerdivisionen waren in zwei selbständige Panzergruppen zusammengefaßt, die General der Kavallerie von Kleist und General der Panzertruppe Guderian befehligten. Die Gliederung der Panzergruppen ergab für den 8. Juni 1940 (drei Tage nach Beginn der neuen Offensive):

Panzergruppe Kleist:
XIV. AK mot. mit 9. und 10. PD
XVI. AK mot. mit 3. und 4. PD
Panzergruppe Guderian:
XXXIX. AK mot. mit 1. und 2. PD
XXXXI. AK mot. mit 6. und 8. PD

Diese acht Divisionen standen im Schwerpunkt der neuen Offensive, die unter dem Decknamen »Fall Rot« am 5. Juni 1940 anlief. Die beiden im Rahmen der 4. Armee eingesetzten Divisionen — 5. und 7. PD — hatten die Armee beim Angriff auf Nordwestfrankreich zu unterstützen. Es waren die Divisionen, die bereits in den ersten zwei Tagen der neuen Offensive bis auf 50 Km Tiefe in das feindliche Hinterland stießen. Hierbei erwarb sich die von Generalleutnant Rommel geführte 7. PD den Namen »Gespensterdivision«, da sie schneller als die zurückflutenden Briten und Franzosen war und diese um St. Valéry einkreiste. Die 5. PD rollte mitten durch den Gegner und erreichte am 18. Juni den Atlantik-Kriegshafen Brest.

Kurze Atempause im Vormarsch durch Nordfrankreich. Ein P-II vor der Kathedrale in Rouen.

Eine Woche nach Beginn der 2. Phase des Westfeldzuges entwickelte sich die Lage so (Lage am 14. Juni von rechts nach links):
9. und 10. PD stießen westlich Romilly über die Seine nach Süden, 3. und 4. PD standen weit westlich und dicht vor Troyes, 1. und 2. PD erreichten den Raum St. Dizier an der Marne (bereits im Rücken der Maginotlinie), 8. und 6. PD marschierten in Richtung Bar le Duc, weit südlich von Verdun.
Drei Tage später stand die Panzergruppe Guderian an der Schweizer Grenze bei Pontarlier und die 1. PD rückte einen Tag später in Belfort ein; damit waren die französischen Streitkräfte im Elsaß eingeschlossen. Die Panzergruppe Kleist rollte inzwischen auf die französischen Alpen zu und erreichte mit 3. und 4. PD das landschaftlich wunderschöne Gebirgstal der Isère bei Grenoble. Von hier aus — 9. und 10. PD standen in Lyon — verlegte die Panzergruppe Kleist an die Atlantikküste und stürmte über Royan und Bordeaux zur spanischen Grenze.

Nach der Schlacht in einer restlos zerstörten Stadt Mittelfrankreichs am 29.6.1940. Ein Kampfwagen P-III wartet auf Zuführung neuer Munition.

Die Berichte des OKW nannten in den zurückliegenden Tagen namentlich die ersten Offiziere der Panzertruppe (bis Regimentskommandeur), die sich hervorragend ausgezeichnet hatten. Es waren Oberleutnant Baron von Nolde (PR 6) am 20.05., Oberleutnant von Jarowski (PR 3) am 27.05., Oberst Koll (PR 11) am 1. Juni und Oberleutnant Malguth (PR 35) am 18.06.
Am 25. Juni 1940, morgens 1.35 Uhr, erklangen überall die Trompetensignale »Das Ganze halt«!
Der Westfeldzug war beendet...

Nach diesem Feldzug waren die Pläne zur Landung der deutschen Wehrmacht in Großbritannien noch in Bearbeitung. Danach sollten schon in der ersten Phase vier sogenannte Tauchpanzer-Abteilungen mit den Infanterie- und Marinestoßtrupps an Land gesetzt werden. Für die Aufstellung dieser Abteilungen mußten die Wehrkreise III (Berlin), IV (Dresden), VIII (Breslau) und XVII (Wien) sorgen. Die abgestellten Offiziere, Unteroffiziere und Mannschaften schulten an Ost- und Nordseeküste auf Tauchpanzer um.
Bei den für den Einsatz benötigten Kampfwagen handelte es sich um Kampfwagen vom Typ P-III und P-IV, die zum Tauchen bis in 15 m Tiefe hergerichtet wurden. Die hierzu benötigte Sonderausrüstung bestand aus Schwimmkörper mit Antrieb und Schiffsschraube, Abdichtung zwischen Turm und Wanne sowie Schnorchel zur Frischluftzuführung. Der Kampfwagen — es gab 210 Stück dieser Art, jede Abteilung besaß 52-56 Exemplare — erreichte eine Geschwindigkeit von 10 km/h bis zu Seegang Stärke 4.
Es entstanden am 24. Juli 1940 für das »Unternehmen Seelöwe« (Landung in Großbritannien) die Panzerabteilungen

A aus Stab I./PR 2 und Teilen PR 1 und 2;
B aus Stab I./PR 4 und Teilen PR 3 und 4;
C aus Stab I./PR 5 und Teilen PR 5 und 6;
D aus Stab I./PR 15 und Teilen PR 15 und 31.

Nach Aufgabe der Landung auf den britischen Inseln wurden die Pz.Abt. A und B zur I. und II. Abteilung des neugebildeten PR 18; die Pz.Abt. C und D die I. und II./PR 28. Während das neue PR 18 bei der am 6. Dezember 1940 neugebildeten 18. PD verblieb, wurden die Abteilungen des PR 28 am 27. Februar 1941 aufgelöst. Aus I./PR 28 wurde dann die III./PR 6 (3. PD) und aus II./PR 28 die III./PR 18 (18.PD).
Da die deutsche Führung im Spätherbst das »Unternehmen Seelöwe« endgültig zu den Akten legte, plante die Wehrmachtführung mit Hilfe spanischer Truppen die Eroberung der Festung Gibraltar. Hierzu wurden ebenfalls von jeder Panzerdivision Kräfte zur Verfügung gestellt, so daß eine (noch nicht gebildete) Panzerdivision schließlich am »Unternehmen Felix« (Eroberung Gibraltars) beteiligt war, die andere (ebenfalls nie gebildete) Panzerdivision sollte in Marokko zum Einsatz kommen. Doch als am 7. Dezember 1940 der spanische Staatschef eine Teilnahme ablehnte, wurde das »Unternehmen Felix« gleichfalls »ad acta« gelegt.
Die Erfahrungen des Westfeldzuges führten zu einer gliederungs- und stärkemäßigen Veränderung der bisherigen Panzerdivisionen. Jede Division erhielt jetzt ein zweites Schützenregiment, mußte aber ein Panzerregiment abgeben, so daß die Stoßkraft der zehn neu aufzustellenden Divisionen stark geschwächt blieb. Dagegen wurde die im Feldzug erprobte Taktik beibehalten, die unter dem Gedanken der Schwerpunktbildung große Erfolge zeitigte. Der Lehrplan für die taktischen Unterrichte an Schulen und bei der Truppe hieß deshalb auch im Herbst 1940:

> »Klare Schwerpunktbildung. Durchbruch an möglichst vom Gegner unerwarteter Stelle. Enges Zusammenwirken mit der Luftwaffe. Angriff ohne Rücksicht auf offene Flanken. Eindrehen und Umfassen des Gegners.«

Das OKH erließ kurz nach dem Feldzug die Befehle zur Neuaufstellung von vier Panzerdivisionen; Befehle zur Aufstellung weiterer sechs Divisionen folgten am 22. und 28. Juli. So wurden neu gebildet:

PD	Ersatz-Wehrkreis	Aufstellungsmonat	Verwendungsbereitschaft
11.	VIII	Juli	15.10.1940
12.	II	Oktober	15.04.1941
13.	XI	August	10.10.1940
14.	IV	August	12.12.1940
15.	VII	Oktober	15.03.1941
16.	VI	August	25.11.1940
17.	VII	Oktober	15.03.1941
18.	IV	Oktober	01.05.1941
19.	XI	Oktober	15.03.1941
20.	IX	Oktober	01.05.1941

Für diese Neuaufstellungen wurden herangezogen 4., 16., 19., 27. und 33. ID, 2. und 13. ID (mot.), 11. Schützen-Brig. und die aufgelösten 209., 228., 231. und 311. ID. Die bisherigen aktiven Panzerregimenter 2 (1. PD), 4 (2. PD), 5 (3. PD), 36 (4. PD), 15 (5. PD) und 8 (10. PD) wurden den neuen Divisionen zugeführt. Der bisherige Stab der 3. Pz.Brig. (3. PD) wurde mit dem PR 5 neue 5. leichte Division, dafür erhielt die 3. PD einen neuen Brigadestab Nr. 5. Weiter wurden die Brigadestäbe 8 für die Heerestruppe, ab 1.3.1941 Pz.Brig. 100, und der Brigadestab 18 (bisher Tauchpanzerabteilungen) neu formiert.
Eine weitere Vergrößerung der Führungsstäbe der Panzerwaffe erfolgte am 16. November 1940. Das OKH bildete die Panzergruppenkommandos 1 (früher Generalkommando XII. AK), 2 (früher Generalkommando XIX. AK) und 3 (früher Generalkommando XV. AK). Ein 4. Panzergruppenkommando wurde am 15. Februar 1941 infolge der Vorbereitungen zum Feldzug gegen die Sowjetunion aus dem Generalkommando des XVI. AK aufgestellt.
Die im Herbst 1940 von den europäischen Mächten unternommenen Friedensbemühungen — u.a. Besuch des sowjetischen Außenministers in Berlin — wurden am 28. Oktober 1940 zunichte gemacht, als italienische Truppen an diesem Tag von Albanien aus in Griechenland einfielen. Da mit dem drei Wochen später erfolgten aktiven Eingreifen britischer See- und Luftstreitkräfte ein neuer Kriegsschauplatz entstanden war, befürchtete nun das Deutsche Reich, daß die lebenswichtigen rumänischen Ölfelder bedroht sein könnten. Das OKH befahl deshalb im Dezember 1940 die Verlegung der 13. und 16. PD nach Rumänien und Bulgarien.

Einmarsch der dt. Truppen in Bulgarien am 5.3.1941. Mittlere Panzerkampfwagen gehen über die Donau-Brücke, die von unseren Pionieren erbaut wurde.

Die Verbände waren vorerst als Lehrtruppen für die rumänische Armee deklariert. So trug die 13. PD die Tarnbezeichnung Lehrstabregiment und die 16. PD die Tarnbezeichnung I. und II. Bataillon des Lehrstabregiments.
Die Erfahrungen des vergangenen Westfeldzuges brachten erneut die Erkenntnis, daß die deutschen Kampfwagen zu leicht bewaffnet waren, um stärkere Panzer erfolgreich bekämpfen zu können.
So wurde vorerst der P-III mit einer 5-cm-Kampfwagenkanone (KwK) 39 L/42 ohne Mündungsbremse ausgerüstet, die später durch die bessere 5-cm-KwK L/60 ersetzt wurde. (Ein Jahr später sollte der P-III die 5-cm-KwK L/50 erhalten, die bei einer Geschoß-Anfangsgeschwindigkeit von 785 m/sec eine Schußweite von 7000 m erreichte.)
Gleichfalls wurde der P-IV ab Herbst 1940 durch eine 5-cm-KwK L/42 verbessert.
Während des Herbstes und Winters 1940/41 stellte das OKH nicht nur neue Panzerverbände für die 11. bis 20. PD auf, sondern vergrößerte auch den Bestand an Panzer-Ersatzabteilungen. Eine Sonderformation entstand gleichfalls. Hierbei handelte es sich um die Minenräumabteilung 1, die am 1. Dezember 1940 errichtet wurde. Diese Abteilung war aus den sechs Monate vorher gebildeten zwei Kompanien (Tarnbezeichnung Kompanie Glienicke) hervorgegangen, die mit Fernlenkpanzern (Typ »Goliath«) operierten. Später trug die Abteilung die Bezeichnung Pz. Abt. 300.
Mit dem im Juni 1940 erfolgten Kriegseintritt Italiens war gleichfalls ein von der deutschen Führung niemals in Erwägung gezogener Kriegsschauplatz entstanden: Libyen.
Nachdem der italienische Angriff auf die britischen Grenzstellungen in Ägypten zusammenbrach und die italienischen Armeen von den Griechen zurückgetrieben wurden, wandte sich die italienische Regierung an das Deutsche Reich und erbat Waffenhilfe.
Das OKW erließ Mitte Januar 1941 die »Weisung Nr. 22«:

> »Durch den Oberbefehlshaber des Heeres ist ein Sperrverband aufzustellen, der geeignet ist, unseren Verbündeten bei der Verteidigung von Tripolitanien insbesondere gegen die englischen Panzerdivisionen wertvolle Dienste zu leisten. ...«

Seit Oktober 1940 waren bereits Teile der 3. PD auf einen Kriegseinsatz in Nordafrika durch ärztliche Untersuchungen, Bereitstellung von Tropenbekleidung usw. vorbereitet. Doch erst Anfang Februar 1941 brachten 20 italienische Schiffe 8.000 deutsche Soldaten mit 1.360 Fahrzeugen nach Tripolis. Am 11. Februar 1941 betraten die ersten deutschen Soldaten afrikanischen Boden, darunter ihr Kommandeur, Generalleutnant Rommel.
Die Panzerwaffe war mit Stab 3. Pz.Brig. und dem PR 5 beteiligt. Das Regiment griff am 31. März 1941 mit der Aufklärungsabteilung 3 als erster deutscher Verband die Stellungen der 2. britischen PD an, nachdem alle Einheiten des Sperrverbandes — jetzt umbenannt in 5. leichte Division — eingetroffen waren.
Der Vormarsch führte die deutschen Truppen rasant bis zur libysch-ägyptischen Grenze. Nur Tobruk blieb hinter der Front in britischen Händen. Hier wurden die ersten Teile der im April eingetroffenen 15. PD eingesetzt. Der erste Soldat dieser Division in Afrika war ihr Kommandeur, Generalleutnant von Prittwitz und Gaffron — und er war auch der erste Soldat der Division, der vor Tobruk fiel.
Mit dem Eintreffen der 15. PD wurde das Generalkommando »Deutsches Afrikakorps« gebildet, dessen Führung Generalleutnant Rommel (ab 1.7.1941 General der Panzertruppe) übernahm. Die bisherige 5. leichte Division wurde im August 1941 in 21. PD

umbenannt. Durch die Verstärkung des Panzergruppenkommandos Afrika — ab 15. August 1941 so benannt — glaubte General der Panzertruppe Rommel Ende November Tobruk zu nehmen.

Die ersten Kampfwagen (Typ P-III) des PR 5 haben Tripolis verlassen und stellen sich zum Angriff bereit. (Bild vom 27.3.1941.) Die Soldaten tragen noch die feldgraue Uniform, Tropenbekleidung ist noch nicht eingetroffen.

Angriff auf Tobruk am 27.6.1941. Kampfwagen sichern das Vorgehen deutscher Schützen und italienischer Verbände in offener Wüste.

Doch die Briten kamen ihm zuvor: Der britische Gegenangriff brach am 18. November 1941 mit einer PD, zwei Pz.Brig. und zwei Infanteriedivisionen los. Die Schlacht währte vier Wochen. Die deutschen Verluste — darunter beide Divisionskommandeure — waren zu hoch. General der Panzertruppe Rommel befahl am 15. Dezember 1941 den Rückzug des »Deutschen Afrikakorps«.
Zu diesem Zeitpunkt aber waren zwei neue Kriegsschauplätze entstanden: Balkan und Sowjetunion.
Nach dem Versagen der italienischen Streitkräfte in Nordgriechenland und dem Austritt Jugoslawiens aus dem mit dem Deutschen Reich geschlossenen Beistandspakt, kam es zum Krieg auf dem Balkan.
Das deutsche Heer war mit der 2. und 12. Armee sowie der Panzergruppe 1 Ende März/Anfang April 1941 für den Feldzug gegen Griechenland und Jugoslawien aufmarschiert. Während die 2. Armee — darunter 8. und 14. PD — von Österreich und Ungarn aus nach Jugoslawien einfallen sollte, hatte sich die 12. Armee — darunter 2., 5., 9. und 11. PD — von Bulgarien und Rumänien aus gegen Südjugoslawien und Griechenland zu wenden. Das OKH stellte zusätzlich 4., 12. und 19. PD als Reserven bereit, die aber im Feldzug nicht zum Einsatz kamen.
Der deutsche Angriff begann am 6. April 1941. Infolge des winterlich naßkalten Wetters waren die Straßen und Wege derart aufgeweicht, daß die Panzerkolonnen nur mühsam vorankamen. Doch die Übermacht und die Kampferfahrung deutscher Offiziere, Unteroffiziere und Mannschaften zerschlugen die starken jugoslawischen Streitkräfte bereits in den ersten zehn Tagen. Schon am 13. April 1941 brachte das OKW eine Sondermeldung:

> »Seit heute früh, 5.30 Uhr, rücken Panzertruppen der Armee von Kleist in Belgrad ein!«

Deutsche Kampfwagen — P-III — rücken in Agram ein; von der deutschstämmigen Bevölkerung begrüßt.

Es waren Soldaten der 8. PD und der 2. SS-PD, die zur selben Zeit in die jugoslawische Hauptstadt eingedrungen waren. Nun konnte es nur noch Tage dauern. Die Panzerverbände hatten von Norden her Albanien durchfahren, eine Kräftegruppe drehte auf Ragusa ein. Wie dieser Weg war, berichtete die Geschichte der 8. PD u.a.:

> »Auf engen, steilen Bergstraßen, vorbei an Steilabfällen und hohen Felswänden, erklimmen die Fahrzeuge zunächst den 1.400 m hohen Paß...
> Die unwegsame Berglandschaft stellt an Fahrer und Fahrzeuge höchste Anforderungen. ... Immer dünner und armseliger wird die Vegetation, immer rauher und felsiger das Gelände. Die wenigen Bewohner der einsamen Berghütten ... wissen gar nicht, was hier vor sich geht. ...«

Schwierig war es für die Panzerregimenter, mit den Widerwärtigkeiten der unwirtlichen Gebirgslandschaften Serbiens und Nordgriechenlands fertigzuwerden.

Mit der nachfolgenden Besetzung der Adriaküste um Ragusa und Catarro war praktisch der Feldzug in Jugoslawien beendet. Noch aber spielte sich auf griechischem Boden ein harter und verbissener Kampf mit Griechen und den gelandeten britischen Streitkräften ab. Der Bericht des OKW vom 27. April 1941 lautete u.a.:

> »Nach rastlosen Angriffs- und Verfolgungskämpfen sind die Spitzen einer deutschen Panzerdivision, den fliehenden Engländern nachstoßend, am Sonntagmorgen 9.25 Uhr in Athen eingedrungen.«

Es war die 5. PD, die als einzige Panzerdivision zusammen mit der 6. Gebirgs-Div. die Enge der Thermopylen bezwang und in kühnem Angriff über Theben auf Athen vorstieß. Von hier ging die Fahrt über die von Fallschirmjägern erkämpfte Meerenge von Korinth auf den Peloponnes, wobei die Panzer des PR 31 bis zur Südküste der Halbinsel vorrollten.

Parade des PR 31 vor Generalfeldmarschall List in Athen am 7.5.1941.

Ende April 1941 war der Feldzug in Griechenland beendet. 20 Tage später begann die Schlacht um Kreta.
Die Panzertruppe war an dieser Schlacht nicht beteiligt. Gegen Ende der Kämpfe wurden allerdings einige leichte Kampfwagen der 5./PR 31 mit kleinen Schiffen auf die Insel überführt, ohne eingesetzt zu werden. Die Kompanie wurde nach Abschluß der Schlacht um Kreta in Pz.Abt. »Kreta« umbenannt und erhielt im Juli 1941 die offizielle Bezeichnung 1./Pz.Abt. 212.

Die vom OKH für den Balkanfeldzug bereitgestellten Panzerdivisionen — mit Ausnahme der 16. PD, die nicht zum Einsatz gekommen war — wurden nach Abflauen der Kämpfe sofort in die Heimat zurückbefohlen, um Mannschaften, Waffen, Gerät und Fahrzeuge aufzufrischen und zu ergänzen; denn der Feldzug gegen die Sowjetunion (von dem die Truppe noch nichts wußte!) stand bevor! Als Auffrischungsräume im Mai und Juni waren vorgesehen:

2. PD München, Oberbayern
5. PD Berlin-Brandenburg
8. PD Böhmen-Mähren
9. PD Schlesien und Oberösterreich
11. PD Wien, Oberösterreich
14. PD Döberitz bei Berlin
16. PD Schlesien.

Die Auffrischung war unbedingt notwendig, da der Balkanfeldzug besonders bei den Kampfwagen enorme Verschleißerscheinungen gezeigt hatte. Ebenso mußten Verluste ausgeglichen werden. Die 2. PD verlor z.B. beim Schiffstransport von Patras nach Tarent die Masse ihrer Artillerie. Der Erfahrungsbericht der 8. PD meldete:

> »Beim PR 10 überstanden die Kampfwagen tschechischer Bauart — 38 (t) — am besten die Strapazen der steilen Berge und Pässe. Viele der Kampfwagen vom Typ P-II waren durch Federbrüche ausgefallen, und alle P-IV blieben stecken. Sie hatten ausgeglühte Lenkbremsen, Federbrüche und abgelöste Rollenbandagen.«

Doch wurden alle Panzerdivisionen — mit Ausnahme von 2. und 5. PD — mit den Auffrischungsarbeiten fertig und konnten Anfang und Mitte Juni 1941 an die Ostgrenzen des Reiches in Marsch gesetzt werden.
Die Vorbereitungen für das »Unternehmen Barbarossa« liefen praktisch seit Dezember 1940 bereits auf Hochtouren. Das OKH forderte angesichts dieser kommenden Auseinandersetzung von der Rüstungsindustrie die monatliche Fertigung an Kampfwagen bis zu 1.250 Stück. Die bisherige monatliche Herstellung belief sich lediglich auf 230 Panzer. Diese Forderung wurde allerdings vom OKW und dem Rüstungsministerium abgelehnt, da nach wie vor Luftwaffe und Kriegsmarine Vorrang besaßen. So konnten lediglich nach der geplanten Aufstellung weiterer Panzerdivisionen im Sommer und Herbst 1940 einige strukturmäßige Veränderungen vorgenommen werden. Die bisher selbständigen Pz.Abt. 65, 66 und 67 wurden in 5., 7. und 8. PD jeweils als III. Abteilung der dortigen Panzerregimenter eingegliedert. Von den Regimentern der 20 Panzerdivisionen besaßen deshalb im Juni 1941 nur PR 6 (3. PD), PR 11 (6. PD), PR 25 (7. PD), PR 10 (8. PD), PR 29 (12. PD), PR 39 (17. PD), PR 18 (18 PD), PR 27 (19. PD) und PR 21 (20. PD) drei Abteilungen.

Die Normalgliederung eines Panzerregiments zu zwei Abteilungen stellte sich so dar:

Stab
mit leichten Panzer-, Nachrichtenzug und Musikkorps
(3 Pz.Bef.Wg. III, 5 P-II)
zwei Pz.Abteilungen zu je

Stab
mit Stabskompanie
(2 Pz.Bef.Wg. III, 5 P-II)
2 leichte Pz.-Kompanien
(je 17 P-III und 5 P-II)
eine mittlere Kompanie
14 P-IV und 5 P-II
ferner 1 Panzer-Werkstattkompanie.

Bei den Panzerregimentern mit drei Abteilungen besaß das Regiment keine Werkstattkompanie, wohl aber jede Abteilung einen eigenen Werkstattzug.
Die deutsche Panzerwaffe bestand am 22. Juni 1941 aus folgenden einsatzfähigen Kampfwagen:

180 P-I	965 P-III
106 P-35 (t)	439 P-IV
746 P-II	230 Pz.Bef.Wg. P-III
772 P-38 (t)	

Mit diesen Kräften begann das deutsche Heer den Feldzug gegen die »Rote Armee«. Das Heer war von rechts nach links für das »Unternehmen Barbarossa« — Angriff gegen die Sowjetunion — wie folgt gegliedert:

Heeresgruppe Süd mit 11., 17., 6. Armee und Panzergruppe 1;
Heeresgruppe Mitte mit Panzergruppe 2, 4., 9. Armee, Panzergruppe 3;
Heeresgruppe Nord mit Panzergruppe 4, 16. und 18. Armee;
Armeeoberkommando Norwegen.

Die Masse der motorisierten und gepanzerten Verbände waren unter dem Befehl der Panzergruppenkommandos zusammengefaßt und standen im Schwerpunkt der geplanten Offensive. Die Verteilung der Panzerdivisionen bei den einzelnen Armeen von rechts nach links am 22. Juni 1941:

Panzergruppe 1:
14., 11., 16., 9., 13. PD;
Panzergruppe 2:
10., 18., 17., 4., 3. PD;
Panzergruppe 3:
7., 20., 12., 19. PD;
Panzergruppe 4:
8., 6., 1. PD

Der deutsche Botschafter in Moskau, Graf von der Schulenburg (nach dem 20. Juli 1944 hingerichtet), überreichte am 22. Juni 1941 im Kreml dem sowjetischen Außenminister eine Note:

»... angesichts des unerträglichen Drucks der russischen Truppen auf die Demarkationslinie, die sie von den deutschen Truppen trennt, haben diese den Befehl erhalten, in das Gebiet der UdSSR einzumarschieren!«

In dieser Minute war der Krieg gegen die Sowjetunion bereits eine Stunde alt; denn genau 3.15 Uhr an diesem Tag eröffneten Kampfflugzeuge der Luftwaffe und deutsche Artillerie die Auseinandersetzungen. Die russischen Grenzwachen, die vollkommen überrascht wurden, waren schnell überrannt und die Brücken über die Grenzflüsse im Handstreich genommen. Dann rollten die Kampfwagen an...
... und auf einmal ging es nicht so wie gehabt; denn plötzlich stellte sich ein Gegner ein, den deutsche Generalstabsoffiziere in ihre Pläne nicht einkalkuliert hatten. Die im Schwerpunkt der Heeresgruppe Mitte angesetzte Panzergruppe Guderian blieb liegen.

> »Da war der Sand und da war der Sumpf. ... Die 3. PD ... blieb schon am Vormittag rettungslos im Moor bei Stradecz südlich von Brest-Litowsk stecken. Sie ... und die Infanteristen mußten sich buchstäblich durch Morast, Sumpf und Sand quälen,« so schrieb ein Bericht.

Die russische Landschaft wurde Gegner Nummer 1 der deutschen Panzerwaffe und sollte es lange, lange bleiben!
Wenn nicht die Landschaft als Gegner auftrat, waren es die sowjetischen Soldaten, die schon ab Mittag überall zu verbissener Gegenwehr auftraten. Allein das PR 25 verlor an diesem ersten Kriegstag bei Olita die Hälfte aller Fahrzeuge!
Erst am zweiten Kriegstag gelang der Durchbruch der Kampfwagen. Bei Kobryn im Mittelabschnitt schossen deutsche Panzer 107 russische Kampfwagen ab, in der Masse die »T-26«, und zwei Tage später erreichten die Kompanien des PR 25 (7. PD) die Autobahn nach Moskau, 20 Km nordostwärts von Minsk.
Es war der Tag, an dem im Abschnitt der Heeresgruppe Nord die erste größere Panzerschlacht des Ostfeldzuges stattfand.
Die 2. sowjetische Pz.Brig. griff mit den schweren Kampfwagen vom Typ »Kw-I« und »Kw-II« das vorgeprellte XXXXI. AK (mot.) an und brachte 1. und 6. PD in arge Bedrängnis. Die Schlacht dauerte fast 48 Stunden, dann lagen 186 sowjetische Kampfwagen als brennende Wracks oder verlassen auf dem Schlachtfeld. Genau am selben Tag stieß die 8. PD mit dem PR 10 allen anderen Verbänden der Heeresgruppe weit voraus und erzwang bei Dünaburg den Übergang über den breiten Fluß!
Doch auch im Abschnitt der Heeresgruppe Süd ging es nicht so rasch wie erwartet voran. Zwar gelang es, den Grenzraum schnell zu überwinden, wobei u.a. das PR 36 westlich von Luzk 156 russische Kampfwagen vernichtete, die 11. PD bis nach Dubno durchstieß.
Hier kam es zur ersten Panzerschlacht in diesem Abschnitt, als sowjetische Panzerbrigaden 11. und 16. PD angriffen, wobei PR 2 erhebliche Verluste erlitt. Schließlich blieben die Panzer mit dem Eisernen Kreuz Sieger, die Sowjets hatten 215 Kampfwagen verloren.
Der erste große Erfolg bahnte sich fünf Tage nach Kriegsbeginn an, als vom Norden her die Kampfwagen der 12. und 20. PD und von Süden die der 17. PD gemeinsam in Minsk eindrangen. Damit war zum ersten Mal eine große Kräftegruppe der »Roten Armee« eingeschlossen!
Nach der Doppelschlacht um Bialystock und Minsk setzten die Panzergruppen 2 und 3 der Heeresgruppe Mitte ihre Angriffe weit nach Osten fort. Im Süden der Heeresgruppe setzte PR 6 über den Drut und PR 18 erreichte die Beresina. Im Norden schoben sich 7. und 20. PD an Smolensk heran, während die 19. PD Polozk gewann.
Da — es war der 3. Juli 1941 — griffen 600 (!) Kampfwagen von zwei sowjetischen Korps die Panzergruppe 3 westlich von Smolensk an. Dieser Tag wurde zur schwersten Belastungsprobe für die deutsche Panzerwaffe. Denn unter der Masse der

Nach Zerschlagung des ersten starken russischen Widerstandes gelingt es den Panzerverbänden im Juli bis tief in das Land vorzudringen. Kampfwagen der 8. PD im Vormarsch auf Dünaburg im Nordabschnitt der Ostfront.

Einzug der 4. PD in ein Dorf Zentralrußlands am 1.7.1941 im Mittelabschnitt der Front.

Nach der Schlacht; eine Verschnaufpause für die Besatzungen des P-II (vorn) und der P-III (im Hintergrund) irgendwo am Rand eines ukrainischen Dorfes im Süden der Front.

Kampfwagen mit dem roten Stern befanden sich die Panzer der 1. sowjetischen Schützendivision, die bisher vollkommen unbekannt waren: Es waren Panzer vom Typ »T-34«.

Das Auftreten dieser Kampfwagen war eine wirkliche Sensation — denn gegen sie waren alle deutschen Panzer und Panzerabwehrgeschütze machtlos, lediglich die schweren 8,8-cm-Flakgeschütze erzielten Treffer. Der neue sowjetische Panzer, der unter strengster Geheimhaltung gebaut worden war, blieb durch seine gedrungene Form, seine schrägen Seitenwände, seine Geschwindigkeit und Wendigkeit fast unverwundbar.

26-Tonner Pz.Kpfw. **T 34**

Serienbez. T 34 A
T 34 B
T 34 B mit Gußturm

T 34

Gewicht: 26,3 t

Panzerung: T 34 A

Wanne und Aufbau		Turm	
Bug	45 mm	Blende	45 + 25 mm
Fahrerfront	45 mm	Front	45 mm
Seite	40—45 mm	Seite	45 mm
Heck	40 mm	Heck	40—45 mm
Decke	18—22 mm	Decke	16 mm
Boden	14 mm		

Panzerung: T 34 B

Wanne und Aufbau		Turm	
Bug	45 mm	Blende	45 + 25 mm
Fahrerfront	45 + 15 mm	Front	45 + 17 mm
Seite	45 mm	Seite	45 + 17 mm
Heck	45 mm	Heck	45 mm
Decke	18—22 mm	Decke	16 mm
Boden	14 mm		

Bei der neuesten Ausführung soll die Fahrerfront auf 100 mm verstärkt werden.

Panzerung: T 34 B mit Gußturm

Wanne und Aufbau		Turm	
Bug	45 mm	Blende	45 + 25 mm
Fahrerfront	45 + 15 mm	Front	60—70 mm
Seite	45 mm	Seite	60—70 mm
Heck	45 mm	Heck	60—70 mm
Decke	18—22 mm	Decke	20 mm
Boden	14 mm		

Bewaffnung: 1 Kw.K. 7,62 cm, 2 MG
Besatzung: 4 Mann
Größenmaße: 5,90 m lang, 3,00 m breit, 2,45 m hoch
Geländegängigkeit: klettert 0,90 m, überschreitet 3,00 m, watet 1,10 m
Bodenfreiheit: 0,38 m
Fahrbereich: Straße 450 km, Gelände 260 km
Geschwindigkeit: 50 km/h

Auffallende Merkmale:

Flache Bauform, schräger Bug, Christie-Laufwerk (Laufräder). Führerfahrzeuge mit längerer Kw.K. 7,62 cm L/41,5, die übrigen Fahrzeuge mit kürzerer Kw.K. L/30,5 ausgerüstet.

Unterscheidungsmerkmale von dem äußerlich ähnlichen BT 7:

T 34

Bugplatte: rundkantig, obere Bugplatte einschl. Fahrerfront flach **(30° Neigungswinkel!)**
Panzerkasten: schräge Wände
Turmform: runde Kanten, abgeschrägte Form
Laufwerk: 5 Laufräder

BT 7

Bugplatte: scharfkantig, steil, gegen Fahrerfront abgesetzt
Panzerkasten: steile Wände
Turmform: steile Wände, scharfkantig
Laufwerk: 4 Laufräder

Im ganzen wirkt T 34 wuchtiger und abgerundeter (stromlinienförmig)

Verwendung:

Wichtigster Panzerkampfwagen für Panzerangriffe.

Beurteilung:

Weitaus der beste und brauchbarste sowjet-russische Panzerkampfwagen. Schnell, wendig, sehr stark bewaffnet und gepanzert. Infolge seiner günstigen Bauform (Neigungswinkel: Bugplatte 30°, Heckplatte 40° bis 45°, Panzerkastenseite 50°) ist er von allen sowjet-russischen Baumustern am schwersten zu bekämpfen.

Einzelheiten der Bekämpfung vgl. H. Dv. 469/3

Das Erscheinen des »T-34« veränderte grundlegend die Kampfweise der Panzerwaffe. Als Gegenwaffe mußten jetzt eigene schwere Kampfwagen mit schweren Geschützen her!
Deutsche Frontoffiziere wollten einfach den »T-34« nachbauen. Doch scheiterte dieses Verlangen an der Unmöglichkeit, den Aluminium-Dieselmotor herzustellen. Die Kapazität der deutschen Aluminiumproduktion sowie fehlende Rohstoffe für die Legierung des Stahls reichten nicht aus, um ähnliche Kampfwagen zu bauen.
Erst im November 1941 beschloß eine Kommission aus Industriellen, Konstrukteuren und Offizieren des Heeres-Waffenamtes, eine starke Gegenwaffe zu schaffen. Zwar hatte Hitler im Frühjahr 1941 bereits vorgeschlagen, einen schwereren Kampfwagen als den P-IV zu bauen; dieser Plan wurde fallengelassen, als der Ostfeldzug begann, da man den Sowjets eine solche Waffe nicht zutraute. Der Beschluß der Kommission besagte, daß ab sofort der Neubau eines bis 60 Tonnen schweren Panzers (der spätere »Tiger«) und eines bis 35 Tonnen schweren Panzers (der spätere »Panther«) vorzunehmen sei.
Der Kampfwagen vom Typ »Panther« — auch als P-V bezeichnet — wurde von den Firmen Henschel, MAN und Daimler entwickelt, wobei Prof. Porsche einen luftgekühlten Dieselmotor konstruierte. Reichsminister Speer entschied sich für das wendiger erscheinende Henschel-Modell. Seine Bewaffnung war eine lange (L/70) 7,5-cm-KwK. Die Produktion des P-V lief im Mai 1942 an.
Mittlerweile ging der Feldzug unbeirrt weiter. Anfang und Mitte August stand die Panzergruppe 1 am Dnjepr beiderseits von Dnjepropetrowsk, die Panzergruppe 2 hatte die Dessna westlich von Brjansk erreicht, die Panzergruppe 3 lag zwischen Welikije Luki und ostwärts Smolensk, die Panzergruppe 4 kämpfte an getrennten Fronten. Im letzten Abschnitt kam besonders die Fehleinschätzung der Lage durch das OKH zum Tragen. Die Panzergruppe 4 wurde auseinandergerissen. 1. und 6. PD mußten auf Leningrad angreifen und wurden kurz vor Erreichen der Stadtgrenze angehalten; 8. PD kämpfte sich mühsam entlang des Wolchow, dem unwirtlichsten Gebiet Nordrußlands, wo schon Pferdewagen steckenblieben.
Nichts war vom Spruch »Klotzen — nicht kleckern« übriggeblieben!
Doch auch die Gesamtplanung der weiteren Feldzugphase kannte nicht mehr den Wahlspruch des Generalobersten Guderian. Die Lage der Front zeichnete sich im Mittel- und Südabschnitt so ab, daß die Heeresgruppe Mitte weit im Osten stand, während die Heeresgruppe Süd abhing. Da entschloß sich Hitler, den Angriff auf Moskau einzustellen und die Schlacht um Kiew zu schlagen. Hier waren noch einmal die Panzerdivisionen gefordert.

Als der Herbst kam und damit der Regen, wurde das russische Land zu einem Schlammpfuhl. Nur auf harten Waldwegen und festen Straßen war ein Fahren noch möglich. Ein P-III steckt fest...

Panzerlage an der Ostfront am 4. 9. 1941 *)

		Pz.Verband	einsatzbereit	in Instandsetzung	Totalverluste	Summe
Panzergruppe 1		9. Pz.Div.	62	67	28	157
		13. Pz.Div.	96	30	21	147
		14. Pz.Div.	112	24	27	163
		16. Pz.Div.	61	26	70	157
	Summe	Pz.Gr. 1	331	147	146	624
		(in %)	(53)	(24)	(23)	(100)
von Pz.Gr. 1 z. Zt. dem AOK 6 unterstellt:		11. Pz.Div.	60	75	40	175
Panzergruppe 2		3. Pz.Div.	41	157		198
		4. Pz.Div.	49	120		169
		17. Pz.Div.	38	142		180
		18. Pz.Div.	62	138		200
	Summe	Pz.Gr. 2	190	557		747
		(in %)	(25)	(75)		(100)
von Pz.Gr. 2 z. Zt. dem AOK 4 unterstellt:		10. Pz.Div.	159	22	25	206
Panzergruppe 3		7. Pz.Div.	130	87	82	299
		19. Pz.Div.	102	47	90	239
		20. Pz.Div.	88	62	95	245
	Summe	Pz.Gr. 3	320	196	267	783
		(in %)	(41)	(25)	(34)	(100)
Panzergruppe 4		1. Pz.Div.	97	24	33	154
		6. Pz.Div.	188	11	55	254
		8. Pz.Div.	155	33	35	223
	Summe	Pz.Gr. 4	440	68	123	631
		(in %)	(70)	(11)	(19)	(100)
von Pz.Gr. 4 z. Zt. dem AOK 16 unterstellt:		12. Pz.Div.	96	34	101	231
Summe Ostfront (17 Panzerdivisionen):			1586	542 + 557	702	3397
		(in %)	(47)	(ca. 23)	(ca. 30)	(100)

Bem.: 2. und 5. Pz.Div. waren zu diesem Zeitpunkt noch OKH-Reserve. Sie sind nicht mitgezählt.

*) Nach OKH Genstb.d.H./Org.Abt. Nr. 702/41 geheime Kommandosache vom 15. 9. 1941.

Der B e f e h l s h a b e r
der Panzergruppe 2

Gef.St., den 23.9.41.

G r u p p e n t a g e s b e f e h l !

Soldaten der Panzergruppe 2 !

Am 25.August tratet Ihr zum Angriff in südlicher Richtung an, um den am Dnjepr haltenden Feind zu vernichten. In heftigen Kämpfen wurde die Front des Gegners durchstoßen, der Stromlauf der Djesna und des Ssejm überwunden und am 13.September der Ring um den Feind ostwärts Kiew durch Vereinigung mit einer von Süden vorstoßenden Panzergruppe geschlossen. Alle Durchbruchs- und Entsatzversuche des Gegners wurden abgewiesen. Die Beute in dieser Zeit beläuft sich auf

86.000 Gefangene,
22o Panzer
85o Geschütze

Der Oberbefehlshaber der russischen 5. Armee fiel in unsere Hand. Die ganze russische Südfront ist damit zertrümmert und der Weg zu neuen, entscheidenden Schritten gebahnt.

Ihr habt in diesen Wochen abermals Eure Pflicht in vollem Maße getan und alle Anstrengungen auf Euch genommen, obwohl Euch bisher seit dem 22.6. keine Ruhepause gewährt werden konnte.

Ihr habt mit Euerem oft bewährten Kampf- und Angriffsgeist neuen Ruhm erworben. Ich danke Euch dafür.

Nun gilt es, noch einmal in diesem ereignisreichen Kriegsjahr alle Kraft zusammen zu nehmen, um in einer gewaltigen Anstrengung das Ziel des Feldzuges zu erreichen. Ich weiß, daß ich mich auf Euch verlassen kann und daß wir die Befehle unseres Führers erfüllen werden.

Ich benutze diesen Anlaß, um den aus dem Bereich der Gruppe nach dreimonatiger Waffenkameradschaft ausscheidenden Verbänden mit meiner besonderen Anerkennung die besten Wünsche für Ihre Zukunft auszusprechen.

Heil Deutschland und Heil unserm Führer
Adolf Hitler!

Die Panzergruppe Guderian stieß vom Norden her mit (von links nach rechts) 17., 18., 3. und 4. PD nach Süden und die Panzergruppe 1 des Generalobersten von Kleist kam aus dem Brückenkopf um Krementschug mit (von rechts nach links) 14., 16. und 9. PD von Süden entgegen. Am 14. September schlossen bei Lubny Teile des PR 6 aus dem Norden und Teile der 16. PD vom Süden nördlich Lubny den Kessel um die sowjetische Heeresgruppe Südwestfront. Die Schlacht um Kiew klang ab 20. September 1941 aus.
Die Verluste der »Roten Armee« waren enorm. Doch auch die deutschen Verluste an Kampfwagen seit Feldzugsbeginn waren höher als jemals erwartet. Der Bestand an Panzern bei den einzelnen Panzergruppen belief sich nach Abflauen der Schlacht um Kiew:

Bestand Ende September		Ergänzung bis Mitte Oktober
Pz.Gruppe 1	53%	auf 74%
Pz.Gruppe 2	25%	auf 50%
Pz.Gruppe 3	41%	auf 73%
Pz.Gruppe 4	70%	auf 100%

Die Verluste blieben im Verhältnis zu den Erfolgen gering, da es gelang, die sowjetische Front aufzureißen und freien Raum nach Osten zu gewinnen. Da es bei Feldzugsbeginn praktisch keine Reserven an Kampfwagen gab, beschränkte sich der Nachschub lediglich für jedes Panzerregiment auf höchstens 15 Kampfwagen pro Monat. Die Instandsetzung der beschädigten Kampfwagen bot große Schwierigkeiten. Die Panzer, die nicht von den Werkstattkompanien der Regimenter selbst repariert werden konnten, mußten durch Bergefahrzeuge auf den langen und oft kaum befahrbaren Straßen nach rückwärts geschafft werden, was wiederum Zeit kostete und neue Ausfälle verursachte. Trotzdem konnten 95% der Schäden an und hinter der Front behoben und nur 5% mußten in die Heimatwerkstätten zur Reparatur gebracht werden. Der Totalverlust deutscher Kampfwagen vom 22. Juni bis 30. November 1941 belief sich auf 2251 Panzer; die Neuanfertigung im selben Zeitraum erreichte 1813 Stück.
Als die Schlacht um Kiew zu Ende ging, wurden die Panzerdivisionen aus der Front gelöst, um für den Angriff auf Moskau — »Unternehmen Taifun« — in Bereitstellung zu gehen. Die Panzergruppenkommandos 1 bis 3 waren am 5. Oktober 1941 in Pz. Armeeoberkommandos umbenannt worden. Die Umbenennung des Panzergruppenkommandos 4 erfolgte erst am 31. Dezember 1941. Anfang Oktober befahl das OKH die Aufstellung der 22. bis 24. PD. Die letzte Division entstand aus der bisherigen einzigen Kavalleriedivision des Heeres, da sich auf dem Ostkriegsschauplatz die geschlossenen Kavallerieverbände nicht mehr lohnten.
Die Panzergruppe 1 (Generaloberst von Kleist) verblieb im südlichen Frontabschnitt und stieß vom Dnjepr aus in die weite Ukraine bis in das Industriegebiet am Donez und bis Rostow vor, ehe der Winter kam. Die Panzergruppe 2 (Generaloberst Guderian) hatte vom Kiewer Schlachtfeld um 180° ihre Verbände gedreht und stellte sich ostwärts der Dessna westlich von Ssewsk bereit. Mitte September verfügten ihre Divisionen noch über 347 Kampfwagen. Die Panzergruppe 3 (Generaloberst Hoth) rückte nordostwärts von Smolensk in die Ausgangsstellungen mit 320 Kampfwagen. Das Panzergruppenkommando 4 (Generaloberst Hoepner) war vom Nordabschnitt abgezogen und wurde zwischen 4. und 2. Armee in die Front geschoben.
Die Panzergruppe 4 sollte den Schwerpunkt der Offensive gegen Moskau bilden und verfügte über 1., 6., 19., 20. PD sowie der vom Balkan herangezogenen 5. PD, die eigentlich für den nordafrikanischen Kriegsschauplatz bestimmt sein sollte und im rus-

DEUTSCHE PANZERARMEEN IM FELDZUG GEGEN DIE SOWJETUNION -- 22. 6. - 5. 12. 1941

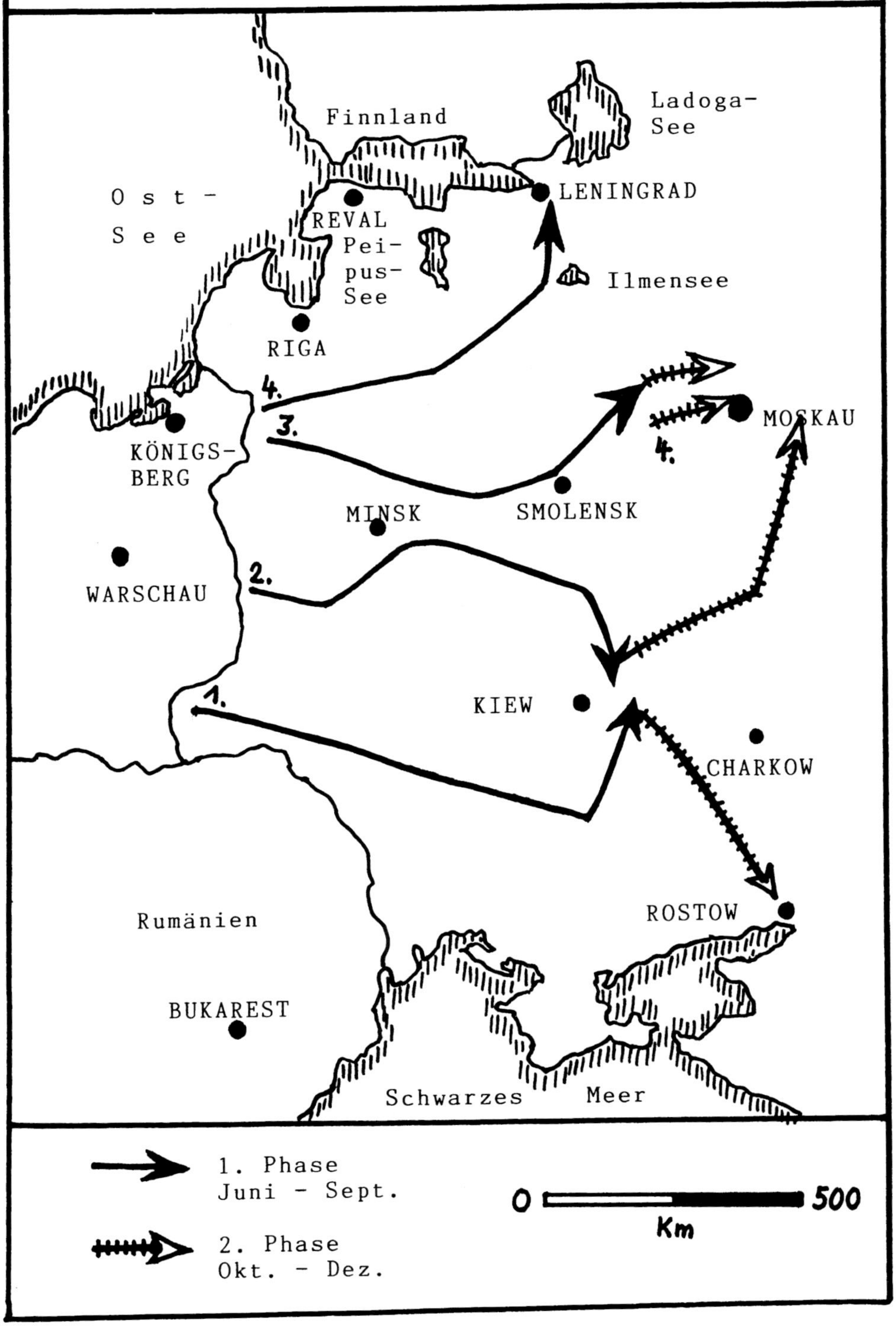

sischen Winter im Tropentarnanstrich (Gelb) erschien. Die 8. und 12. PD der Panzergruppe wurden im Nordabschnitt zurückgelassen und mußten später im strengsten Winter unter unglaublichen Witterungs- und Wegeverhältnisse den Sturm auf Tichwin überstehen.

Das »Unternehmen Taifun« begann bei der 2. Pz. Armee am 30. September, bei den übrigen Angriffstruppen am 2. Oktober 1941. Zwar konnten die Panzertruppen bis 8. Oktober zwei Kessel um die sowjetischen Truppen bei Wjasma und Brjansk schließen; doch als sie den Vormarsch auf Moskau fortsetzten, betrat ein neuer Gegner das Kampffeld: Schlamm.

Es war in der Nacht zum 8. Oktober, als der Regen einsetzte. Ein Bericht über die Schlacht von Moskau meldete:

> »Die Fahrzeuge der Panzerdivisionen versuchten sich im zähen Lehmdreck der plötzlich verschwundenen Straßen und Wege weiterzubewegen.
> Doch was der klebrige Erdboden erst einmal erfaßt hatte, gab er nicht wieder her. Kampf- und Lastkraftwagen, Kräder und Panjewagen und sogar der Mensch versanken im Schlamm. ... Jede Bewegung führte jetzt nicht mehr vorwärts, sondern nur tiefer in Dreck und Schlamm...«

Erst als genau vier Wochen später der Winter urplötzlich mit Temperaturen weit unter 0° einsetzte und der Boden steinhart wurde, konnte es weitergehen. In drei Tagen sank die Temperatur bis auf -18° und nach weiteren drei Tagen auf -24°. Da froren die Motoren der Fahrzeuge und die Verschlüsse der Geschütze ein.

Das Oberkommando der Heeresgruppe Mitte befahl am 30. Oktober den letzten Sturm auf Moskau. Der Chef des Generalstabes im OKH schrieb an diesem Tag in sein Tagebuch:

> »Der Angriff ist eine bessere Lösung als die Überwinterung in der Einöde. ...«

Noch einmal griffen die verhungerten, verdreckten, verlausten und frierenden deutschen Soldaten an. Die 6. PD bildete einen Brückenkopf über die Lama, die 2. PD drehte auf Wolokolamsk ein, die 5. PD stand südlich Nowopetrowskoje und im Süden davon rollten die letzten Kampfwagen der 18. PD gegen Jefremow und die der 3. und 4. PD auf Tula vor.

Nur mühsam kämpften sich die deutschen Panzerregimenter durch hohen Schnee und bei beißender Kälte auf Moskau vor.

Die 2. PD war die am weitesten nach vorn gestoßene Panzerdivision, die in der letzten Novemberwoche nur noch 50 km vor Moskau stand und hier auf neue sowjetische Panzerregimenter stieß, die erst jüngst aufgestellt waren und über britische »Mark-III«-Kampfwagen verfügten. Zur gleichen Zeit — bei -30° — stürmten 5. und 10. PD an den Istra-Stausee vor. Das PR 25 (7. PD) eroberte das Moskauer Elektrizitätswerk bei Jachroma. Wenige Tage später gewannen die beiden Abteilungen des PR 3 (2. PD) Babaicha und Katjuschki, Endbahnhöfe der Moskauer Stadtbahn — 27 km waren es noch bis zum Kreml!
Fünf Tage später begann der Großangriff der »Roten Armee« gegen die Heeresgruppe Mitte. Generaloberst Guderian schrieb:

> »Unser Angriff auf Moskau war gescheitert. Alle Opfer und alle Anstrengungen der braven Truppe waren umsonst gebracht...«

Da brach am 5. Dezember 1941 bei schneidender Kälte und hohem Schneetreiben die sowjetische Gegenoffensive los. Kurz vorher hatten die beiden Befehlshaber der Panzergruppen 2 und 4 (die Generaloberste Guderian und Hoepner) den Rückzugsbefehl für ihre Truppen gegeben und wurden prompt von Hitler ihren Ämtern enthoben. Der einsetzende Rückzug vor Moskau brachte für das deutsche Ostheer enorme Verluste an Menschen und Material. Erst nach vier Wochen stabilisierte sich die Lage. Jetzt verlief die deutsche Hauptkampflinie (von rechts nach links) etwa von dicht ostwärts Kursk im Süden, ostwärts Mzensk vorbei, bog weit nach Westen um Suchinitschi aus, ging dann in einem halbkreisförmigen Bogen nach Osten und Norden zurück, blieb dicht vor Rshew stehen und südlich des Sseliger-Sees war die Verbindung zur benachbarten Heeresgruppe Nord abgerissen.
Die Verluste an Kampfwagen vom Beginn des Ostfeldzuges bis zum 31. Dezember 1941 beliefen sich auf

P-I	= 428 Stück,	P-IV	=	348 Stück
P-II	= 424 Stück,	Pz.Bef.Wg.	=	79 Stück
P-38 (t)	= 796 Stück,	Pz.Fu.Wg.	=	18 Stück
P-III	= 660 Stück,			

Davon gingen allein in der letzten Dezemberwoche verloren:
16 P-II, 21 P-III und 4 Pz.Bef.Wagen.

Die starken Verluste führten erneut zu einer Umgruppierung der Panzertruppe, da das OKW bereits Vorbereitungen für die Sommeroffensive 1942 getroffen hatte. Nachdem der Winter und der anschließende Frühjahrsschlamm vorüber waren, wurden ab April 1942 die 6., 10. und 11. PD nach Frankreich verlegt, um hier aufgefrischt zu werden. Diese Divisionen ließen im Osten alle Kampfwagen, schwere Waffen und schweres Gerät zurück, das für die im Frontgebiet verbliebenen Panzerdivisionen dringend benötigt wurde.
Die Panzerregimenter konnten damit bei den an der Front befindlichen Divisionen vorerst teilweise wieder auf drei Abteilungen verstärkt werden, deren Gliederung jetzt aus je zwei leichten und einer mittleren Kompanie bestand. Ferner wurde die Bildung von Heeres-Panzerabteilungen vorangetrieben, die Nummern ab 100 erhielten und mit schweren Kampfwagen, darunter ab 1943 auch die ersten P-V («Panther«), ausgerüstet wurden. Weiter entstand die Pz.Abt. »Großdeutschland« durch Umbenennung der 1./PR 100; diese nur kompaniestarke Abteilung wurde am 1. März 1943 auf drei Kompanien erweitert und nannte sich I./PR »Großdeutschland«.

Der Marsch einer Panzerdivision im Ostfeldzug

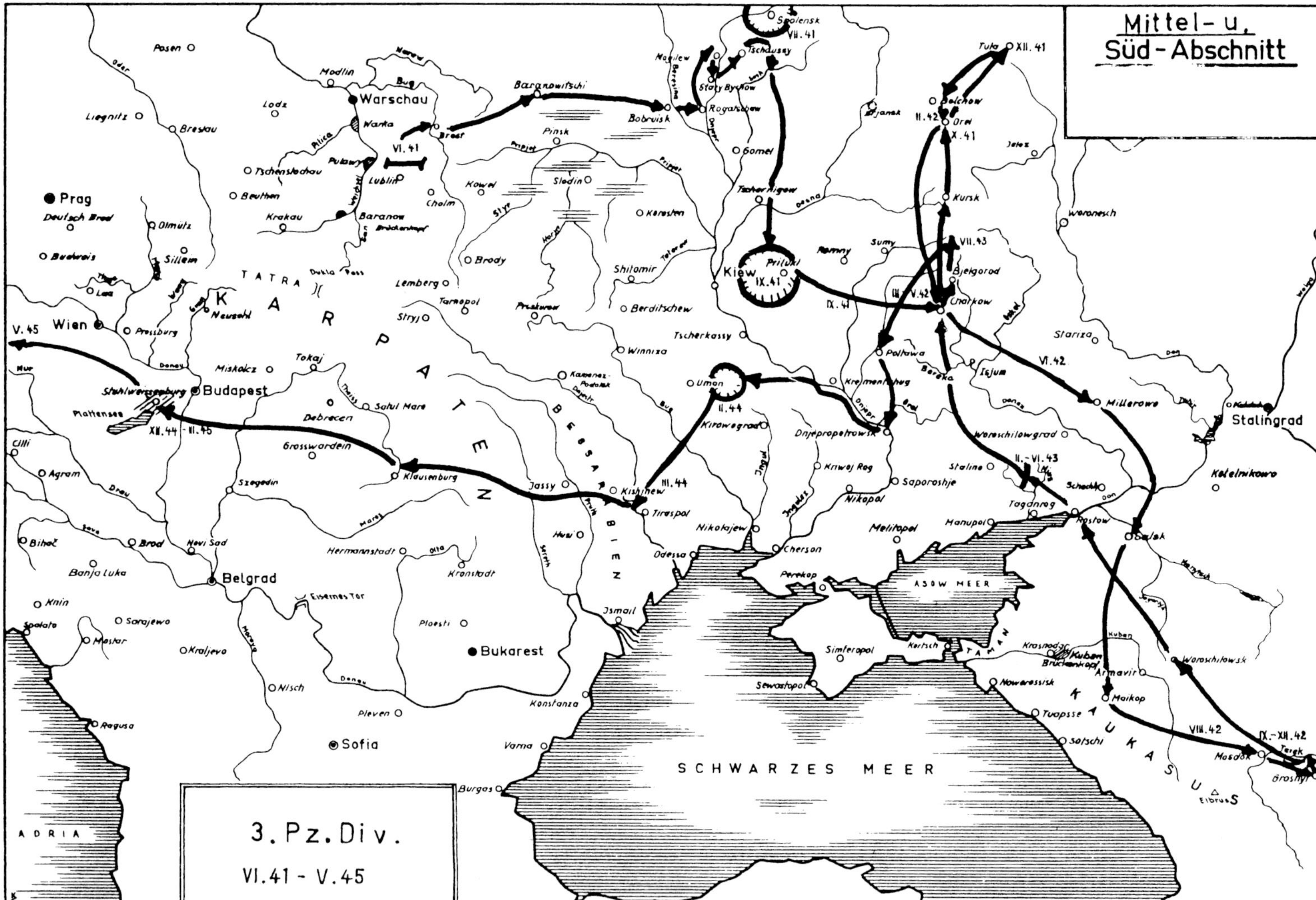

Das OKH befahl ferner im Februar die Aufstellung einer 25. PD in Südnorwegen, die vorerst aus der bisher selbständigen Pz.Abt. 40 und Ersatz aus dem Wehrkreis III (Berlin) gebildet wurde und nur eine Abteilung Panzer erhielt.
Die deutsche Führung entschloß sich im Sommer 1942 unter Verhalten der Heeresgruppe Mitte, alle greifbaren Panzerkräfte zu einer Großoffensive im Südabschnitt zu vereinen. Ziel der neuen Offensive war, den Feind zwischen Donez und Don zu vernichten, um dann nach Absicherung von Rücken und Flanken entlang des Don die Ölgebiete im kaukasischen Raum und den Übergang über den Kaukasus zu gewinnen. Zur Vorbereitung dieser Großoffensive bereinigte die deutsche 11. Armee, bei der sich nur die 22. PD als einzige Panzerdivision befand, die gespannte Lage auf der Krim, die allerdings erst mit der Eroberung Sewastopols Anfang Juli ihr Ende fand.

Zwei P-III der 22. PD haben am 4.7.1942 Stellung am Hafen von Sewastopol bezogen.

Ferner mußte der tiefe sowjetische Einbruch bei Charkow zerschlagen werden. Hierzu traten am 17. Mai bei strahlend-heißem Wetter die 6., 17. Armee und 1. Panzerarmee an. 3., 14., 16. und die neu an die Front gekommene 23. PD waren hervorragend an dieser Schlacht beteiligt, die mit einem vollen Erfolg der deutschen Waffen endete.
Die Sommeroffensive — »Unternehmen Blau« — wurde von den beiden neugebildeten Heeresgruppen A und B durchgeführt, die hierzu die 1. und 4. Panzerarmee unterstellt erhielten.
Der deutsche Angriff begann am 28. Juni 1942 aus dem Raum Kursk in Richtung Woronesch. 9. PD (links), 24. PD (rechts) der 4. Pz.Armee waren dabei; zwei Tage später folgte aus den Raum Woltschansk die 6. Armee, bei der sich 23. PD und 3. PD befanden. Bereits am 3. bzw. 6. Juli waren Woronesch und Rossosch erreicht; doch die Sowjets waren über den Don entkommen.

Beide Photos stammen vom 1.6.1942 und zeigen Kampfwagen des Typ P-III im Vorgehen zum Don.

Da entschloß sich Hitler, die 4. Pz.Armee nach Süden umzudrehen, die nun gemeinsam mit 1. Pz.Armee und 17. Armee zum Kaukasus angreifen mußte. Da waren vorerst 3., 13. und 23. PD dabei. Die 3. PD erreichte am 29. Juli den Manytsch und nach dem Flußübergang standen deutsche Kampfwagen auf asiatischem Boden! Schon wenige Tage später mußte die 4. Pz.Armee (Generaloberst Hoth) kehrtmachen und von Süden her auf Stalingrad stoßen. Als sich am 8. August 24. PD (von Süden) und 16. PD (von Norden) bei Kalatsch trafen, waren russische Kräfte eingeschlossen. Die Vorausgruppen, darunter Kampfwagen des PR 2, standen am 23. August in Rynok auf den Uferhöhen der Wolga — und nach rechts hin sahen die Männer die Silhouette von Stalingrad.

Die 1. Pz.Armee (Generaloberst von Kleist) war inzwischen über den Manytsch und der Kuma vorgedrungen. Die Kampfwagen stürmten so lange nach Süden, bis der Betriebsstoff zu Ende ging. Die alten zaristischen Badeorte Pjatigorsk und Mineralny Wody blieben zurück — und immer weiter ging es.

Die 5./PR 6 auf dem Vormarsch zum Kaukasus. Es ist der 10. Juli 1942. Der Turm des P-IV mit der kurzen Kanone ist deutlich zu erkennen.

Die Panzerspitze einer Vorausabteilung der 13. PD erreicht am 15.8.1942 unweit von Maikop den Laba, Nebenfluß des Kuban.

Die P-IV der 3. PD rollen dem Kaukasus entgegen. Es herrscht im August 1942 hochsommerliche Hitze.

»Die II./PR 6 fährt mit ihren Kampfwagen querfeldein durch das fruchtbare Land mit den wogenden Feldern und grünen Wiesen.« So steht es in der Geschichte der 3. PD. »Wege und Straßen gibt es abseits der Rollbahnen kaum, so daß nur nach dem Kompaß gefahren wird. Die deutschen Soldaten können schon in weiter Ferne die schneebedeckten Berge des Kaukasus am Horizont sehen.«

Bereits am 8. August tauchte zum ersten Mal der Elbrus, der mit 5.633 m höchste Berg des Kaukasus, auf. Die 13. PD befand sich im Vormarsch über Maikop nach Süden, während 3. und 23. PD zum Terek abdrehten. Hier kam Anfang September der Vormarsch zum Stehen.
Die Heimat lag in 3.000 km Entfernung!

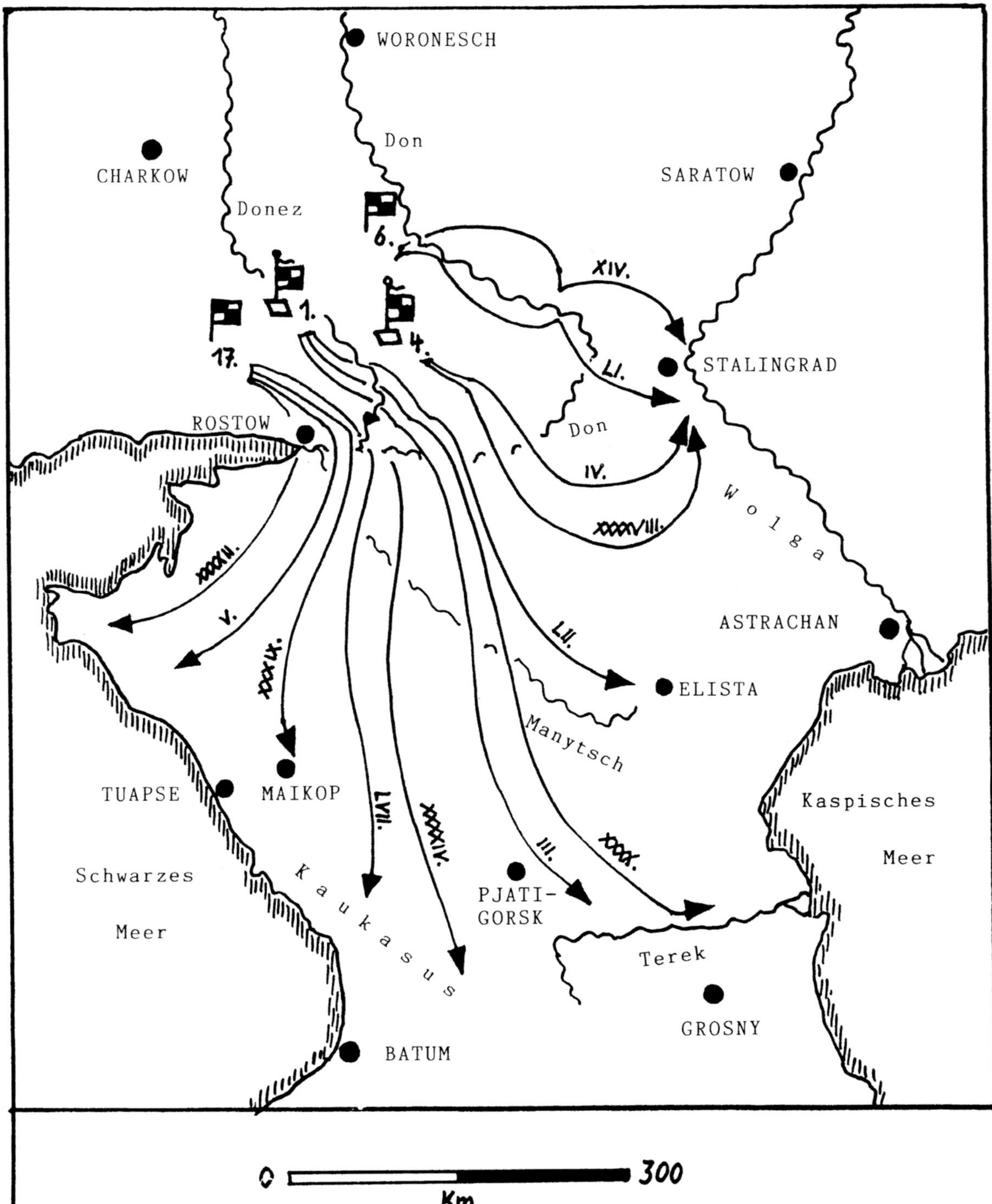

DER VORSTOSS ZUM KAUKASUS - 1942

Marschweg der Armeen und Korps.

Mittlerweile tobte die Schlacht in und um Stalingrad. Die Kampfwagen der 14. PD waren u.a. am Industriewerk »Dserschinskij« im Einsatz, die Panzer der 24. PD fochten am Hauptbahnhof und die Männer der 16. PD lagen am Stadtrand im Norden bis ... ja bis am 19. November der sowjetische Großangriff beiderseits Stalingrad begann. An diesem Tag standen von der Panzerwaffe in Stalingrad:

PD	mit Kampfwagen vom Typ		
	P-II	P-III	P-IV
14.		3	2
16.		17	11
24.		36	17
3. ID (mot.)		22	7
60. ID (mot.)	5	17	5

Die Pz.Abt. 103 befand sich bei der 3. ID (mot.), die Pz.Abt. 160 bei der 60. ID (mot.).

Bereitstellung von Panzergrenadieren und Kampfwagen (P-III) am 5.10.1942 im Industriegebiet von Stalingrad.

Dagegen griffen Mitte November zehn sowjetische Panzerbrigaden, elf selbständige Panzerregimenter und eine selbständige Panzerabteilung die geschwächten deutschen Kräfte an.
Die 4. Pz.Armee erhielt Befehl, vom Süden her auf Stalingrad anzutreten, um der eingeschlossenen 6. Armee den Weg ins Freie zu schlagen. Die 6., 17. und 23 PD waren dabei und drangen unter schrecklichsten Bedingungen — Schneetreiben, Kälte, Mangel an Betriebsstoff — nach Norden bis Wassiljewka vor; — Stalingrad erreichten sie nie!
Der Kampf um Stalingrad klang Anfang Februar 1943 aus. Die Geschichte der 14. PD lautete u.a.:

> »... Auch hier, im allerletzten Kessel, der nur noch hundert Meter im Geviert umfaßte, konnte ... der russische Stoß nicht mehr aufgehalten werden. Allerdings bestanden die Kräfte, die noch an der Front standen, aus der ausgebrannten Schlacke der Reste der Division. Alte Infanteristen gab es überhaupt nicht mehr. Die Ausrüstung bestand lediglich noch aus Gewehr und Maschinengewehr; an einzelnen Stellen befinden sich Pak — aber ohne Munition...«

Die deutsche Kampfwagenentwicklung litt auch im Jahr 1942 unter den irrationalen Vorstellungen der obersten militärischen und wirtschaftlichen Dienststellen. Noch im Frühjahr 1942 lehnte Hitler die Erhöhung der Panzerproduktion ab. Erst im Juli bestand er darauf, nun urplötzlich 1450 Kampfwagen, Sturmgeschütze und Selbstfahrla-

Die neuen »Tiger« warten auf den Abtransport zur Front. Die Kampfwagen sind mit Tarnfarbe bestrichen, Mündungsbremse der Rohre noch »verpackt«.

BLÜCHER

…ner 82 — FRONTZEITUNG EINER PANZERGRUPPE — Sonntag, 19. Oktober 19…

…owjets dem Untergang geweiht

…leitungsschlacht von Moskau verloren – Nur noch fragwürdi… …ellen – England will Sowjetunion vom E…

…licke der Welt richten sich Front… …rtig auf das Ges…

Der Sieg der Rumänen

Von Hauptmann Werner Stephan

Die Einnahme von Ode… Sieg der …

…teren Widerstand dort in kei… Weise vom unablässigen Vordering… nach Osten hin abhalten liess, da v… suchten die Bolschewisten mit A… fällen aus ihren Feldbefestigung… eine Aenderung der deutschen Tak… herbeizuführen. Aber alles blieb v… geblich. Trotzdem noch am 10. Ok… ber der englische Nachrichtendie… „Exchange Telegraph" behauptete, … Erfolg der sowjetischen Angriffe … die Rumänen scheine festzusteh… wurde die Lage in der Stadt imm… schwieriger.

In diesen zwei Monaten den eisern… …ing um Odessa geschmiedet und … …en deutschen Vormarsch zum Aso… …hen Meer ermöglicht zu haben, … …s unvergängliche Verdienst der … …nischen Armee unter der Führu… …es verdienten Marschalls Antonesc… …r hat sie gezeigt, dass sie au… …ksten Sowjetverbänden als übe… …ner Gegner entgegenzutreten ve… … War schon die Befreiung der B… …na und Bessarabiens ein Erfo… in erster Linie den tapferen … …schen Soldaten zuzuschreiben i… …haben unsere Verbündeten … …fe um den grössten und wichti… Schwarzmeerhafen bewiesen, w…

Sonnabend, 19. Juli 1941

… 17

PANZERFAUST

Feldzeitung für die Soldaten einer Panzergruppe – Herausgegeben von der Feldeinheit 10792

Gewaltige Kampfhandlungen zu unseren Gunsten

Krisenzeichen in Sowjetrussland: Die Armee wurde erneut dem Terror der GPU. ausgeliefert

Das Eichenlaub für Generaloberst Hoth

Aus dem Führerhauptquartier, 17. Juli. Der Führer und Oberste Befehlshaber der Wehrmacht verlieh heute für ihren heldenmütigen Einsatz im Ostfeldzug folgenden Offizieren des Heeres und der Luftwaffe das Eichenlaub zum Ritterkreuz des Eisernen Kreuzes:

dem Befehlshaber einer Panzergruppe, Generaloberst Guderian,

dem Befehlshaber einer Panzergruppe, Generaloberst Hoth,

dem Kommandierenden General eines Fliegerkorps, General der Flieger Freiherr von Richthofen.

Die tapferen Befehlshaber erhielten die Mitteilung über die erfolgte Verleihung durch ein persönliches Telegramm auf ihre Gefechtsstände.

Verzweiflungsschritt des Obersten Sowjets

Berlin, 17. Juli. Der Zusammenbruch der sowjetischen Angriffspläne zwingt Stalin zu einer Verzweiflungsmassnahme. Durch ein vom Obersten Rat … De… Sowjetunion beschlossenes … wird die Institution der Kriegsk… missare wieder eingeführt und … gesamte Wehrmacht damit dem … rorregime der GPU ausgeliefert.

Stalin versucht durch diese … richtung alle Verantwortung f… Niederlagen der bolschewisti… Heereshaufen auf die Tru… führung abzuwälzen. Er ste… Sachlage so hin, als sei es de… zieren nicht gelungen, Diszipl… Einsatzfreudigkeit aufrechtz…

alle Regiments-, Divisions-, Verwaltungs- und Behördenbefehle von dem Kommandeur und dem Kriegskommissar gemeinsam zu unterzeichnen sind. … jedem …

Der ertappte Churchill

Churchill bei einem Essen in Aldwych Club am 11. 4. 1919.

Wir können mit den Bolschewisten keine Verträge schliessen. Wir haben zu unterscheiden zwischen Recht und Unrecht, zwischen Ehre und Verrat, zwischen Fortschritt und Anarchie. (Daily Chronicle 12. 4. 1910).

Churchill im Unterhaus am 30. 5. …

DER Panzer-Kamerad

Nr. 18 — Nachrichtenblatt einer rhein.-westf. Panzer-Division — November 19…

Im Trommelfeuer

Die Kämpfe in der Narewschleife vom 5. bis 22. Oktober

Am 5. Oktober um 10 Uhr, fünf Wochen nach den ersten Kämpfen bei Napiorki, beginnt der zweite Großangriff der S…ts. Fünfviertelstunden Trommelfeuer aus Hunderten von Rohren und Salvengeschützen, laufende Schlachtfliegerangriffe auf die vordere Linie, die Sehnenstellung und die Stellungen der schweren Waffen leiten ihn ein. Das Trommelfeuer wühlt die Gräben um. Zwischen den Einschlägen springen die Bolschewisten vor, werden von dem Feuer ihrer eigenen Salvengeschütze erfaßt, haben große Ausfälle, brechen aber überraschend ein.

Beim Feindeinbruch in Napiorki fällt Hauptmann Richter.

Er war

bis zum letzten Atemzug das Vorbild seiner Männer

Unter dem Schutze zahlreicher Baum-…

Wäldchen zurück. Auch er bleibt vor dem Feinde. Oberleutnant Guttermann, kriegsbeschädigt, mit steifem Bein, bringt hoch zu Roß die Reserven nach vorn, bleibt wegen seines …

versucht, die beiderseits der Einbruc… stelle stehenden Bataillone III./St… und II./Quentin einzudrücken. Am f… hen Nachmittag greift ein Infanter… Rgt. von Westen und die Panther-Abt… lung von Wietersheim von Nor… nochmal Napiorki an. Das Infanter… Regiment dringt in der Nacht in N… piorki ein, muß aber einem stark… feindlichen Gegenangriff wieder w… chen. Napiorki bleibt gegen übermäc… tigen Feind verloren. Wir setzen uns … der neuen Linie fest, graben uns e… verminen das Gelände und erwart… den Gegner. Den ganzen Tag üb… trommeln Granatwerfer, Artillerie u… Salvengeschütze, hämmern ungezäh… feindliche Schlachtflieger; aber … Feind kommt nicht mehr voran.

Am 10. Oktober um 10 Uhr begi… ein …

Feldzeitungen deutscher Panzerverbände

fetten pro Monat herzustellen. Eine Zahl, die nie erreicht werden konnte. Im gesamten Produktionsjahr 1942 wurden insgesamt 9.300 Kampfwagen fabriziert, darunter in Höchstzahl der P-IV, der ab April mit langem Rohr an die Truppe zur Auslieferung kam. Die Produktion des P-IV erfolgte seit 1942 vorrangig in den Werken Steyr in St. Valentin, Vomag in Plauen und der Böhmisch-Mährischen Maschinenfabrik (vormals Praga) in Prag. Zur gleichen Zeit lief der Bau des neuen P-VI (»Tiger«) an.
Die Konstruktion eines solchen Kampfwagens war zwar schon im Mai 1941 gefordert worden und die Industrie konnte am 20. April 1942 zwei Prototypen von Porsche und Henschel vorstellen. Hitler bestand darauf, beide Typen weiterzubauen, obwohl der Porsche-Panzer bei der Vorführung erhebliche Mängel aufwies. Die Firma Henschel ließ im August 1942 den ersten »Tiger« von Band laufen und stellte bis Jahresende 1942 bereits 83 Kampfwagen her.
Der erste frontmäßige Einsatz des »Tigers« fand im September 1942 in einem Frontabschnitt vor Leningrad statt. Die 1942 neugebildeten Pz.Abteilungen 500 - 510 wurden mit dem P-VI (»Tiger«) ausgerüstet. Pz.Abt. 502 und 503 kamen südostwärts von Leningrad zum ersten Fronteinsatz. Die schweren Kampfwagen versanken in Schlamm und Morast und blieben einfach stecken.
Der erste »Tiger«-Verlust durch Feindbeschuß erfolgte im Januar 1943 bei Rabochii-Posselok 5 im Vorfeld von Leningrad.
Der »Tiger I« zeigte Schachtellaufwerk ohne Stützrollen, hatte senkrechte Wände und einen zylindrischen Turm. Es war ein stark gepanzertes Fahrzeug mit einer 8,8-cm-KwK 36 L/56 und einem Maschinengewehr. Seine Nachteile waren die ungeschickte Formgebung, die technischen Mängel beim Antrieb und seine geringe Beweglichkeit, vor allem in unübersichtlichem und sumpfigem Gelände.
Das OKH stellte im Herbst 1942 die schweren Panzerabteilungen auf, die mit dem »Tiger« ausgerüstet wurden. Diese Abteilungen blieben Heerestruppe und unterstanden keiner Division. Es entstanden so:

s.Pz.Abt. 500-504	aus Wehrkreis VI (Münster)
s.Pz.Abt. 505	aus 5. PD
s.Pz.Abt. 506	aus III./PR 33
s.Pz.Abt. 507	aus I./PR 4
s.Pz.Abt. 508	aus III./PR 4
s.Pz.Abt. 509	aus PR 36
s.Pz.Abt. 510	aus Reste 14. PD.

Die »Tiger«-Abteilungen 501 und 504 wurden sofort nach Tunis überführt, wo sie nur am Endkampf der Heeresgruppe Afrika noch teilnehmen konnten. Die anderen gingen alle an die Ostfront und blieben selbständige Abteilungen; nur die Pz.Abt. 509 wurde Ende 1944 der »Führer-Begleit-Division« unterstellt.

Schule für Fhj. der Panzer-Truppe
Abt. Ia

Nur für den Dienstgebrauch innerhalb der Schule.

Richtlinien für das Zusammenwirken zwischen Panzern und Panzergrenadieren

GLIEDERUNG:

A. Allgemeines

1. Verhältnis der Waffen zueinander
2. Ausbildung und Erziehung
3. Stärken und Schwächen der Schwesterwaffen

B. Kampf der Panzer mit abgesessenen Panzergrenadieren

1. Angriff
   a) Falsch — Richtig
   b) Verbindungsmittel
   c) Gemeinsames Bekämpfen erkannter Widerstandsnester
   d) Panzer voraus
   e) Panzergrenadiere voraus
   f) Gemeinsamer Kampf der Panzer und Panzergrenadiere
2. Abwehr
3. Kampf unter besonderen Verhältnissen

C. Gemeinsamer Kampf der Panzer und SPW.

1. Angriff
2. Verfolgung
3. Grenadiere auf ungepanzerten Fahrzeugen
4. Führungsfragen

Aus einem Lehrbuch für Offiziersanwärter

A. Allgemeines:

1. Die Panzerdivision ist eine geschlossene Kampfeinheit. Ihre Hauptaufgabe ist der Angriff mit tiefen Zielen gegen die schwachen Stellen des Feindes, also nicht der ordinäre Angriff gegen einen abwehrbereiten Feind, sondern der operative, schlachtentscheidende Angriff gegen Flanken und Rücken des Gegners. Der Durchbruch von Panzerverbänden durch eine feindliche Stellung kann der vorgenannten Aufgabe vorausgehen.

Das OKH stellte noch Ende 1942, als sich das Debakel um Stalingrad abzeichnete, eine 27. PD auf. Diese entstand aus der bisherigen 22. PD, die aufgelöst wurde, und aus Heerestruppen.
Die nach Tunesien überführten schweren Pz.Abteilungen kamen nur noch zurecht, um am Endkampf in Nordafrika teilnehmen zu können. Hier stand das (seit 22. Januar 1942) umbenannte Pz.Armee-Oberkommando »Afrika« im Kampf mit den ständig stärker werdenden britischen und ab November auch amerikanischen Streitkräften. Zwar gelang es in der Frühjahrsoffensive 1942 mit 15., 21. PD und 90. leichten Div. Tobruk zu stürmen und bis Juli erneut zur ägyptischen Grenze vorzudringen.

Das »Afrikakorps« tritt im Januar 1942 zur zweiten Offensive in der Cyrenaica an. Die P-III der 15. PD eröffnen den Kampf.

Die Kolonnen der 21. PD auf dem Marsch zur ägyptischen Grenze. Die ersten beiden Kampfwagen vom Typ P-III, die nächsten beiden vom Typ P-II.

Tobruk ist erreicht. Während sich die Infanterie eingräbt, rollen Kampfwagen nach vorn — der Festung entgegen.

Doch im September 1942 schlugen die Alliierten zurück. Die Pz.Armee »Afrika«, jetzt verstärkt durch 164. ID und Fallschirmjägerbrigade Ramcke, mußte sich unter schweren Verlusten in die Cyrenaica zurückkämpfen. Nach der Landung der US-Truppen in Marokko und deren Vormarsch nach Tunis überführte das OKH die 10. PD nach Tunesien. Das deutsche Oberkommando wurde noch am 8. Dezember 1942 in Oberkommando der 5. Pz.Armee umbenannt. Doch der Krieg in Nordafrika klang Anfang Mai 1943 aus — 10., 15. und 21. PD gab es nicht mehr!

FELDPOSTNUMMERN

der beiden Panzerregimenter der 21. Panzerdivision in Nordafrika.

Einheiten	FPN	+ = ab – = bis
Pz.Rgt.5		
Rgts.Stab	17 960	– 5.43
Stab I	28 770	– 4.43
1.Kp.	01 793	– 8.43
2.Kp.	13 237	– 8.43
3.Kp.	18 786	– 5.43
4.Kp.	19 233	– 5.43
Stab II	15 815	– 8.43
5.Kp.	02 292	– 8.43
6.Kp.	17 853	– 5.43
7.Kp.	19 158	– 5.43
8.Kp.	02 365	– 9.43
Werkst.Kp.	24 734	– 8.43
Pz.Rgt.100		
Rgts.Stab	17 697	+ 3.42
	13 301	12.42-2.43
Stab I	17 687	+5.42
Stabs Kp.I	17 687S	+5.42
Fla.Zug	17 687F	+7.44
1.Kp.	02 741	
2.Kp.	05 078	
3.Kp.	18 346	–8.43
	56 592	–11.43
Stab II	03 386	+ 9.42
Stabs Kp.II	03 386B	
5.Kp.	36 634	–11.43
	56 592	+11.43
6.Kp.	07 696	+ 7.42
7.Kp.	15 103	11.42- 2.44
	58 366	
8.Kp.	15 103	
Werkst.Kp.	06 111	+ 7.42

Für die in Tunesien verlorengegangenen Panzerregimenter erfolgten im Herbst Neuaufstellungen. Als Beispiel seien hier angefügt:

Pz.Abt. 5 anstelle des vernichteten PR 5 (21. PD)
im September 1943 in Neuruppin aufgestellt mit drei Kompanien und der 25. Pz.Gren.Div. unterstellt. Im Juli 1944 im Mittelabschnitt der Ostfront untergegangen.

Pz.Abt. 7 anstelle des vernichteten PR 7 (10. PD)
im Oktober 1943 in Frankreich aufgestellt mit drei Kompanien und der 10. Pz.Gren.Div. unterstellt. August 1944 in Bessarabien untergegangen.

Pz.Abt. 8 anstelle des vernichteten PR 8 (15. PD)
im Oktober 1943 in Frankreich aufgestellt mit drei Kompanien und der 20. Pz.Gren.Div. unterstellt. April/Mai 1945 in Schlesien untergegangen.

Die Panzerwaffe wurde nach den Niederlagen in Stalingrad und Tunesien umgruppiert. Der von Hitler nach der Moskauer Schlacht in den Ruhestand verabschiedete Generaloberst Guderian erhielt am 20. Februar 1943 Befehl, sich im Führerhauptquartier Winniza (Ukraine) zu melden. Hier ernannte ihn Hitler mit Wirkung vom 28. Februar zum Generalinspekteur der Panzertruppen. Damit erhielt er nicht nur weitgehende Vollmachten, sondern war nun in seinen Entscheidungen unabhängig und nur Hitler direkt unterstellt. Dem neuzubildenden Stab gehörten folgende Abteilungen an: Organisation, Ausbildung, Personal, Entwicklung und die Höheren Offiziere für Kraftfahrzeugwesen, Panzerartillerie und Panzerabwehr.
Der Stab des Generalinspekteurs setzte sich zusammen:

Chef des Stabes:	Oberst i.G. Thomale
Stabsoffiziere:	Oberstleutnant i.G. Freyer, Major i.G. Kauffmann, Major i.G. Freiherr von Wöllwarth
Adjutant:	Oberstleutnant Prinz zu Waldeck
Kdr. der Schulen:	Generalmajor von Hauenschild.

Mit der Bildung eines Generalinspekteurs der Panzertruppen erhielten jetzt die bisher unter dem Begriff »Schnelle Truppen« zusammengefaßten Verbände die Bezeichnung »Panzertruppen«. Die bisher dazu gehörenden Reiter- und Radfahreinheiten traten zur Waffengattung »Infanterie« über.

Mit Wirkung vom 1. April 1943 wurde die Dienststelle des Waffengenerals »Schnelle Truppen« beim OKH aufgelöst. An die Stelle trat nun der »Panzeroffizier beim Chef des Generalstabes«. Diese Dienststelle wurde nach dem 20. Juli 1944 aufgelöst. Der jeweils verantwortliche Offizier stand den Abteilungen des Generalstabes zur Beschaffung benötigter Unterlagen und Auskünfte über die Panzerwaffe zur Verfügung. Gleichzeitig erhielt der Inspekteur der Schnellen Truppen beim Ersatzheer die neue Bezeichnung Inspekteur der Panzertruppen. Dieser unterstand in seiner Eigenschaft jetzt nicht mehr dem Befehlshaber des Ersatzheeres, sondern dem Generalinspekteur der Panzertruppen direkt.

Generaloberst Guderian, Generalinspekteur der Panzertruppen, Schöpfer dieser Waffengattung.

PANZERLIED

1) Ob's stürmt – oder schneit – ob die Sonne uns lacht, der Tag glühend heiß – oder stürmisch die Nacht, bestaubt sind die Gesichter – doch froh ist unser Sinn – ja unser Sinn – es braust unser Panzer im Sturmwind dahin –
bestaubt . . .

2) Mit donnerndem Motor so schnell wie der Blitz – dem Feinde entgegen im Panzergeschütz – Voraus den Kameraden im Kampfe ganz allein – ja ganz allein – so stoßen wir tief in die feindlichen Reihen –
Voraus . . .

3) Mit Sperren und Pak's hält der Gegner uns auf – wir lachen darüber und fahren nicht drauf – und schüttelt er auch grimmig und wütend seine Hand – ja seine Hand – wir suchen uns Wege die keiner sonst fand.
Und . . .

4) Wenn vor uns ein feindlicher Panzer erscheint – dann Vollgas gegeben und rann an den Feind – Was nützt unser Leben für unseres Volkes Wehr – ja Volkes Wehr – für's Vaterland zu sterben ist unsere höchste Ehr.
Was . . .

5) Und läßt uns im Stich einst das treulose Glück – und kehren wir nie mehr zur Heimat zurück – trifft uns die Todeskugel ruft uns das Schicksal ab – ja Schicksal ab – dann wird unser Panzer ein ehernes Grab.
Trifft . . .

So wurde auch bei den Heimatwehrkreisen jetzt die Dienststelle »Kommandeur der Panzertruppen« unter Hinzufügung der Nummer des Wehrkreises gebildet. Nachfolgend sollen drei Dienststellen als Beispiel für alle anderen stehen:

Kdr. d. Pz.Truppen I (Insterburg). Unterstellt:
- Pz.Ers.- u. Ausb.Abt. 10 (Zinten)
- Gren.Ers.- u. Ausb.Btl. (mot.) 413 (Insterburg)
- Pz.Aufkl.Ers.- u. Ausb.Abt. 24 (Insterburg)
- Pz.Jäg.Ers.- u. Ausb.Abt. 1 (Allenstein)
- Panzerzug-Ers.Abt. Warschau (Rembertow);

Kdr. d. Pz.Truppen IV (Dresden). Unterstellt:
- Pz.Ers.- u. Ausb.Abt. 18 (Kamenz)
- Pz.Gren.Ers.- u. Ausb.Rgt. 14 (Leisnig)
- Pz.Jäg.Ers.- u. Ausb.Abt. 4 (Borna);

Kdr. d. Pz.Truppen X (Hamburg). Unterstellt:
- Pz.Gren.Ers.- u. Ausb.Abt. 76 (Rahlstedt)
- Pz.Gren.Ers.- u. Ausb.Abt. 90 (Wandsbeck)
- Pz.Jäg.Ers.- u. Ausb.Abt. 20 (Harburg).

Die mit der Niederlage bei Stalingrad untergegangenen Divisionen — im Kessel: 14., 16., 24.; außerhalb des Kessels: 22., 27. — mußten ebenso wie die in Tunis verlorenen

Divisionen neu ersetzt werden. Die zur Auffrischung in Frankreich liegenden 6. und 7. PD wurden bereits im Januar 1943 an die Ostfront verlegt. Die gleichfalls zur Auffrischung dort stehende 23. PD mußte aus ihren Reihen eine neue 26. PD aufstellen. Die in der Heimat sich befindenden Reservedivisionen 155 (Ulm) und 233 (mot.) Frankfurt/Oder wurden in Reserve-Pz. Divisionen umgewandelt, wobei die 233. Res. PD nach Dänemark verlegte.
Vier der im Heimatkriegsgebiet zur Neuaufstellung bzw. zur Neuauffrischung stehenden Divisionen wurden im Laufe des Sommers infolge der sich veränderten Kriegslage an die Front transportiert. So gingen die neuaufgestellten 16. und 26. PD im Juli nach Italien, im August folgte die 24. PD gleichfalls nach Italien; während die 1. PD auf den Balkan kam.

Verladung von Kampfwagen zum Transport an die Front.

Die Entwicklung der Panzerlage an der Ostfront im ersten Halbjahr 1943 ergab das Bild:

Tag	einsatzbereite Kampfwagen	in Instandsetzung	in Zuführung
28. 2.	902	784	135
10. 4.	953	711	226
10. 5.	1536	372	347
31. 5.	1846	363	216
30. 6.	2287	297	261

Am selben Tag befanden sich auf den europäischen Kriegsschauplätzen folgende Kampfwagen an der Front und in den Instandsetzungswerkstätten:

Front	P-III u. P-IV (lange Kanone)	P-II bis P-III (kurze Kanone)
Osten	2269	556
Westen	351	107
Norwegen	59	47
Balkan	118	15
Italien	345	16

Die italienischen Inseln und das Festland waren seit dem 9. Juli 1943 Kriegsschauplatz geworden, nachdem an diesem Tage 280 alliierte Kriegs-, 320 Transportschiffe und 2125 Landungsfahrzeuge die 7. US- und die 8. britische Armee an Land setzten. Die Italiener standen zwar mit 300.000 Mann auf der Insel Sizilien, doch überließen sie meist kampflos ihre Stellungen und liefen davon. Lediglich wenige deutsche Kräfte, darunter die Fallschirm-PD »Hermann Göring«, setzten sich verbissen zur Wehr, konnten aber nicht verhindern, daß bis zum 17. August Sizilien aufgegeben werden mußte. Nach der Kapitulation der italienischen Wehrmacht besetzten deutsche Truppen in ganz Italien die wichtigsten Städte und Verkehrswege. Darunter war auch die 24. PD in Verona. Die beiden übrigen Panzerdivisionen in Italien — 16. PD an der Riviera und 26. PD in Nordkalabrien — hatten dagegen bereits im Juli Alarmbefehle erhalten und bereiteten sich auf die alliierte Landung auf dem Festland vor.

Ein P-IV rollt durch eine mittelitalienische Stadt zur Front. (Bild vom 9.11.1943.)

Diese erfolgte am 3. September 1943. Die 26. PD stand als erste am Feind; kurz darauf nahm die 16. PD am Kampf um Salerno teil. Von da an standen 16., 24. und 26. PD im Krieg in Italien bis zum Ende. Der Kampf- und Marschweg der 16. PD — um nur eine Division anzuführen — ging vom Juli bis November 1943 aus dem Raum um Bari nach Salerno, von hier entlang der Küste über Neapel bis vor Gaeta, dann quer durch Italien an die Adriaküste bei Termoli und längs dieser Küste nach Norden über Ancona, Pesaro nach Rimini.
Die Rückschläge für das deutsche Heer im Winter 1942/43 auf allen Kriegsschauplätzen hatten die Oberste Führung nicht entmutigt. Im Gegenteil: Hitler befahl seit März 1943 an der Ostfront eine große Offensive zu beginnen, die die Handlungsfreiheit zurückbringen sollte. Der Operationsbefehl Nr. 6 vom 15. April 1943 lautete:

> »Ich habe mich entschlossen, sobald die Wetterlage es zuläßt, als ersten der diesjährigen Angriffsschläge den Angriff »Zitadelle« zu führen!«

Operationsbefehl Nr. 6 (Zitadelle) vom 15. 4. 1943

Der Führer
OKH, GenStdH, Op.Abt.(I)
Nr. 430246/43 g.Kdos.Chefs.

F.H.Qu., den 15. April 1943

Geheime Kommandosache
Chefsache!
Nur durch Offizier!

13 Ausfertigungen
4. Ausfertigung

AOK 2 Ia 591/43 g.Kdos.Chefsache
Eing. 17. 4. 43 (2 Anlagen) Do.

Operationsbefehl Nr. 6

Ich habe mich entschlossen, sobald die Wetterlage es zuläßt, als ersten der diesjährigen Angriffsschläge den Angriff „Zitadelle" zu führen.

Diesem Angriff kommt daher ausschlaggebende Bedeutung zu. Er muß schnell und durchschlagend gelingen. Er *muß* uns die Initiative für dieses Frühjahr und Sommer in die Hand geben. Deshalb sind alle Vorbereitungen mit größter Umsicht und Tatkraft durchzuführen. Die besten Verbände, die besten Waffen, die besten Führer, große Munitionsmengen sind an den Schwerpunkten einzusetzen. Jeder Führer, jeder Mann muß von der entscheidenden Bedeutung dieses Angriffs durchdrungen sein. Der Sieg von Kursk muß für die Welt wie ein Fanal wirken.

Hierzu befehle ich:

1.) *Ziel des Angriffs ist,* durch scharf zusammengefaßten, rücksichtslos und schnell durchgeführten Vorstoß je einer Angriffsarmee aus dem Gebiet Belgorod und südlich Orel die im Gebiet Kursk befindlichen Feindkräfte einzukesseln und durch konzentrischen Angriff zu vernichten.

Im Zuge dieses Angriffs ist eine verkürzte kräftesparende neue Front zu gewinnen in der Linie: Neshega — Korotscha=Abschnitt — Skorodnoje — Tim — ostw. Schtschigry — Ssossna=Abschnitt.

2.) *Es kommt darauf an*

a) *das Überraschungsmoment* weitgehend zu wahren und den Gegner vor allem über den Zeitpunkt des Angriffs im Unklaren zu lassen,

b) die *Angriffskräfte auf schmaler Breite schärfstens zusammenzufassen,* um mit örtlich überwältigender Überlegenheit *aller* Angriffsmittel (Panzer, Sturmgeschütze, Artillerie, Nebelwerfer usw.) in *einem Zuge* bis zur Vereinigung der beiden Angriffsarmeen im Feind durchzuschlagen und damit den Kessel zu schließen,

c) den Angriffssturmkeilen so schnell wie möglich *aus der Tiefe* Kräfte zum Abdecken der Flanken nachzuführen, damit die Sturmkeile selbst nur *vorwärts* zu stoßen brauchen.

d) durch frühzeitiges *Hineinstoßen* von allen Seiten *in den Kessel* dem Feind keine Ruhe zu lassen und seine Vernichtung zu beschleunigen,

e) *so schnell* den Angriff durchzuführen, daß der Feind sich weder aus der Umklammerung absetzen, noch starke Reserven von anderen Fronten heranziehen kann,

f) durch raschen *Aufbau der neuen Front* frühzeitig Kräfte, insbesondere schnelle Verbände, für weitere Aufgaben freizubekommen.

Ausstattung der an Zitadelle beteiligten Truppen mit Panzerkampfwagen (Pzkpfw.) und Sturmgeschützen (Stug.)
(Stand nach Meldung vom 30. 6. 1943)

1. Heeresgruppe Süd

Verband	einsatzbereite		in Instandsetzung		in Zuführung		Summe	
	Pzkpfw.	Stug.	Pzkpfw.	Stug.	Pzkpfw.	Stug.	Pzkpfw.	Stug
Pz.Gren.Div.:								
G-D	113 (11)	34	16 (1)	1	34 (0)	0	163 (12)	35
SS-LAH	100 (7)	34	8 (0)	1	16 (0)	0	126 (7)	35
SS-R	113 (0)	34	15 (1)	0	0 (0)	0	128 (1)	34
SS-T	104 (5)	27	27 (3)	8	9 (0)	0	140 (8)	35
SS-W	31 (15)	6	0 (0)	0	0 (0)	0	31 (15)	6
Panzerdiv.:								
3.	56 (32)	2	2 (2)	0	5 (5)	0	63 (39)	2
6.	78 (29)	0	8 (2)	0	0 (0)	0	86 (31)	0
7.	81 (22)	0	6 (3)	0	0 (0)	0	87 (25)	0
11.	74 (15)	0	23 (5)	0	1 (0)	0	98 (20)	0
19.	62 (19)	0	3 (1)	0	5 (1)	0	70 (21)	0
23.	55 (11)	0	2 (0)	0	4 (0)	0	61 (11)	0
Panzerbrig.:								
10	244 (0)	0	5 (0)	0	3 (0)	0	252 (0)	0
Stug. Abteilungen		94		3		9		106
Summe:	1111 (166)	231	115 (18)	13	77 (6)	9	1303 (190)	253

2. Heeresgruppe Mitte

Verband	einsatzbereite		in Instandsetzung		in Zuführung		Summe	
	Pzkpfw.	Stug.	Pzkpfw.	Stug.	Pzkpfw.	Stug.	Pzkpfw.	Stug
Panzerdiv.:								
2.	84 (29)		5 (9)		9 (0)		98 (38)	
4.	88 (15)		6 (1)		0 (0)		94 (16)	
9.	66 (6)		4 (11)		26 (0)		96 (17)	
12.	51 (28)		4 (0)		0 (3)		55 (31)	
18.	30 (33)		2 (9)		0 (1)		32 (43)	
20.	57 (21)		4 (4)		0 (0)		61 (25)	
Panzerbrig.:								
21	76 (8)		7 (0)		28 (0)		111 (8)	
Pz.Jäg.Regt.:								
656	5 (15)		0 (0)		0 (0)		5 (15)	
78. Stu.Div.	0 (1)		0 (0)		0 (0)		0 (1)	
Stug. Abteilungen		274		6		0		280
Summe:	457 (156)	274	32 (34)	6	63 (4)	0	552 (194)	280

Die Armee-Oberbefehlshaber der an diesem Frontabschnitt liegenden Armeen waren mit einem frühen Angriffstermin überhaupt nicht einverstanden. Generaloberst Model, Oberbefehlshaber der 9. Armee, forderte kategorisch: »Mehr Panzer!«. Generaloberst Guderian wollte die Operation bis 1944 verschieben, da die neuen schweren Kampfwagen »noch nicht fronttauglich« waren. Doch Hitler blieb hart. Das OKH befahl in seinem Namen am 14. Juni den Angriffsbeginn für das »Unternehmen Zitadelle« — das u. a. zur größten Panzerschlacht der Kriegsgeschichte werden sollte — am 5. Juli.
Folgende deutsche Panzerdivisionen waren daran beteiligt:

Bei Heeresgruppe Mitte: 2., 4., 9., 12., 18. und 20. PD;
bei Heeresgruppe Süd: 3., 6., 7., 11., 19. und 23. PD

Die neuen schweren Kampfwagen »Panther« und »Tiger« kamen hier zum erstenmal zum massierten Einsatz. Das Heer stellte die Pz. Brig. 10 und 21 als »Tiger«-Brigaden auf. Die Pz. Brig. 10 mit den selbständigen Pz.-Abt. 51, 52 und 503 mit 45 »Tigern« stand bei der Heeresgruppe Süd; die Pz. Brig. 21 mit den Pz. Abt. 216 und 505 gleichfalls mit 45 »Tigern« bei der Heeresgruppe Mitte. Die »Tiger« bei der Heeresgruppe Süd wurden schwerpunktmäßig bei den drei Panzerdivisionen der Waffen-SS und bei der Pz. Gren. D. »Großdeutschland« zusammengefaßt.
Die sich bei der Heeresgruppe Süd befindlichen Panzerdivisionen gingen am 5. Juli mit folgendem Kampfwagenbestand in die Schlacht:

3. PD = 56, 11. PD = 74,
6. PD = 78, 19. PD = 62,
7. PD = 81, 23. PD = 55,
Pz. Brig. 10 = 45.

Ein Kampfwagen P-III mit langer Kanone in Bereitstellung südlich Belgorod am 13.7.1943.

Ein P-IV mit am Turm und an den Wannenseiten angebrachten »Panzerschürzen« (gegen Hohlladungen) rollt an einem Infanterieposten vorbei. Die Besatzung »genießt« den sonnigen Junitag 1943.

Die deutschen Truppen konnten zwar in die erste sowjetische Stellung eindringen, doch schon beim Angriff auf die zweite Linie blieben die Kampfwagen unter dem Feuer der gegnerischen Artillerie und den Angriffen ihrer Luftwaffe stecken. Während von der Heeresgruppe Mitte die Panzerdivisionen sich mühsam den freien Weg durch die Feindstellungen erkämpften, begann in der Nacht zum 10. Juli der Gegenangriff der »Roten Armee« gegen die vorgeprellten deutschen Panzerspitzen bei der Heeresgruppe Süd.

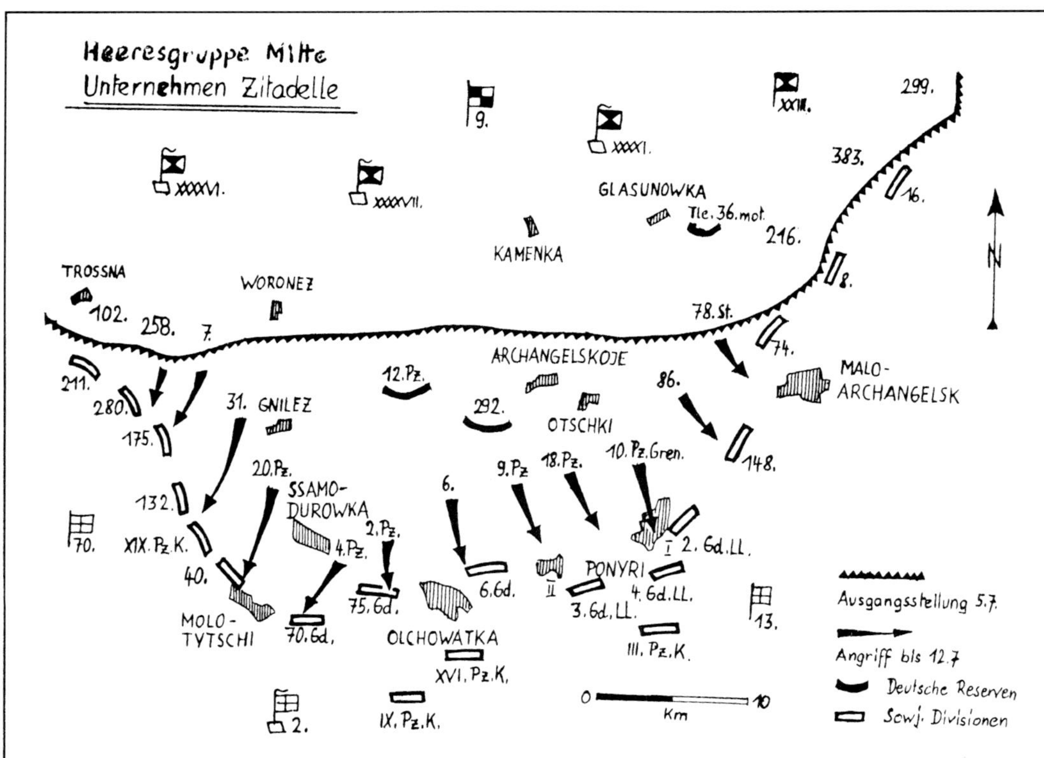

Die größte Panzerschlacht des 2. Weltkrieges spielte sich im Raum Prochochowka ab, als 10.000 (!) sowjetische Kampfwagen von fünf Armeen anrollten. Was nutzte es, wenn die Panzer mit dem Eisernen Kreuz am ersten Schlachttage 400 Kampfwagen mit dem roten Stern vernichteten? Die Übermacht des Feindes war zu groß ...
... und zu groß war auch die Übermacht vor der Heeresgruppe Mitte. Hier erreichten bis zum 12. Juli die 2. und 4. PD den Raum westlich von Olchowatka, 20 km von der Ausgangsstellung entfernt. Noch in der Nacht traf der Haltebefehl ein — denn die sowjetische Heeresgruppe » Zentralfront« griff mit drei Armeen, darunter 3000 Kampfwagen, die Stellung der 2. Panzerarmee vorwärts Orel und Brjansk an.
Generaloberst Model brach die Schlacht um Kursk ab und drehte noch in der Nacht die 5., 18. und 20 PD zum Gegenangriff ab. Im Bereich der Heeresgruppe Süd dauerte der Angriff noch drei weitere Tage. Hier konnten die Verbände der 4. Panzerarmee zwar bis in eine Tiefe von 30 km vordringen, dann war auch hier die Kraft zu Ende. Die Verluste waren zu groß: 1500 deutsche Kampfwagen blieben als Wracks auf dem Schlachtfeld zurück. Die Sowjets verloren zwar das Doppelte an Panzern; doch ihrer waren viele.
Nachdem die Landung der Alliierten in Italien erfolgte, befahl der Oberste Befehlshaber der Wehrmacht den Abbruch der Schlacht um Kursk.
Die beiden neuen deutschen Kampfwagen — P-V »Panther« und P-VI »Tiger« — hatten ihre Feuertaufe erhalten. Zwar waren noch »Kinderkrankheiten« abzuschaffen. So zeigte es sich, daß beim »Tiger« Geschwindigkeit und Aktionsradius zu gering waren.

Ein am 3.9.1943 bei Orel in Bereitstellung stehender »Tiger« wird von neugierigen Infanteristen bestaunt.

Stoffgliederung 21	**Geheime Kommandosache!** Panther I (VK 3002) Ausf. D A u G	Blatt G325

Technische Daten:

Dringl.-St.: SS AH Pogr. Bo Stck. l. DF (zugleich auch Pz. Bef. Wg Panther)

Gesamtgewicht des Fahrzeuges (Gefechtsgewicht) ~ 44,8 t

Motor HL 230, 600 x) - 700 xx) PS x) bei 2500 U/Min, xx) bei 3000 U/Min

Spez. Leistung 13,4 x) - 15,6 xx) PS/to

Höchstgeschwindigkeit 45,7 x) - 55 x) km/Std.

Mitgeführte Kraftstoffmenge 730 l (einschl. Reservetank)

Fahrbereich mit einer Kraftstoff-Füllung:

Straße ~ 200 km; mittl. Gelände ~ 100 km

Grabenüberschreitfähigkeit ~ 2,45 m — Kletterfähigkeit 0,9 m

Watfähigkeit 1,9 m — Steigvermögen 35°

Besatzung 5 Mann — Spez. Bodendruck 0,87 kg/cm²

Bodenfreiheit 0,56 m

Länge ~ 8,860 m, Breite ~ 3,27 m

Höhe mit Aufbau ~ 2,995 m — 3,420 m m. Schürzen

Feuerhöhe 2,30 m

Bordmunition 79 Schuß KwK, 4200 Schuß MG, 192 Schuß MP
ab Ausf. G = 82 " "
Pz. Bef. Wg. - 64 " "

Bestückung: = 1 7,5 cm Kw. K. 42 (L/70)
2 MG. 34 (1. i. Turm, 1 i. Kugelblende); 1 MP

Abfeuerung KwK elektr., MG mech. Fußhebel u. Banderzug (i. Turm)
MG f. Kugelblende durch Handabzug

Optisches Gerät: a) Turmoptik TZF 12 (binocular), später TZF 12a (monocular)
b) Kugeloptik KZF 2
c) Fahreroptik Prismeneinsätze
d) i. Pz. Führerkuppel Primenspiegel

Funkgerät (normale Ausstattung) Fu 5 + Fu 2 (für Pz. Bef. Wg. Panther Sonderausstattung)

Panzerung: Front 80 mm Seite 40 mm Schürzen 5 mm
Bug 60 mm Dach 16 mm
Turm 100 mm (Front), 100 mm, Gußstahl
45 mm (Seite) Walzstahl

Kette 86 Glieder, Kettengewicht 2050 kg

Rohstoffbedarf: (o. Waffe) f. Stck. i. kg	Eisen unleg. 33409,- kg; leg. 44060,- "; Eisen gesamt 77469,- "	dav. Grob u. Mi. Bleche 30735,- kg; Feinbleche 1888,- "; Fertiggew. (einschl. Waffe) 43400,- kg

Preis RM 117100.–	Durchschn. Fertigungszeit ~ 14 Monate	Arbeitsstunden

Fertigungsfirmen:

Montage und Fahrgestelle: MAN, Augsburg - Nürnberg; Daimler - Benz, Bln. - Marienfelde; MNH, Hannover

Panzerung: Dortm. - Hoerd - Hütt. Verein - Dortmund, Eisenw. Oberdonau, Linz; Ruhrstahl - Hattingen; Böhler - Kapfenberg; Bismarckhütte O/S;

Der P-V »Panther«, der 1943 zum erstenmal eingesetzt wurde, hatte eine Gesamtlänge von 6,90 m ohne Rohr und 8,65 m mit Rohr der Kanone. Die KwK war eine 7,5-cm-Kanone 42 L/70. Zwei Maschinengewehre gehörten zur weiteren Bewaffnung. Die Höhe des Kampfwagens betrug 3,00 m; das Gewicht 42-45 to. Mit dem 750-PS-Motor konnte eine Geschwindigkeit bis 46 km/h erreicht werden. Die Panzerung an der Stirnseite belief sich auf 80-120 mm, an den Seitenwänden 45-60 mm.

Der P-VI »Tiger«, der bereits seit September 1942 im Kriegseinsatz erprobt war, wies eine Länge von 6,20 m ohne und von 8,25 m mit Rohr auf. Das Gewicht war 62-72 to. Der 650-PS-Motor erbrachte eine Geschwindigkeit von 40 km/h. Die Bewaffnung bestand aus einer 8,8-cm KwK 36 L/56 ohne Mündungsbremse und zwei Maschinengewehren. Die Frontpanzerung betrug 102-120 mm, die Seitenpanzerung 60-82 mm. Die Fertigung dieses Kampfwagens wurde 1943 so beschleunigt, daß monatlich bis zu 25 Stück vom Band liefen.

Die von Hitler 1942 befohlene Produktionszahl an Kampfwagen — P-I und P-II waren außer Dienst gestellt — wurde erst im Frühjahr 1943 mit 600 Stück erreicht. Dann allerdings lief die Produktion auf Hochtouren, so daß z. B. im September 1943 insgesamt 1000 Stück erreicht wurden; die Zahl vergrößerte sich bis Mai 1944 auf 1450 Kampfwagen!

Ein im Kampf beschädigter »Tiger« wird bei der Werkstattkompanie repariert. Links: Der wuchtige Turm wird eingesetzt; rechts: Der Motor wird ausgetauscht.

Im Herbst 1943 gab es an der Front:

Typ	Bewaffnung	Sonder-Kfz-Nummer
P-38 (t)	3,7 cm	140
P-III	5 cm L/42	141
	5 cm 39 L/60	141/1
P-IV	7,5 cm L/24	161
	7,5 cm L/43	161/1
	7,5 cm L/48	161/2
P-V	7,5 cm 42 L/70	171
P-VI	8,8 cm 36 L/56	181
	8,8 cm 43 L/71	182

Dazu kamen noch die Pz.-Befehlswagen der Typen P-III, P-V und P-VI.

Die Instandsetzungsleistungen der an der Front eingesetzten Instandsetzungs- und Werkstattkompanien (bis Heeresgruppe) beliefen sich in den letzten Monaten 1943 auf wieder kampfbereit gemachte Panzer wie folgt: Oktober = 973, November = 911, Dezember = 1294 und Januar 1944 = 2190. Im gleichen Zeitraum wurden bei den Instandsetzungsdiensten in der Heimat 250 Kampfwagen einsatzfähig repariert.

Die Laufrollen eines P-38(t) werden gesäubert.

Ein feindlicher Paktreffer hat die Kette eines P-III zerschossen. Der Panzer muß hochgebockt werden.

Nach Reparatur eines P-IV mit kurzer Kanone wird der Kampfwagen für den nächsten Einsatz wieder »fit« gemacht.

Nach der verlorenen Schlacht um Kursk (»Unternehmen Zitadelle«) und Orel erfolgte eine Neuformierung der Panzerwaffe. Die 18. PD wurde in 18. Artillerie-Div. umgewandelt; diese im April 1944 endgültig aufgelöst. Die Panzerwaffe bestand im Oktober aus insgesamt 22 Panzerdivisionen in einer Stärke von 288 486 Mann, wovon allein auf die Panzerregimenter und selbständigen Abteilungen 22 264 Mann entfielen. Der Gesamtanteil der Panzertruppe am deutschen Feldheer betrug 10,7%.
Die Gliederung der Panzerwaffe im Oktober 1943 bestand aus vier Pz.Armee-Oberkommandos (1-4) und 12 Generalkommandos von Panzerkorps (III., XIV., XXIV., XXXIX., XXXX., XXXXI., XXXXVI., XXXXVII.,XXXXVIII.,LVI., LVII., LXXVI.) und 22 Panzerdivisionen.

PD	PR	Bemerkungen betr. der Abteilungen
1.	1	2 Abt. zu je 4 Komp. mit P-IV
2.	3	I. wird Heerestruppe (»Panther«) II. mit 4 Komp. mit P-IV
3.	6	I. 4 Komp. mit P-V II. 4 Komp. mit P-IV
4.	(ohne)	I/35 3 Komp. P-III, 1 Komp. P-IV III/15 Umrüstung auf P-V
5.	31	I. Umrüstung auf P-V II. mit 4 Komp. P-IV
6.	11	(wie PR. 31)
7.	25	I. Umrüstung auf P-V II. mit 2 Komp. P-III, 1 Komp. P-IV
8.	(ohne)	I./10 (wie II/.25)
9.	33	I. (wie II./25) II. wird Heeres-Pz.Abt. 51 III. wird Heeres-Pz.Abt. 506
11.	15	I. mit 4 Komp. P-IV II. Umrüstung auf P-V
12.	29	(wie PR 3)
13.	4	I. wird Heeres-Pz.Abt. 507 II. mit 4 Komp. P-IV III. Umrüstung auf P-V
14.	36	I. mit 4 Komp. P-IV II. mit 2 Komp. P-IV, 2 Komp. Sturm-G.
16.	2	I. u. II. mit je 4 Komp. P-IV III. mit 4 Komp. Sturm.-G.
17.	(ohne)	II./39 mit 3 Komp. P-III, 1 Komp. mit P-IV
19.	27	I. Umrüstung auf P-V II. mit 2 Komp. P-III, 2 Komp. P-IV
20.	(ohne)	III./21 (wie II./39)
21.	100	I. u. II. in Neuaufstellung mit P-III
23.	23	I. mit 4 Komp. P-IV II. mit 4 Komp. P-V, 1 Komp. Sturm. G.
24.	24	(wie PR 36)
25	9	II. mit 4 Komp. P-IV
26.	26	(wie PR. 31). I. z. Zt. bei 25. PD.
»Norwegen«	(ohne)	I. mit 3 Komp. P-III.

Gliederung von Panzerdivisionen im Sommer 1943

6.Pz.Div.: Pz.Gren.Rgt.4, 114; Pz.Rgt.11; Pz.A.R.76; Nr.57; (W.K.VI)

Pz.Rgt.11 nur mit Stab und II. (4 Kp.Pz.IV), I.zur Umrüstung auf "Panther" in der Heimat; Pz.Gren.Rgt.ohne Fla.Kp.; II./Pz. Gren.Rgt.114 (SPW); Pz.Aufkl.Abt.6 mit Stab, 1 s.Pz.Spähzug, 1 le.Pz.Späh Kp., 1 Aufkl.Kp. (SPW), 2 Kradschtz.Kp., 1 s.Kp., Kol.; Pz.Jäg.Abt.41 mit Stab, 1 Kp.(sf), 1 Kp.(mot.Z.); Pz.Art. Rgt.76 wie Pz.Art.Rgt.75, zusätzl. Pz.Beob.Bttr.76; H.-Flakabt. 298 wie H.-Flakabt.288 bei 5.Pz.Div.; Pz.Pion.Btl.57 in Normalgliederung; Pz.Nachr.Abt.82; Felders.Btl.57 mit 4 Kp.; bei Nachschubtruppen Kraftf.Kp. u.Betr.Stoff Kol.wie bei 3.Pz.Div.; Ersatzteilstaffel fehlt

7.Pz.Div.: Pz.Gren.Rgt.6, 7; Pz.Rgt.25; Pz.A.R.78; Nr.58;(W.K.IX)

Pz.Rgt.25 mit Stab und II.mit 2 Kp.Pz.III u. 1 Kp.Pz.IV - Umrüstung auf 4 Kp. Pz.IV vorgesehen-, I./Pz.Rgt.25 in der Heimat zur Umrüstung auf "Panther"; Pz.Gren.Rgt.ohne Fla.Kp.; II./Pz. Gren.Rgt. 6 (SPW); Pz.Aufkl.Abt.7 wie Pz.Aufkl.Abt.6; Pz.Jäg.Abt. 42 wie Pz.Jäg.Abt.41 b.6.Pz.Div.; Pz.Art.Rgt.78 in Sollgliederung jedoch ohne III.Abt.; Pz.Beob.Bttr.78; H.-Flakabt.296 wie H.-Flakabt.288 b. 5.Pz.Div.; Pion.Btl.58 und Pz.Nachr.Abt.83 in Sollgliederung; Felders.Btl.58 mit 5 Kp.; bei Nachschubtruppen 6 Kraftf.Kp. (90 t); Ersatzteilstaffel fehlt; zusätzlich von Heerestruppen Werkst.Kp.2./127 als 4.Kp.der Div.; sonst in Normgliederung

8.Pz.Div.: Pz.Gren.Rgt.8, 28; I./10; Pz.A.R.80; Nr.59; (W.K.III)

I./Pz.Rgt. 10 mit 3 Kp. Pz.III und 1 Kp.Pz.IV-Ausstattung aller Kp.mit Pz.IV vorgesehen; Pz.Gren.Rgt.ohne Fla.Kp.; 1 Kp.bei Pz. Gren.Rgt.28 auf SPW; Pz.Aufkl.Abt.8 wie Pz.Aufkl.Abt.3; Pz.Jäg. Abt.43 mit Stab, 2 Kp. (sf); Pz.Art.Rgt.80 wie Pz.Art.Rgt.76 bei 6.Pz.Div.; Pz.Beob.Bttr.80; H.-Flakabt.286 wie H.-Flakabt.288 bei 5.Pz.Div.; Pz.Pion.Btl.59 u.Pz.Nachr.Abt.84 in Normgliederung Felders.Btl.fehlt; bei Nachschubtruppen Kraftf.Kp.und Betr.Stoff Kol.wie bei 3.Pz.Div.; zusätzl.Ost Kp.59; sonst in Normgliederung

9.Pz.Div.: Pz.Gren.Rgt.10, 11; Pz.Rgt.33; Pz.A.R.102; Nr.60; (W.K.XVII)

Pz.Rgt.33 nur mit Stab und I.mit 3 Kp.Pz.III und 1 Kp.Pz.IV-Ausstattung aller Kp.mit Pz.IV vorgesehen; II./Pz.Rgt.33 unter Umrüstung auf "Panther" als Pz.Abt.51 zu den Heerestruppen; III./Pz.Rgt.33 unter Umrüstung auf "Tiger" als Pz.Abt.506 zu den Heerestruppen; I./Pz.Gren.Rgt.11 (SPW); Pz.Aufkl.Abt.9 wie Pz. Aufkl.Abt.1 (1.Kp.mit "Luchs"); Pz.Jäg.Abt.50 wie Pz.Jäg.Abt.43 bei 8.Pz.Div.;Pz.Art.Rgt.102 wie Pz.Art.Rgt.103 bei 4.Pz.Div. ohne le.Art.Kol.; Pz.Beob.Bttr.102; H.-Flakabt.287 wie H.-Flakabt.288 bei 5.Pz.Div.; Pz.Pion.Btl.86 und Pz.Nachr.Abt.85 in Normgliederung; Felders.Btl.fehlt; bei Nachschubtruppen Kraftf. Kp.wie 4.Pz.Div., jedoch keine Betr.Stoff Kol.; zusätzl.1 Kraftf. Kp. (60 t); sonst wie Normgliederung

11.Pz.Div.: Pz.Gren.Rgt.110,111; Pz.Rgt.15; Pz.A.R.119; Nr.61; (W.K.VIII)

Pz.Rgt.15 mit Stab und I.Abt., diese z.Zt.wie II./Pz.Rgt.25 bei 7.Pz.Div.-Umrüstung auf 4 Kp.Pz.IV vorgesehen; II./Pz.Rgt.15 in der Heimat zur Umrüstung auf "Panther"; I./Pz.Gren.Rgt.110 (SPW); Pz.Aufkl.Abt.11 mit Stab, 1 le.Pz.Späh Kp., 2 Kradschtz.Kp., 1 s. Kp., 1 Kol.; Pz.Jäg.Abt.61 wie Pz.Jäg.Abt.543 bei 3.Pz.Div.; Pz. Art.Rgt.119 wie Pz.Art.Rgt.74 bei 2.Pz.Div.; Pz.Beob.Bttr.119; H.- Flakabt.277 wie H.-Flakabt.288 bei 5.Pz.Div.; Pz.Pion.Btl. 209 und Pz.Nachr.Abt.89 in Normgliederung; Felders.Btl.61 mit 5 Kp.; bei Nachschubtruppen Kraftf.Kp. wie bei 7.Pz.Div., zusätzl. 1 Kolonne; sonst Normgliederung

12.Pz.Div.: Pz.Gren.Rgt.5, 25; Pz.Rgt.29; Pz.A.R.2; Nr.2; (W.K.II)

Pz.Rgt.29 mit Stab und II.Abt., diese z.Zt.wie II./Pz.Rgt.25 bei 7.Pz.Div.; Umrüstung auf 4 Kp.Pz.IV vorgesehen; I.Abt.z.Zt.in der Heimat zur Umrüstung auf "Panther"; Pz.Gren.Rgt.ohne Fla.Kp., 1 Kp./Pz.Gren.Rgt.25 (SPW); Pz.Aufkl.Abt.12 mit Stab, 1 le.Pz. Späh Kp., 3 Kradschtz.Kp., 1 s.Kp., 1 Kol.; Pz.Jäg.Abt.2 wie Pz. Jäg.Abt.543 bei 3.Pz.Div.; Pz.Art.Rgt.2 wie Pz.Art.Rgt.76 bei 6. Pz.Div.; Pz.Beob.Bttr.2; H.-Flakabt.303 wie H.-Flakabt.288 bei 5.Pz.Div.; Pz.Pion.Btl.32 und Pz.Nachr.Abt.2 in Normgliederung; Felders.Btl.2 mit 4 Kp.; bei Nachschubtruppen Kraftf.Kp.wie bei 2.Pz.Div.; sonst in Normgliederung

13.Pz.Div.: Pz.Gren.Rgt.66, 93; Pz.Rgt.4; Pz.A.R.13; Nr.13; (W.K.XI)

Pz.Rgt.4 mit Stab und II.Abt.mit 4 Kp.Pz.IV; III./Pz.Rgt.4 z.Zt. in der Heimat zur Umrüstung auf "Panther"; I./Pz.Rgt.4 unter Umrüstung auf "Tiger" als Pz.Abt.507 zu den Heerestruppen; I./Pz. Gren.Rgt.66 (SPW); Aufkl.Abt.13 mit Stab, 1 le.Pz.Späh Kp., 1 Kp. (Sd.Kfz.251),1 Kradschtz.Kp., 1 mot.Schtz.Kp., 1 s.Kp., 1 Kol.; zusätzl.Stu.Gesch.Abt.259 von den Heerestruppen; Pz.Jäg.Abt.13 wie Pz.Jäg.Abt.37 bei 1.Pz.Div.; Pz.Art.Rgt.13 in Normgliederung; Pz.Beob.Bttr.13; H.-Flakabt.271 wie H.-Flakabt.298 bei 5.Pz.Div.; Pz.Pion.Btl.4 und Pz.Nachr.Abt.13 in Normgliederung; Felders.Btl. mit 3 Kp.; bei Nachschubtruppen 3 Kraftf.Kp. (90 t), keine Ersatzteilstaffel

14.Pz.Div.: Pz.Gren.Rgt.103,108; Pz.Rgt.36; Pz.A.R.4; Nr.4; (W.K.IV)

Pz.Rgt.mit Stab, Stabskp., I.Abt.mit 4 Kp.Pz.IV, II.Abt.mit 2 Kp. Pz.IV und 2 Kp.Stug.G.; I./Pz.Gren.Rgt.103 (SPW); Pz.Aufkl.Abt. 14 wie Pz.Aufkl.Abt.1; Pz.Jäg.Abt.fehlt z.Zt.; Pz.Art.Rgt.4 in Normgliederung; Pz.Beob.Bttr.4; H.-Flakabt.276 wie H.-Flakabt. 299 bei 1.Pz.Div.; Pz.Pion.Btl.13 wie Normgliederung; Pz.Nachr. Abt.4; bei Nachschubtruppen 8 Kraftf.Kp. (120 t); Ersatzteilstaffel fehlt; sonst in Normgliederung; Felders.Btl.fehlt

Die Normalgliederung eines Panzerregiments im Oktober 1943 betrug aufgrund der Verfügung des OKH I/ 4500 g. Kdos vom 4. 10. 1943:
Stab mit Stabskompanie; I. Abteilung mit Stab, Stabskompanie,drei bis vier Kompanien mit je 17 Kampfwagen; II. Abteilung mit Stab, Stabskompanie, vier Kompanien mit 17 - 22 Kampfwagen, teilweise ein Flamm - Panzerzug; eine Werkstattkompanie.
Die Umrüstung einzelner Abteilungen (siehe obige Aufstellung) auf P-V (»Panther«) erfolgte zur Zeit in der Heimat; die Umrüstung einzelner Abteilungen zu selbständigen Panzerabteilungen der Heerestruppe auf P-VI (»Tiger«) erfolgte ebenfalls in der Heimat.
Der Bestand an Kampfwagen betrug bei einzelnen Panzerdivisionen z. B. am 20. November 1943 wie folgt (in Klammern die davon einsatzbereiten Panzer):

1. PD	=	140 (46)	13. PD	=	32 (15)
6. PD	=	38 (25)	14. PD	=	52 (37)
7. PD	=	47 (16)	23. PD	=	27 (16)
8. PD	=	66 (7)	24. PD	=	57 (34)
9. PD	=	30 (6)	25. PD	=	63 (31).

Das Endspiel

Die Panzerwaffe im letzten Kriegsjahr 1944 - 1945

Das Jahr 1943 hatte für die deutschen Waffen einen Rückschlag an allen Fronten gebracht. Die Oberste Führung des Reiches war aber gewillt, den Krieg in Europa fortzusetzen. Doch auch die Alliierten waren aufgrund ihrer Beschlüsse einig, Deutschland bis zur bedingungslosen Kapitulation niederzuringen.
Die »Rote Armee« — die dank einer totalen Mobilisation ihres Menschen- und Industriepotentials und der tatkräftigen Unterstützung durch amerikanische Waffenlieferungen — so stark geworden war, daß sie trotz aller Menschenverluste ihre Offensiven an der gesamten Ostfront fortsetzen konnte, griff im Januar 1944 vom Schwarzen Meer bis zur Ostsee an!
Die sowjetische Heeresgruppe »1. Ukrainische Front« stieß im Januar in Richtung Winniza vor, durchbrach die Front der 4. Panzerarmee und erreichte die Bahnlinie Odessa-Lemberg. Der Gegenangriff von Verbänden der 1. Panzerarmee gewann etwas Boden zurück, führte aber schließlich zur Einschließung von acht Divisionen im Raum Tscherkassy und zur Schlacht um Kirowograd. Bei diesen Kämpfen zeichneten sich 1., 3., 11., 14., 16. und 17. PD aus. Doch schon zwei Monate später war die gesamte 1. Pz.Armee (Generaloberst Hube) um Kamenez-Podolsk eingeschlossen. Es gelang allerdings dieser Armee — darunter 1., 3., 6., 11., 16., 17. und 19. PD — unter schweren Verlusten auszubrechen und Anschluß an die deutschen Truppen in Ostgalizien zu finden.
Doch wie hier im Süden die Front weit zurückwich, die Krim war geräumt worden; so standen auch die Divisionen der Heeresgruppe Mitte im schweren Abwehrkampf. Bereits im Januar 1944 tobte die Schlacht am äußersten linken Flügel um Witebsk. Die 20. PD war hieran beteiligt. Der zweite Schwerpunkt entwickelte sich in den Pripjetsümpfen. Hier wurde die Stadt Kowel eingeschlossen. Bei der Befreiung nahmen 4. und 5. PD teil, wobei die I./PR 35 als Spitzentruppe zuerst in die Stadt gelangte. Ende April 1944 beruhigte sich im Mittelabschnitt die Lage.
Die Heeresgruppe Nord wurde Anfang Januar am schwersten getroffen. 200.000 Granaten aller Kaliber zerrissen am 15. Januar die deutsche Front vor Leningrad und am Oranienbaumer Brückenkopf. Die deutschen Truppen — es befanden sich keine Panzerverbände darunter — wurden zurückgedrängt. Erst im Februar traf die 12. PD ein. Die Heeresgruppe Nord zog sich auf die »Pantherstellung« beiderseits Pleskau zurück. Bei Narwa wurde die Pz. Abt. 502 ein Prellbock im Ansturm sowjetischer Truppen. Mit Einsetzen der Frühjahrs-Schlammperiode kam auch hier der Feindangriff zum Stehen.
Die »Rote Armee« rüstete inzwischen zum letzten Schlag gegen das deutsche Ostheer. Neben der eigenen Panzerproduktion, die eine viel höhere Ausstoßzahl als die deutsche erreichte, waren bis April 1944 insgesamt 3734 Kampfwagen aus den USA

Die Panzertruppe

Verlag von E. S. Mittler & Sohn in Berlin SW 68, Kochstraße 68—71 / Erscheinungsweise: Monatlich ein Heft / Bezugspreis für das Vierteljahr RM. 1.50, für das Ausland RM. 3.— / Abbestellungen können nur bis spätestens 4 Wochen vor Beginn eines neuen Vierteljahres angenommen werden.

6. Jahrgang | Januar 1944 | 1. Heft

Inhaltsverzeichnis.

(Die Aufsätze geben nur die persönlichen Ansichten der Verfasser wieder. Durch gegensätzliche Anschauungen sollen zeitgemäße Fragen geklärt werden.)

Umschlagbild: „Tiger im Angriff“. PK.-Aufnahme Kriegsberichter Henisch (PBZ.).

Soldaten der Panzertruppen!

Wieder liegt ein Jahr härtester Kämpfe hinter uns. Mit beispielhafter Tapferkeit habt Ihr gegen eine vielfache Übermacht gekämpft und dem Gegner schwerste Verluste zugefügt. Den feindlichen Materialmassen habt Ihr Euren harten Willen entgegengestellt und alle, oft unlösbar erscheinenden Aufgaben mit starker Hand gemeistert.

Wie die Panzertruppen in den vergangenen Jahren als Stoßkeile an llen Fronten vorwärts stürmten, so sind sie jetzt als stärkste Waffe der Wehrmacht das Rückgrat der Abwehr geworden. Mit gleicher Hingabe und Verantwortungsfreudigkeit haben alle Soldaten der Panzertruppen des Ersatzheeres ihre Aufgabe auf dem Gebiet der Ausbildung und Organisation unter oft schwierigen Voraussetzungen gelöst und die Front gestärkt.

Unser aller Dank gilt dem deutschen Arbeiter, der mit unerhörtem Fleiß und Zähigkeit trotz Luftterrors unsere starken Waffen geschmiedet hat, die gut zu führen für uns Soldaten Verpflichtung ist.

Soldaten der Panzertruppen!

Dieser größte und härteste aller Kriege nähert sich seinem Höhepunkt. Einig im Vertrauen auf den Führer und im Glauben an den Endsieg wollen wir in der Stunde der Entscheidung uns der Größe unserer Zeit und unserer eigenen Vergangenheit würdig erweisen.

Es lebe der Führer!

H.Qu., den 1. Januar 1944. Guderian.

und 4292 aus Großbritannien zugeführt worden. Diese alliierte Unterstützung belief sich bis April 1945 auf insgesamt 13.000 Kampfwagen, die mit dem roten Stern versehen wurden.
Es war am 22. Juni 1944 — genau drei Jahre nach Feldzugsbeginn — als kurz nach Mitternacht die »Rote Armee« mit vier Gardearmeen, 16 Armeen und zwei Panzerarmeen mit insgesamt 166 Divisionen gegen die Heeresgruppe Mitte (vier Armeen mit 29 Infanterie-, vier Panzergrenadier-, eine Sturm- und zwei Luftwaffen-Felddivisionen — keine Panzerdivision stand in der Front) angriffen. Als die 5. PD mit der Pz. Abt. 505 am 28. Juni die Lücke zwischen 3. Panzer- und 4. Armee schließen sollte, war es bereits zu spät. Die deutsche Front war überall durchbrochen.
Feldmarschall Model, der neue Oberbefehlshaber der Heeresgruppe, karrte 4., 5. und 7. PD bis Moledetschno heran, die zum erstenmal Anfang Juli den sowjetischen Angriffsschwung zum Stehen brachten. Die 12. PD verstärkte später bei Wilna die Abwehrfront. Die Front der Heeresgruppe Mitte kam zum Stehen. In der ersten Augustwoche gab es nach langer Zeit den ersten Erfolg wieder für die deutschen Waffen, als 4. und 19. PD um Wolimin, nördlich Warschau, das III. russische Panzerkorps einschlossen.

Ein »Tiger«-Panzer überholt einen Einsatztrupp der Infanterie im Kampfraum Moledetschno, 28.7.1944.

Die Front im Osten stabilisierte sich Ende September/Anfang Oktober 1944. Im Norden erreichte sie — nachdem die Heeresgruppe Nord, später Kurland, nördlich Memel von der übrigen Front getrennt worden war — die ostpreußische Grenze. Ein Durchbruch der Sowjets nördlich der Romintener Heide konnte von 5. PD verhindert werden. Die übrigen Panzerdivisionen der Heeresgruppe Mitte standen (von links nach rechts): 6. PD ostwärts Zichenau, 17. und 16. PD ostwärts Kielce und 24. PD ostwärts Krakau.

Einer der letzten einsatzbereiten, doppelrumpfigen Nahaufklärer wirft am 15.9.1944 einem P-IV der 5. PD eine Meldung zu.

In Ostpreußen blieben hinter der Hauptkampflinie als Eingreifreserven — vom Landser »Feuerwehr« genannt — zurück: 20. PD bei Tilsit, 5. und 7. PD zwischen Lötzen und Ortelsburg, 3. und 6. PD im Raum Proszkowo.
Als die Heeresgruppe Nord von der übrigen Front durch die russischen Panzerkräfte zwischen Memel und Libau abgetrennt wurde, verblieben im Abschnitt Kurland bis zum Waffenstillstand 1945 die 12. und 14. PD zurück. Die gleichfalls hier stehende 4. PD wurde aus Kurland abtransportiert und kam ab Januar 1945 in Westpreußen zum Einsatz.
Die Kriegslage hatte sich bis Jahresende an allen Fronten schlagartig zu Ungunsten der deutschen Wehrmacht verändert. Ein grober Einschnitt erfolgte in der höheren Führung durch das am 20. Juli 1944 erfolgte Attentat im Führerhauptquartier »Wolfsschanze«. Der Generalinspekteur der Panzertruppen, Generaloberst Guderian, wurde schon am nächsten Tag als Chef des Generalstabes des OKH berufen. Sein Nachfolger wurde der soeben von einer Verwundung im Westen genesene General d. Panzertruppe Freiherr Geyr von Schweppenburg, der zur selben Zeit wie Guderian Anfang der 30er Jahre ein Vordenker zur Organisation der Panzerwaffe war.
Im Sommer 1944 erfolgte die Aufstellung von selbständigen Panzerbrigaden, die allerdings infolge der Kriegslage nach und nach in bereits bestehende Divisionen eingegliedert wurden. So entstanden die Pz.Brig. 101-113. Ihre Eingliederung erfolgte je nach Bedarf. So trat später die Pz.Brig. 105 zur 9. PD, die Pz.Brig. 111 zur 11. PD, die Pz.Brig. 112 zur 25. Pz.Gren.Div., um nur einige als Beispiel anzuführen.

Die Gliederung einer Panzerbrigade ergab das Bild:

Stab mit Stabskompanie,
Panzerabteilung mit Stab und vier Kompanien zu je 17 Kampfwagen P-IV oder P-V,
Panzergrenadierbataillon mit Stab, 4 Kompanien,
Pz.Pionier-Komp., Werkstattzug, Kfz-Kolonne.

Eine Verfügung des OKH ordnete im Sommer 1944 folgende personelle Aufgliederung eines normalen Panzerregiments an:

Einheit:	Offz.	Beamte	Unteroffz.	Mannsch.
Stab mit Stabskomp.	8		63	105
je Komp.	3 - 5	2	51 - 59	123 - 211
Werkstatt-Komp.	3	3	39	185

Demnach umfaßte ein Panzerregiment an Sollstärke: 59 Offiziere, 7 Beamte, 750 Unteroffiziere, 1190 Mannschaften und 72 Hilfswillige, sogenannte »Hiwis« (russische Freiwillige). Der Bestand an Kampfwagen belief sich auf 86 P-IV, 73 P-V, 9 Pz.Bef. Wag. P-IV und P-V und 2 Berge-Pz. P-III.
Der Gesamtbestand an Kampfwagen im deutschen Heer betrug z.B.: 1.7.1943 = 3452, 1.3.1944 = 5013 und am 1.6.1944 = 5481.
Die bisherige Gesamtproduktion an Panzern belief sich 1941 auf die Zahl von 2055 Exemplaren, 1942 die von 4093, 1943 von 5255 und 1944 6656 Stück. Die Produktion in verschiedenen Monaten des Jahres 1944 betrug:

Januar	= 657,	April	= 638,	Oktober	= 462,
Februar	= 590,	Mai	= 706,	November	= 650,
März	= 804,	Juni	= 740,	Dezember	= 696.

Die Fertigung erreichte trotz anhaltender alliierter Luftangriffe auf die Industriewerke 1944/45 die höchsten Zahlen. Erst ab Februar 1945 wurden einige wichtige Werksanlagen durch Bomben vernichtet. Danach wurde die Herstellung an Kampfwagen gedrosselt, um die leichter und schneller zu bauenden Sturmgeschütze, Pak-Selbstfahrlafetten und Geschütz-Selbstfahrlafetten zu bauen, die nach und nach verstärkt in die Panzerdivisionen eingestellt wurden.
Die Höchstzahl der Herstellung des P-V (»Panther«) war im Juli 1944 erfolgt, als 380 Stück der Truppe zugeführt werden konnten. Die Firmen MAN, Daimler-Benz und Henschel waren hieran beteiligt.
Zwecks Vereinfachung der Produktion und des Ersatzteilwesens wurde der »Tiger II« konstruiert, der unter dem Namen »Königstiger« Anfang 1944 bei der Firma Henschel in Serie ging. Der »Königstiger« war dem P-V ähnlich, aber viel schwerer. Die Gewichtszunahme sowie die Verwendung der neuen 8,8-cm KwK 43 bedingte ein anderes Laufwerk sowie eine neue Form des Turms. So wurden die ersten 50 Fahrzeuge mit dem kleineren Turm des P-VI (I) versehen, ab dem 51. Kampfwagen erfolgte der Einbau des von Krupp entwickelten sogenannten zylindrischen Turms.
Der »Königstiger« zeigte eine Länge von 7,30 m ohne und 8,20 m mit Rohr der 8,8-cm KwK 43 L/41 mit Mündungsbremse. Die Breite maß 3,75 m, die Höhe 3,10 m. Das Gewicht betrug 68 to. Ein 700-PS-Motor erzeugte eine Geschwindigkeit von 40 km/h. Die

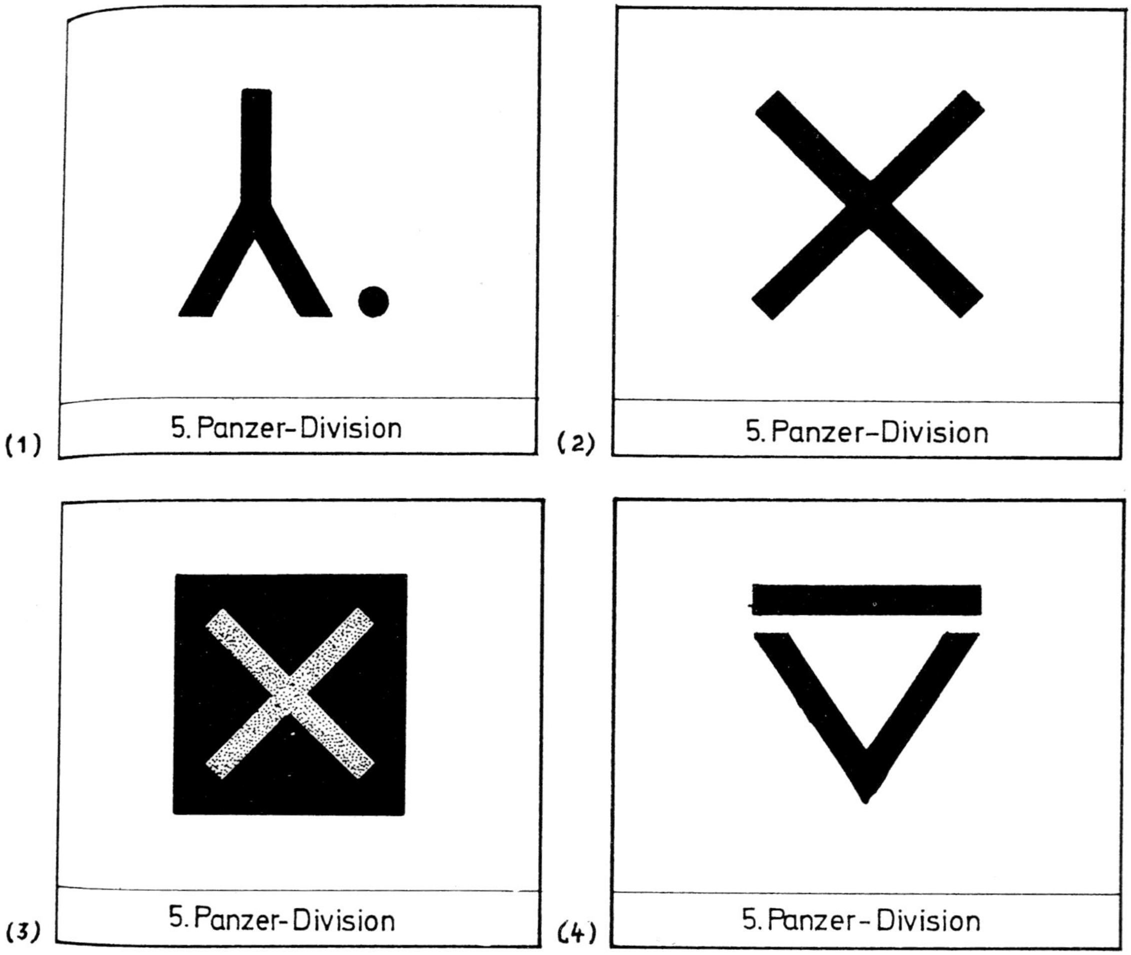

Verschiedene Truppenkennzeichen einer Panzerdivision im Lauf des Krieges. (1) Frankreichfeldzug 1940. (2) und (3) Kennzeichen im Ostfeldzug 1941-45. (4) Tarn-Kennzeichen während des »Unternehmens Zitadelle«.

Panzerregimenter führten bei besonderen Angriffsunternehmen gleichfalls Tarn-Kennzeichen. Links: Schlacht um Charkow 1942, rechts: »Unternehmen Zitadelle« 1943.

Die Produktion der »Panther« lief im Sommer 1944 im Großserienbau an. Das Bild zeigt eine Montagehalle der Firma MAN am 1.9.1944.

Ein Transport »Panther« wird am 18.8.1944 auf der Fahrt zur Front verladen.

Der »Königstiger« — P-VI/II —, beste Ausführung der deutschen Kampfwagen, betrat zu spät den Kriegsschauplatz. (Bild vom 13.1.1945.)

Panzerung betrug an Front 150 mm, an den Seiten 80 mm. Der Kampfwagen besaß abgerundete schräge Flächen, hatte ein Fünf-Räder-Laufwerk und erreichte damit eine gute Geländegängigkeit.
Der erste Kriegseinsatz der »Königstiger«-Abteilungen ließ nicht lange auf sich warten. Diesmal war wieder Frankreich Kriegsschauplatz geworden. Die deutsche Führung erwartete zwar schon lange die sogenannte »Zweite Front« der Alliierten im Westen, doch glaubte das OKW, daß eine feindliche Landung an der Kanalküste stattfinden würde und hatte hier den Schwerpunkt der Verteidigung eingerichtet; die übrigen Küstenstriche sollten durch die Bauten des »Atlantikwalls« abgedeckt werden.
Panzertruppen waren hier in Frankreich und Belgien nur stationiert, um aufgefrischt oder neu zusammengestellt zu werden. Erst mit dem Frühjahr 1944 bezogen Panzerdivisionen eigene feste Unterkünfte im besetzten Westgebiet.

Der Bestand an Kampfwagen im besetzten Frankreich betrug z. B. 1944:

Tag	P-III	P-IV	P-V	P-VI
31.1.	98	410	180	64
29.2.	99	587	290	63
31.3.	99	527	323	45
30.4.	114	674	514	101
10.6.	39	748	663	102

Stoffgliederung	**Geheime Kommandosache!**	Blatt
21	**Tiger II (VK 4503) Ausf. B** 8,8 cm 43 L/71 (Sd.Kfz.182) (als Gerät 571 auch Pz Bef Wg. Tiger Ausf B)	G 331

Dringl.-St.: DE

Technische Daten:

Gesamtgewicht des Fahrzeuges (Gefechtsgewicht) 68 t

Motor HL 230 P30 600+)-700++) PS bei 2500+) bezw. 3000++) U/min

Höchstgeschwindigkeit 34,6+); 41,5++) km/Std. +) bei 2500 U/Min, ++) bei 3000 U/Min

Mitgeführte Kraftstoffmenge 860 l (einschl. Reservetank)

Fahrbereich mit einer Kraftstoff-Füllung:

Straße ~170 km; mittl. Gelände ~ 120 km

Grabenüberschreitfähigkeit ~ 2,5 m, Steigvermögen +35° - 35°

Watfähigkeit 1,75 m Kletterfähigkeit 0,85

Besatzung 5 Mann Spez. Bodendruck 1,03 Kg/cm²

Bodenfreiheit 0,485 m

Länge 10286 mm, Breite 3625 mm / 3755 " m. Schürzen

Höhe mit Aufbau 3075 mm

Bordmunition ~ 72 Schuß KwK; 5850 Schuß MG; 192 Schuß MP

Bestückung: a) Turmwaffen = 8,8 cm KwK 43 L/71 + 1 MG 34

b) Bugwaffen 1 MG 34 i. Kugelblende

c) 1 MP

Abfeuerung KwK elktr. MG i. Turm (mech.); MG i Kugelblende (Handabzug)

Optisches Gerät: a) Turmoptik TZF 9 b/1 (binocular); später monocular TZF 9 d

b) Kugeloptik KZF 2

c) Fahreroptik Prismeneinsätze

d) Pz.Führerkuppel Prismenspiegel (auch bei Ladeschützen)

Funkgerät (normale Ausstattung) Fu 5 + Fu 2; (f. Pz.Bef.Wg. Tiger B Sonderausstattung)

Panzerung: Front 150 mm Seite 80 mm

Bug 100 "

Turm 180 " (Front) Dach 40 mm

80 " (Seite

Kette 46+46 Glieder, Kettengewicht 3350 kg

Rohstoffbedarf: (o. Waffe)	Eisen unleg. 44009,- kg leg. 75789,- " Eisen gesamt 119.798,- "	dav. Grob u. Mi. Bl. 62976,- kg Feinblech 2248,- " Fertiggew. (einschl. Waffe) 68000,- kg

Preis RM	Durchschn. Fertigungszeit Monate	Arbeitsstunden

Fertigungsfirmen:

Montage: Henschel, Kassel; Wegmann, Kassel

Fahrgestell: Henschel, Kassel

Panzerung: Skoda, Pilsen; Dortm Hoerd-Hütt-Verein, Dortmund; Krupp, Essen

Die Steigerung kam daher, daß jetzt vier Panzerdivisionen — 2., 9., 11. und 21. — im Land lagen und zwei neue Divisionen aufgestellt wurden. Hierbei handelte es sich um die Pz. Lehr-D, die im Raum Nancy-Verdun sich bildete und deren Stab sich aus dem Kommandostab der Schule für Schnelle Truppen (Krampnitz) zusammensetzte. Das Pz.Lehr-R. 130, das ihr unterstand, war aus Stab und I./Pz. Lehr-Rgt. sowie eine neuaufgestellte »Tiger«-Abt. entstanden. Die Division wurde zwar im April nach Ungarn verlegt, kehrte aber bereits im Mai nach Paris zurück und bezog hier als Reserve des OKW Bereitstellung.

Die schweren Kampfwagen (Tiger I) des Pz.Lehr-R. 130 auf dem Marsch im Raum Nancy.

Die zweite PD, die neu entstand, war die 116. PD, die aus den Resten der in Rußland zerschlagenen 16. Pz.Gren.Div. und aus Teilen der 179. Res. PD (Wehrkreis Hamburg) gebildet wurde. Das ihr unterstellte PR 16 setzte sich aus Stab Pz.Gren.Rgt. 68, der Pz.Abt.116 und der Res.Pz.Abt. 1 zusammen. Die Umgliederung der Division war noch im Gange, als die Invasion begann.
Ferner befanden sich im Frühjahr 1944 in Belgien und Frankreich die selbständigen Pz.Brig. 105, 106, 111, 112 und 113. Allerdings stand von diesen Panzertruppen nur die 21. PD in der Normandie; dort, wo die alliierte Landung am 6. Juni 1944 begann.
Die Truppenverbände unterstanden dem Befehlshaber der Panzergruppe West. (Aus diesem Stab wurde am 27. Juli 1944 das Oberkommando der 5. Pz.Armee gebildet.) Die Anschauungen des Befehlshabers der Pz.Gruppe West, General d. Pz.Truppe Freiherr Geyr von Schweppenburg, klaffte von den Anschauungen des Oberbefehlshabers der Heeresgruppe B (höchste Befehlsstelle in Nordwestfrankreich), Feldmarschall Rommel, weit auseinander. Während der Feldmarschall die Panzerverbände dicht an der Küste aufgestellt wissen wollte — er fürchtete die alliierte Luftüberlegen-

heit im Hinterland — wollte der Befehlshaber seine Truppen gerade im Hinterland aufstellen, um dann diese an der gefährdetsten Stelle zum Gegenschlag angreifen zu lassen.
Die Alliierten ließen keine Zeit zu weiteren Überlegungen. Sie landeten unter dem Feuerschutz schwerer Schiffseinheiten und unter laufenden Luftangriffen in den ersten Stunden des 6. Juni 1944 in der Normandie. Trotz verzweifelter Gegenwehr der Verteidiger standen die Alliierten am Abend auf dem Festland. Ein Gegenangriff des PR 22 (21. PD) drang zwar bis zur Kanalküste durch, zersprengte die gelandeten Feindkräfte; doch am Abend war alle Kraft erlahmt.
Die frühzeitig am Morgen alarmierte Pz.Lehr-Div. verlor auf dem Anmarsch zur Küste bereits 1/3 ihrer Kampfwagen durch Luftangriffe. Bei Bayeux wurde sie vom Gegner trotz tapferen Einsatzes der II./PR 130 endgültig gestoppt. Am dritten Schlachttag traf von der Somme kommend die 2. PD ein und stemmte sich bei Villers-Bocage den vorrückenden Feindkräften entgegen.

Tiger I auf dem Übungsplatz.

Wie schwer der Kampf war, mußte die neueste deutsche PD — Pz. Lehr-Div. — am eigenen Leib erfahren. Die Division hatte bereits bis zum 19. Juni 123 Kampfwagen verloren und am 6. Juli besaß sie überhaupt keinen Panzer mehr!
Die erste »Königstiger«-Abteilung, die Pz.Brig. 503 »Feldherrnhalle«, traf am 17. Juni (als erste dieser Abteilungen) im Kampfgebiet ein und verlor bis Anfang August bereits alle ihrer schweren Kampfwagen. Das OKW verlegte aufgrund der schweren Verluste Ende Juli die 9. PD aus dem Raum Nimes nach Alençon.

Jetzt stand allein in Südfrankreich nur noch die 11. PD. Sie war die einzige motorisierte Division, die ab 18. August 1944 den Kampf mit den gelandeten französischen und amerikanischen Panzerverbänden in Südfrankreich und später auf dem Rückzug im Rhônetal aufnehmen mußte.
Die im Norden eingesetzten Panzerdivisionen wurden nach dem alliierten Durchbruch bei Avranches mit der gesamten 7. deutschen Armee im Kessel von Falaise eingeschlossen. Beim Ausbruch der Kampfgruppen aus dem Kessel bildeten die drei Divisionen die Nachhut. Die 2. PD, hier vor allem das PR 3, hielt bei Chambois allein 24 Stunden lang die Ausbruchstelle offen. Der Vormarsch der Alliierten nach Osten ging weiter. Bei der Verteidigung von Paris selbst verwehrte die 9. PD tagelang den Amerikanern den Übergang über die Marne im Raum Meaux. In Paris nahm eine aus Beute- und Schulkampfwagen zusammengestellte Pz. Kompanie mit Namen »Paris« an den Kämpfen in den westlichen Vororten teil.
Ende August 1944 standen die Alliierten vor der Westgrenze des Deutschen Reiches. Die 11. PD sperrte im Voralpengebiet die Straßen nach Lyon — und Anfang September kam es bereits im Gebiet um Aachen zu ersten schweren Kämpfen. Hier zeichneten sich 116. PD und Pz. Brig. 165 besonders aus. Als dann amerikanische und britische Fallschirmjäger im Rücken der Verteidiger um Arnheim absprangen, wurden sofort Kampfgruppen der 116. PD, der Pz. Brig. 108 und der neu eingetroffenen »Königstiger«-Abt. 506 zum Gegenangriff angesetzt.

Ein »Panther« in der Normandie.

Ein »Tiger I« auf dem Weg zur Front in einer mittelfranzösischen Stadt.

Im Zuge der folgenden Kampfhandlungen zogen sich 116. PD in den Hürtgenwald zurück. Die 9. PD kämpfte um Geilenkirchen und die 11. PD stand nördlich Trier an der Grenze.

Nachdem sich die von der Kanalküste kommenden Feindverbände mit den von der Mittelmeerküste herangekommenen Divisionen vereinigten, entbrannte die Schlacht um Elsaß-Lothringen. Hier standen Mitte September 1944 von links nach rechts: 11. PD und Pz. Brig. 113 südlich Belfort, 21. PD westlich Epinal, Pz. Brig. 112 nördlich Epinal, Pz. Brig. 111 im Anmarsch auf Epinal und Pz. Brig. 106 südlich St. Avold.

In den nächsten beiden Monaten begann sich die Frontlage zu stabilisieren und das OKW plante bereits den Gegenangriff, der später unter dem Namen »Ardennenoffensive« in die Kriegsgeschichte einging. So wurden alle gepanzerten und motorisierten Kräfte aus der Front gezogen, um im Hinterland mit Personal, Waffen und Gerät aufgefrischt zu werden. An der gesamten Front blieben bis November nur (von rechts nach links) 116., 9., 21., 11. PD, Pz. Lehr-Div., Pz. Brig. 106 stehen.

Das OKH hatte am 6. September 1944 ein neues Pz. Armee-Oberkommando 6 gebildet, das im Schwerpunkt der geplanten Offensive führen sollte. Hierbei handelte es sich um eine Kommandobehörde der Waffen-SS, deren Führung Generaloberst der Waffen-SS Dietrich, im 1. Weltkrieg Feldwebel der Kampfwagentruppe, übernahm.

Die Ardennenoffensive
Die Entwicklung bis zum 24. Dezember

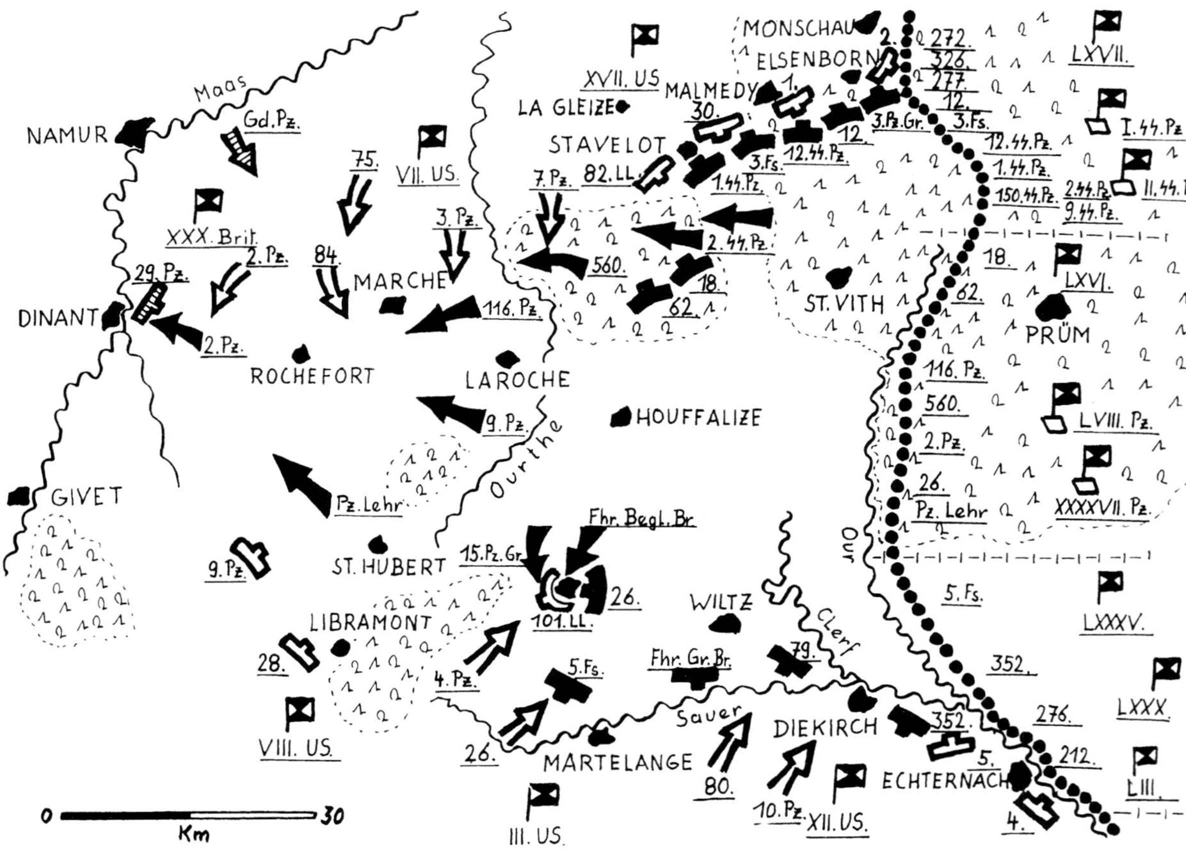

Korps (deutsche und alliierte)

Deutsche Ausgangsstellung am 16. Dezember

Die Stellung der Divisionen am 24.12.

Angriff bzw. Marsch	Verteidigung
Deutsche	Deutsche
Amerikaner	Amerikaner
Briten	Briten

Die deutsche Führung hatte sich für die geplante Offensive ein weites Ziel gesteckt. Die Truppen von drei Armeen sollten in einem Überraschungsmoment die alliierte Front an der Eifel durchstoßen und in einem kühnen Anlauf über die Maas bis Antwerpen vordringen. Ziel war das Auseinanderreißen der amerikanischen und kanadisch-britischen Kräfte sowie die Unterbindung jeglichen Nachschubs zum europäischen Festland. Das neue Oberkommando der 6. Pz. Armee führte im Schwerpunkt rechts zwei SS-Panzerkorps mit vier der gut ausgerüsteten SS-Panzerdivisionen. Die 5. Pz. Armee war gleichfalls mit zwei Panzerkorps des Heeres — XXXXVII. und LVIII. — und drei Panzerdivisionen (Pz. Lehr-, 2. und 116. PD) aufmarschiert, während die 7. Armee mit nur fünf Infanterie-Divisionen die Flanke zu sichern hatte.
Der am 16. Dezember 1944 begonnene Angriff entwickelte sich nach ersten Angriffserfolgen nur mühsam, nachdem am dritten Schlachttag die alliierte Luftwaffe in massiven Einsätzen die deutschen Truppen zum Stehen bringen konnte. Zwar gelang es den Panzerdivisionen — denen die 9. PD nachgeschoben wurde — die Ourthe zu überwinden.

P-V der 2. PD rollen Dinant entgegen, 23.12.1944.

Dabei kam die 2. PD, genau wie 1941 vor Moskau, am weitesten voran und stand am »Heiligen Abend« 1944 nur noch 5 km vor Dinant; dann aber schlugen die Alliierten zurück.
Damit hatten sich die Alliierten den Weg ins Rhein- und Ruhrgebiet freigekämpft!
Das Jahr 1944 hatte wiederum einige Veränderungen in der Struktur der Panzertruppe gebracht. So war u.a. aus der bisherigen Pz.Komp. »Rhodos« eine Pz. Abt. »Rhodos« aus Stab mit drei Kompanien entstanden, die bis Kriegsende auf der Insel blieb. Eine kurze Geschichte erlebte die im Februar 1944 in München gebildete Pz. Abt. »Nord«, die zur Heeresgruppe Nord verlegt werden sollte, aber schon nach vier Wochen aufgelöst wurde. Die bisherige PD »Norwegen« gab im August das Stammpersonal zur Neuaufstellung der 25. PD auf dem Truppenübungsplatz Wildflecken/Rhön ab. Diese Division verlegte sofort an die Ostfront und kam bei Warschau zum Einsatz. Dafür entstand in Norwegen eine neue Pz.Abt. »Norwegen«, die der am 13. Juli 1944 gebildeten Pz.Brig. »Norwegen« (nur eine Pz.Abt. und ein Pz. Gren.Btl. stark) unterstellt wurde.

25. Panzer-Division*

Aufstellung Anfang 1942

aus Besatzungstruppen in Norwegen

1943	
	West
September	Auffüllung in Nordfrankreich (Somme-Mündung)
Oktober	Verlegung zum Südabschnitt der Ostfront
	Ost
	1. Einsatz:
Oktober—Dezember	Verlustreiche Kämpfe im Raum Kiew-Fastow-Shitomir
	Abwehrkämpfe im Raum Bjelaja Zerkow
Dezember bis	
1944	
März	Rückzugskämpfe über Pawolotsch, Rushin bis Kalinowka
	Verlustreiche Abwehrkämpfe im Raum Berditschew-Kalinowka-Winniza
	Auflösung der dezimierten Division
	Reste auf andere Einheiten verteilt
	West
August	Neuaufstellung auf dem Tr.Üb.Pl. Wildflecken/Rhön
	(Stammpersonal aus Dänemark und Norwegen)
	Verlegung an die Weichselfront
	Ost
	2. Einsatz:
September	Einsatz in Warschau
Oktober	Verlustreiche Kämpfe am Narew-Brückenkopf, Raum Serock-Nasielsk, Ciechanow-Rozan
November—Dezember	E-Transport in den Raum Radom
	Verlustreiche Kämpfe am Warka-Brückenkopf südlich Warschau (Weichselbogen)
1945	
Januar	Ausbruch aus dem Kessel über Radom-Bialobrzegi, die Pilica, Nowe Miasto in den Raum Lodz
Februar—März	E-Transport nach Pommern
	Einsatz im Raum Stettin
April—Mai	E-Transport nach Wien
	Abwehrkämpfe bei Poysdorf und Laa an der Thaja
	Panzerschlacht bei Mistelbach-Zistersdorf
	Kapitulation
	Amerikanische Gefangenschaft
	Teilweise Übergabe an die Russen im Raum Budweis, teilweise Entlassung in die Heimat

Weitere Großverbände entstanden im September/Oktober 1944. So u.a. die Pz.Brig. 101, die zur Heeresgruppe Nord verlegte. Im Oktober wurde sie zur Auffrischung der in Rumänien zerschlagenen 20. PD verwandt und in PR 21 umbenannt. Eine weitere Division entstand im August 1944 aus Truppen des Ersatzheeres: PD »Tatra«. Das war eine Panzerdivision nur dem Namen nach, da sie lediglich über eine Pz. Kompanie (gebildet aus der Pz.Ausb.- und Ersatz-Abt. 4) verfügte. Auch als diese Division dann im Februar in 232. PD des Feldheeres umbenannt wurde, erhielt sie keine weitere Pz. Kompanie. Die Division wurde im März 1945 an der Raab zerschlagen.
Das OKH bildete im September und November zwei neue Generalkommandos der Panzertruppen: Panzerkorps »Großdeutschland« und Panzerkorps »Feldherrnhalle«. Diese Generalkommandos erhielten zu ihren Korpstruppen jeweils eine schwere Pz. Abt. (Pz.Abt. »GD« und Pz.Abt. »FHH«). Beide Korps wurden an der Ostfront eingesetzt. Die gleichfalls neugeschaffene Pz.Gren.Div. »Brandenburg«, die aus der Sondertruppe der deutschen Abwehr entstand, erhielt dagegen ein eigenes PR »Brandenburg« unterstellt.

Anlage zu
H. Dv. 469/3b

Nur für den Dienstgebrauch!

Nicht in Feindeshand fallen lassen!

Panzer-Beschußtafel

(Abwehr schwer zu bekämpfender Panzerfahrzeuge)

8,8 cm KwK 36

Stand: 15. 2. 43

B 7

Die bisherigen Pz. Brigaden und selbständigen Pz. Abteilungen wurden jetzt in verschiedene Divisionen eingegliedert, da sie — oft auf sich allein gestellt — nicht den erhofften Erfolg brachten. So wurden 1944 vorerst aus den selbständigen Pz. Abt. vorerst Pz. Brigaden gebildet, z.B.:

Pz. Abt. 2101 wurde Pz. Brig. 101
Pz. Abt. 2102 wurde Pz. Brig. 102
Pz. Abt. 2103 wurde Pz. Brig. 103 usw. bis Pz. Abt. 2113.

Die Pz. Brigaden wurden dann (ab Spätherbst) in verschiedene Divisionen überführt, z.B.:

Pz. Brig. 108 zur 116. PD,
Pz. Brig. 116 zur 16. Pz. Gren. Div.,
Pz. Brig. 125 zur 25. Pz. Gren. Div.,
Pz. Brig. 190 zur 90. Pz. Gren. Div. usw.

Die Pz. Brig. 109 wurde zur Aufstellung der PD »FHH« verwandt, die Pz. Brig. 110 zur Neuauffrischung der 13. PD.

Ferner entstanden neue Panzerregimenter, die Namen trugen, so

PR »Brandenburg« für Pz. Gren. D. »Brandenburg«,
PR »Führer-Begleit-Div.« für Division selben Namens,
PR »Führer-Grenadier-Div.« für Division selben Namens,
PR »Großdeutschland« für Division selben Namens,
PR »Kurmark« für Division selben Namens.

Die schon im Frühjahr 1944 gebildeten schweren Abteilungen mit dem neuen Kampfwagen »Königstiger« kamen sofort nach Aufstellung an die Front, wo sie teilweise selbständig kämpften. Lediglich die Pz. Abt. 503 wurde zur Bildung der ersten Pz. Abt. »FHH« herangezogen.

Der Einsatz einiger dieser Abteilungen sei kurz aufgeführt:

Pz. Abt. 501 Einsatz ab August 1944 in Polen, Dezember Umbenennung in Pz. Abt. 424 (»Tiger I«), Januar 1945 zerschlagen;
Pz. Abt. 503 Anfang Juli 1944 Einsatz bei Caen, beim Rückzug im August alle Kampfwagen verloren; später neu »FHH«;
Pz. Abt. 505 Einsatz ab September 1944 am Narew, später in Ostpreußen bis Kriegsende;
Pz. Abt. 506 Einsatz ab September 1944 bei Arnheim, später Aachen und Eifel, im März 1945 untergegangen;
Pz. Abt. 509 Einsatz Januar 1945 im Angriff auf Budapest, Rückzug über St. Pölten zur Moldau, hier Kapitulation Mai 1945.

Seit 1943 waren Versuche mit Fernlenkpanzern unternommen worden. Dabei handelte es sich um kleinste panzerähnliche Fahrzeuge (Name »Goliath«), die Minen trugen und vom Lenkpanzer (meistens P-IV) ferngesteuert bis ins Ziel fuhren. Die ersten gebildeten Abteilungen erhielten die Nummern 301, 302, 305, 311-317.

Das Kommando der Panzertruppen beim Befehlshaber des Ersatzheeres straffte 1944 die Organisation der bisherigen Pz. Ersatz- und Ausbildungsabteilungen. Der Stand dieser Ersatztruppenteile stellte sich am 10. August 1944 so dar:

Pz.Ers.- u. Ausb. Abt.	Standort	Kommandeur d. Panzertruppen	
1	Erfurt	IX	Erfurt
4	Wien	XVII	Wien
5	Neuruppin	III	Küstrin
7	Böblingen	V	Stuttgart
10	Zinten	I	Insterburg
11	Bielefeld	VI	Coesfeld
15	Sagan	VIII	Liegnitz
18	Kamenz	IV	Leisnig
33	St. Pölten	XVII	Wien
35	Bamberg	XIII	Bamberg
204	Schwetzingen	XII	Landau.

Der Einsatz der Panzertruppe im Kriegsjahr 1944 wurde oft in den Berichten des OKW gemeldet. Die Pz. Brig. 106 erschien dreimal namentlich in den Meldungen, die 5., 7. und 13. PD je zweimal.

Der Krieg war jetzt nach Deutschland gekommen. Nun wurde nicht nur der »Volkssturm« zur Verteidigung der Heimat aufgerufen, sondern aus den Resten der zerschlagenen Fronteinheiten und aus den Truppenteilen des Ersatzheeres wurden alle irgendwie verfügbaren Soldaten zu schnell improvisierten Kampfeinheiten, meistens ohne entsprechende Ausrüstung, zusammengefaßt. So entstanden auch innerhalb der Panzertruppe Regimenter, Abteilungen und Kompanien, die oft nur den Namen trugen und schon lange nicht mehr über eine entsprechende Ausrüstung an Fahrzeugen, Waffen und Gerät verfügten. Es wurden gebildet, um nur einige Einheiten aufzuzählen, u.a.:

Am	26. 1.1945	PR »Coburg«,
	31. 1.1945	PR »Kurmark«,
	1. 2.1945	Pz. Abt. »Stahnsdorf«,
	10. 2.1945	PD »Holstein« mit Pz. Abt. 44,
	20. 2.1945	PD »Schlesien« mit Pz. Abt. 303,
	20. 2.1945	PD »Jüterbog« mit Pz. Abt. »Jüterbog«,
	20. 2.1945	Pz. Verband »Stegemann«,
	8. 3.1945	PD »Müncheberg« mit Pz. Abt. »Kummersdorf«,
	20. 3.1945	PD »Feldherrnhalle 2« mit PR 4,
	28. 3.1945	Pz. Ausb. Verb. »Thüringen«,
	28. 3.1945	Pz.Ausb.Verb. »Böhmen«,
	28. 3.1945	Pz.Ausb.Verb. »Franken«,
	28. 3.1945	Pz. Ausb. Verb. »Ostsee«,
	28. 3.1945	Pz. Ausb. Verb. »Westfalen«,
	28. 3.1945	Pz. Ausb. Verb. »Donau«,
	28. 3.1945	Pz. Auffr. Verb. »Krampnitz«,
	28. 3.1945	»Führer-PR 1« und »Führer-PR 2«,
	6. 4.1945	PD »Clausewitz«,
	6. 4.1945	233. PD in Dänemark.

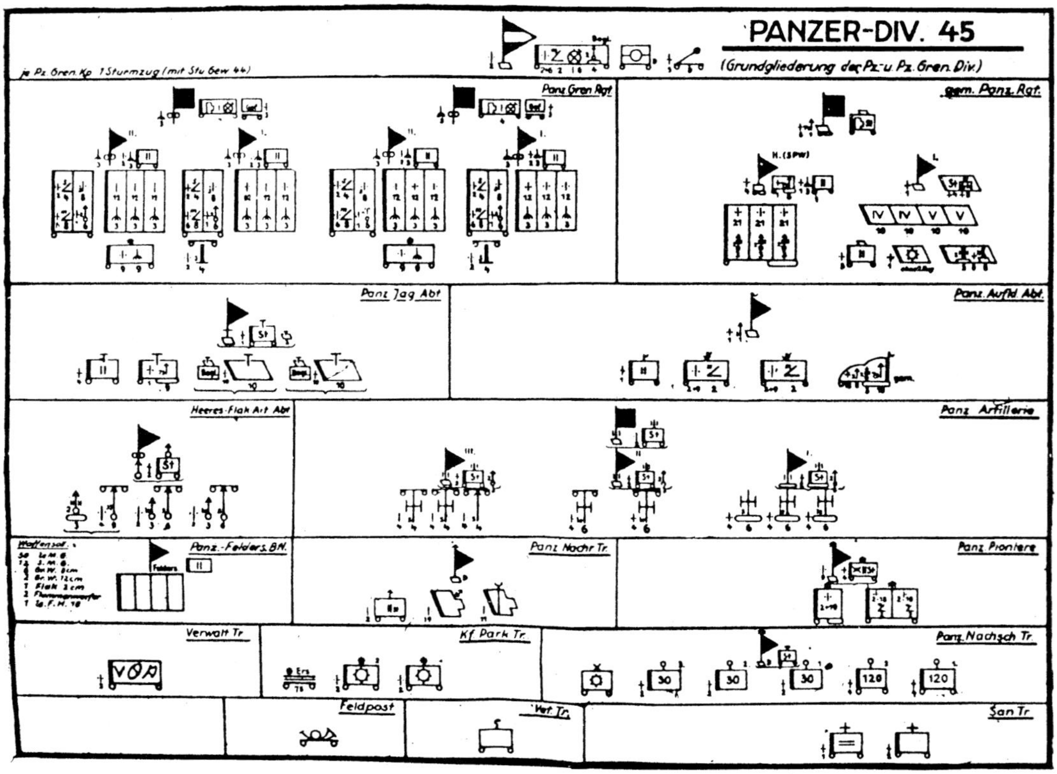

Muster-Gliederung einer Panzerdivision 1945.
Das Panzerregiment besteht aus einer Abteilung Panzer (vier Kompanien) und einem Panzergrenadierbataillon.

DIe Gliederung dieser Einheiten war natürlich nicht mehr mit einer entsprechenden Gliederung und Einsatzstärke der vergangenen Kriegsjahre zu vergleichen. Nach einer Verfügung des OKH setzte sich ein Panzerregiment des Jahres 1945 aus 1361 Offizieren, Unteroffizieren und Mannschaften zusammen, die über 129 Lkw, 121 sonstige Kraftfahrzeuge, 54 Panzer und 39 SPW (Schützenpanzerwagen) verfügten.Die Gliederung war wie folgt angeordnet:

Stab mit Stabskompanie
(6 MG, 2 P-III mit 7,5-cm-KwK)
I. Panzerabteilung:
Stab mit Stabskompanie
(13 MG)
zwei Panzerkompanien mit je zehn P-IV
zwei Panzerkompanien mit je zehn P-V
Fla-Kompanie mit zwei Zügen
(8 3,7-cm-Flak 43, 3 2-cm-Vierling, 8 MG)
Werkstattkompanie
(1 MG)

Versorgungskompanie
(3 MG)
II. SPW-Bataillon:
Stab
(4 MG)
drei Panzergrenadierkompanien mit je
drei 2-cm-Flakdrillinge, 21 MG
ein schwerer Panzerzug mit sechs P-IV
Versorgungskompanie
(1 MG, 3 schwere Panzerbüchsen).

Die Panzer-Versorgungskompanien waren bereits 1944 zur Entlastung der bisherigen Kampfkompanien aufgestellt. Es war ihre vordringlichste Aufgabe, den Kampfkompanien benötigten Betriebsstoff und Munition noch auf dem Schlachtfeld zuzuführen, um möglichst keine Bewegung nach rückwärts zuzulassen. Die bisherigen Panzer-Fla- und Panzer-Pionierzüge wurden den Stabskompanien eingegliedert.
Trotz Rückschläge an allen Fronten und andauernder schwerer Luftangriffe auf die Rüstungsbetriebe ging die Produktion an Kampfwagen weiter, wenn auch der Ausstoß immer geringer wurde. So verließen im Januar 1945 noch 473 Panzer die Produktionsstätten, im Februar waren es nur noch 378.
Die bisherigen Mißerfolge an allen Fronten bewogen Hitler nicht, militärische und politische Konsequenzen zu ziehen, sondern er »wechselte« wieder einmal Personen aus. Generaloberst Guderian — der Schöpfer der deutschen Panzerwaffe — wurde seines Postens als Chef des Generalstabes des OKH enthoben. Gleichzeitig mit ihm mußte der stets kritisch-eingestellte Generalinspekteur, General der Panzertruppe Freiherr Geyr von Schweppenburg, gehen. Letzter Generalinspekteur wurde Generalleutnant Thomale, der langjährige Vertraute und engste Mitarbeiter Guderians.

Deutschland war im Januar 1945 endgültig Kriegsgebiet geworden. Während Hunderttausende aus den Ostgebieten auf der Flucht nach Mittel- und Westdeutschland waren und die Städte Westdeutschlands durch die alliierten Bombenangriffe in Feuer und Schutt versanken, standen entlang der Grenzen noch Soldaten im Kampf gegen die überlegenen Heere des Gegners.
Der Kampf westlich des Rheins war praktisch Mitte März 1945 beendet, als kanadische, britische, amerikanische und französische Kräfte das Westufer besetzten und Teile der 1. US-Armee bei Remagen über den Fluß gingen. Die Stellung der Panzerdivisionen ergab von Nord nach Süd Anfang des Monats folgendes Bild: Bei der Heeresgruppe H im holländischen Raum fochten Pz. Brig. 106 und 116. PD, bei der Heeresgruppe B am Mittelrhein kämpften Pz. Lehr-Div., 2., 9. und 11. PD, während bei der Heeresgruppe G in Baden nicht eine kampffähige Panzereinheit vorhanden war.
Bis Mitte März focht die 11. PD erbittert um den Reichswald bei Kleve und die 9. PD krallte sich mit den letzten Trupps in Köln fest und ging hier unter.
Anfang April rückten an der gesamten Front die alliierten Armeen über den Rhein. Dabei wurde die Heeresgruppe B des Feldmarschalls Model in dem sogenannten »Ruhr-Kessel« eingeschlossen und vernichtet. Die 116. PD fand ihr Ende bei Iserlohn, die Pz. Lehr-Div. ging kämpfend mit den letzten Fahrzeugen im Gebiet Lüdenscheid unter.
Lediglich 2. und 11. PD konnten sich im Süden der Front nach Osten zurückkämpfen. Sie erreichten fast ohne Kampfwagen thüringisches und vogtländisches Gebiet, wo sie am Tage der Kapitulation die Waffen streckten. Kurz vorher war die PD »Clausewitz« — die noch im April der soeben aufgestellten 12. Armee angehörte — bei einem Angriff mit weiteren Namensdivisionen der Infanterie im Harz untergegangen.

Eine Komp. P-IV der 11. PD auf dem Marsch durch ein niederrheinisches Dorf im März 1945.

Ein »Panther« mit aufgesessenen Grenadieren stellt sich zum Gegenstoß an einem Ortsrand eines Dorfes im Hürtgenwald bereit.

Die Division »Clausewitz« setzte sich zusammen aus Truppen der Panzerschießschule Putlos, der Pz. Ersatz-Brig. »Großdeutschland«, der 233. Res. PD, der Pz. Gren. Div. »Feldherrnhalle« und verschiedenen Schulen der Wehrkreise III (Berlin) und IV (Dresden).
Das OKH gab an der Jahreswende 1944/45 auch an der Ostfront den Krieg noch nicht verloren. Als die Ardennen-Offensive in einem Fiasko endete, wollte Hitler im Osten eine Entscheidung erzwingen. Das Pz. Armeeoberkommando 6 wurde mit den kampfkräftigsten Divisionen der Waffen-SS nach Ungarn verlegt und sollte hier mit den Panzerdivisionen des Heeres das von der »Roten Armee« eingeschlossene Budapest befreien.

»Königstiger« auf dem Marsch durch Budapest 1944.

Die 13. PD war mit verschiedenen Verbänden des Heeres und der Waffen-SS in der ungarischen Hauptstadt von der übrigen Front abgetrennt. In den folgenden Kämpfen ging sie wie alle anderen Verbände unter. Der Angriff, an dem 1., 3., 23. und 232. PD beteiligt waren, lief am 18. Januar 1945 gut an.

> »Ein Panzerraid beginnt damit, wie ihn unsere Soldaten seit den Kaukasustagen nicht mehr erlebten,« berichtete die Geschichte der 3. PD. »Die Panzer, Schützenpanzerwagen und Selbstfahrlafetten brausen ohne Aufenthalt mitten durch feindliche Truppen. Die Russen fliehen Hals über Kopf querfeldein. ...«

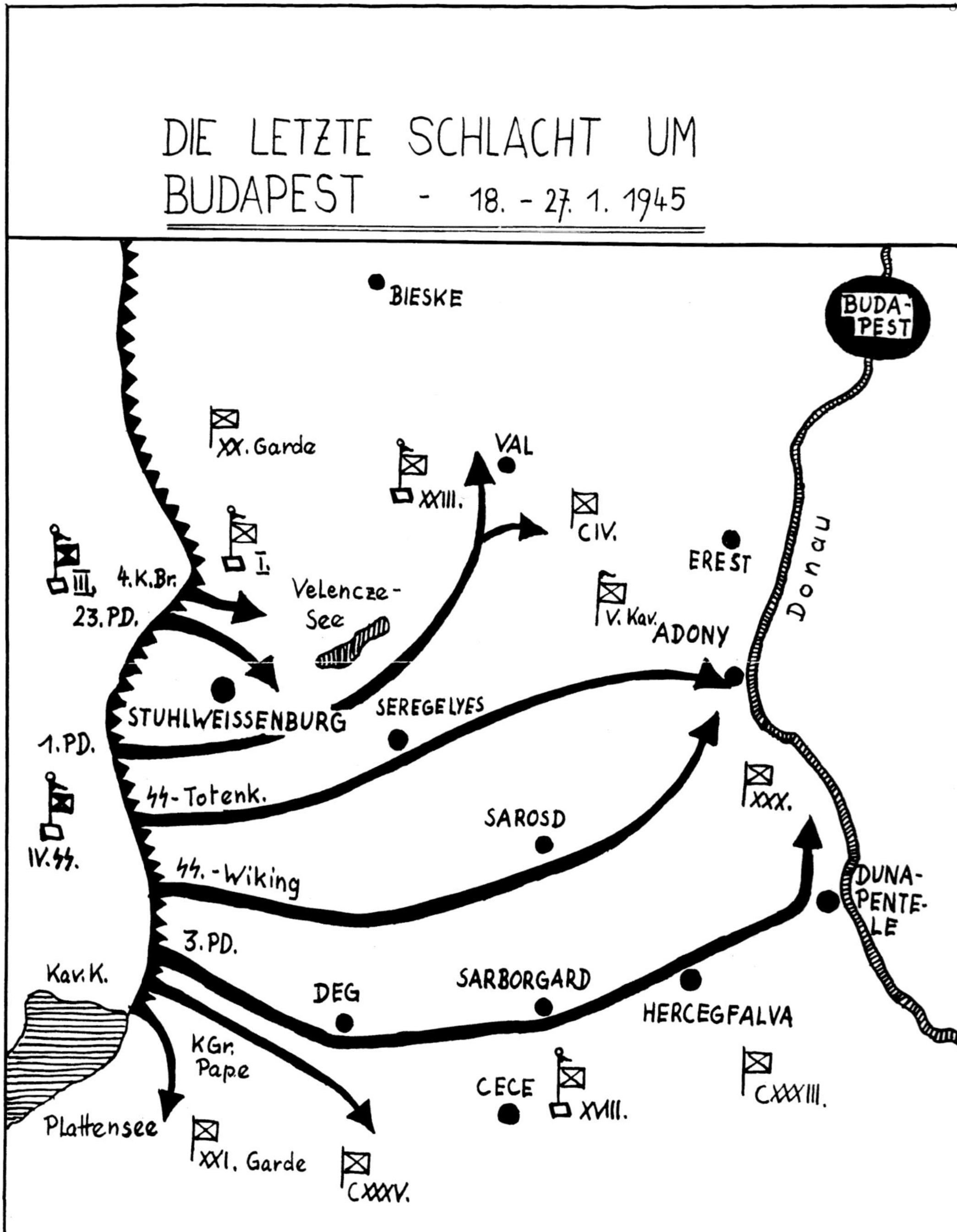

Doch nur drei Tage; dann schlug die »Rote Armee« zurück. Der Rückzug setzte im Süden der Front ein; gleichzeitig brach durch den sowjetischen Großangriff aus dem Baranow-Brückenkopf die Front der mittleren Heeresgruppe zusammen. Hier befanden sich (von rechts nach links) 8., 20. PD, Pz. Brig. 103 sowie Kampfgruppen der 19., 16., 17. PD und der 178. Res. PD im Kampf. Im Februar wurden der bedrängten Front die 21. PD aus dem Westen, die 25. PD und die neu aufgestellte PD »Jüterbog« zugeführt.

Nachdem es den sowjetischen Verbänden gelungen war, die mittlere Front aufzureißen und von Mittelpolen aus über die Weichsel und bis zur Oder durchzubrechen, waren West- und Ostpreußen praktisch vom Reich abgetrennt. In Westpreußen kämpften 7. PD und PD »Holstein«, in Ostpreußen 5. und 24. PD. Die Heeresgruppe Kurland, seit Oktober auf sich allein gestellt, verfügte noch über 12. und 14. PD; die 4. PD befand sich im Antransport zur Weichselmündung.

»Panther«-Panzer der 24. PD bringen Anfang März 1945 letzte Eingreifreserven — Infanterie und Waffen-SS — an die Front südlich Braunsberg/Ostpreußen.

Die letzten »Panther« der 4. PD mit aufgesessenen Stoßtrupps der Panzergrenadiere fahren noch Mitte März 1945 Gegenangriffe westlich Gotenhafen.

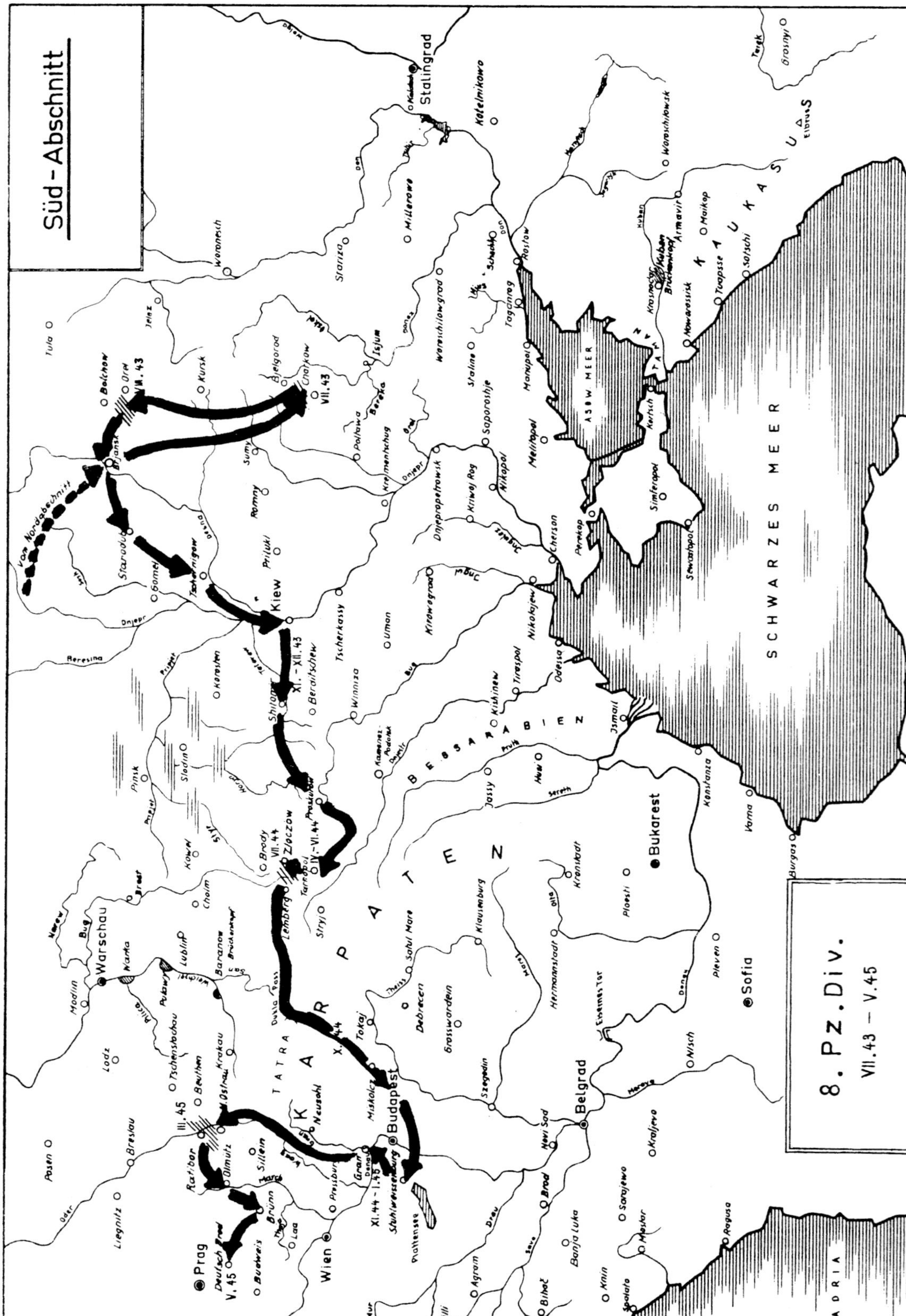
Süd-Abschnitt
8. Pz. Div.
VII.43 – V.45
SCHWARZES MEER
ASOW MEER
B E S S A R A B I E N
K A R P A T E N
K A U K A S U S
TATRA
ADRIA
Stalingrad
Kiew
Warschau
Budapest
Bukarest
Belgrad
Sofia
Wien
Prag
vom Nordabschnitt

Eine »Tiger«-Kompanie im Anmarsch durch Schlamm und Schnee in der Lausitz, Februar 1945.

Einer der letzten noch intakten deutschen Kampfwagen — ein P-V — in der eingeschlossenen schlesischen Hauptstadt Breslau, Anfang März 1945.

Die letzte erfolgreiche Schlacht spielte sich im Raum Lauban/Niederschlesien ab. Hier konnte Anfang März die 17. Armee mit dem XXXIX. Pz. Korps (dabei 19. PD) und dem LVII. Pz. Korps (dabei 8. PD und Pz. Brig. 103) das gesamte LXXXXIX. russische AK mot. einschließen. Die nachfolgende 16. PD brauchte nicht mehr in den Kampf einzugreifen.
Die letzten Kriegswochen begannen. Von den bisherigen Panzerregimentern waren jetzt höchstens nur noch Panzerabteilungen, ja Panzerkompanien, intakt geblieben. Während sich in Ostpreußen 5. und 24. PD verbluteten, stritt die 7. PD um Elbing und Danzig. Im Kampfraum um Berlin krallten sich die Männer der PD »Müncheberg« und »Kurmark« fest. Die 21. PD focht westlich von Spremberg und die 20. PD fuhr den letzten Panzerangriff der Kriegsgeschichte im Raum Bautzen. 6., 8., 16., 17. und 19. PD befanden sich in Mähren, während 1., 3., 23. und 25. PD nach Österreich zurückzogen.

Der letzte deutsche Panzerangriff — hier ein »Panther« — erfolgte am 21.4.1945, als das Pz.Korps »Großdeutschland« mit 20. PD voran Bautzen zurückeroberte und die 52. Sowjetarmee nach Nordosten zurückwarf.

Die Berichte des OKW nannnten im Jahr 1945 noch einmal: »Panther«-Abt. 1/26, schwere Pz.Abt. 509, I./PR 33, 7. PD, und der Bericht des OKW vom 26. April 1945 brachte die letzte Namensnennung von Panzerverbänden:

> »Im schlesischen Kampfraum hat das PR 27 der 17. PD in der Zeit vom 15. März bis 10. April 103 Panzer und Sturmgeschütze sowie 104 Geschütze vernichtet oder erbeutet. Diese Erfolge sind vor allem der I. Abteilung dieses Regimentes unter der Führung von Hauptmann Büchs zu verdanken.«

Der Untergangstag und -ort deutscher Panzerdivisionen:

PD Kommandeur	Kapitulationstag und -ort
Pz. Lehr- Ob. von Hauser	16.4.45 Altena/ Ruhr
FHH-1 Ob. Wolff	8.5.45 nordwestl. Brünn
FHH-2 Generalm. Bäke	8.5.45 ostw. Brünn
Müncheberg Generalm. Mummert	3.5.45 Berlin
Clausewitz Generallt. Unrein	20.4.45 im Elmgebirge
1. Generallt. Thunert	9.5.45 Liezen/ Steiermark
2. Ob. Stollbrock	7.5.45 westl. Pilsen
3. Ob. Schöne	9.5.45 Liezen/ Steiermark
4. Ob. Hoffmann	8.5.45 Weichselmündung
5. Generalm. Herzog	17.4.45 Samland
6. Generallt. Frhr. v. Werdenfels	8.5.45 westl. Brünn
7. Ob. Christern	3.5.45 Hagenow/ Mecklenburg
8. Generalm. Hax	8.5.45 Olmütz
9. Ob. Sperling	17.4.45 Iserlohn
11. Generallt. von Wietersheim	4.5.45 Furth im Wald
12. Ob. von Usedom	8.5.45 Kurland
14. Ob. Grässel	8.5.45 Libau/ Kurland
16. Ob. Treuhaupt	8.5.45 nördl. Olmütz
17. Generalm. Kretschmer	8.5.45 Mähr. Ostrau
20. Generalm. von Oppeln-Bronikowski	8.5.45 Tharandt/Sachsen
21. Generallt. Marcks	29.4.45 Königswusterhausen
23. Generallt. von Radowitz	8.5.45 Mauterndorf
24. Generalm. von Nostitz-Wallwitz	5.4.45 Frische Nehrung
25. Generalm. Audörsch	9.5.45 Moldautheinau
26. Generalm. Linnarz	3.5.45 Bozen
116. Generalm. von Waldenburg	17.4.45 Iserlohn
232. Generalm. Back	23.3.45 an der Raab
233. Generallt. Fremery	3.5.45 Südjütland.

Der Bericht des OKW vom 9. Mai 1945 lautete u.a.:

» Seit Mitternacht schweigen nun an allen Fronten die Waffen.«

Die Geschichte der Panzertruppe des Deutschen Reiches war damit zu Ende gegangen — und als genau zehn Jahre später wieder deutsche Panzer über die Straßen und Truppenübungsplätze rollten, gehörten sie zwei deutschen Staaten an...

ANLAGEN

1. Liste der Panzerregimenter, selbständigen Abteilungen und -kompanien
2. Stellenbesetzung der Panzertruppe — 3. 1.1939
3. Bestand an Panzerkampfwagen im 2. Weltkrieg
4. Oberste Kommandobehörde der Panzertruppe
5. Dienstanweisung für den Generalinspekteur...
6. Generalkommandos der Panzerkorps — 1943
7. Stellenbesetzung der Panzerdivisionen — 1942
8. Panzerbrigade-Stäbe
9. Panzertruppenschule Wünsdorf
10. Kommandeure der Panzertruppenschule/Kommandeure der Panzerschießschule
11. Auswahl von Tagesbefehlen der Panzergruppen/Armee-Oberkommandos im Jahr 1941
12. Der Einsatz der Panzerdivisionen
13. Gefechtsberichte zum Ostfeldzug 1941 — 45
14. Die Zeichen der Panzerdivisionen 1941/42
15. Deutsche Panzerkampfwagen im Ostfeldzug
16. Organisation, Gliederung und Einsatz der — nach laufender Nummer — ersten und letzten Panzerdivision
17. Panzerverbände im Partisaneneinsatz
18. Panzerwerkstatt- und Bergeeinheiten
19. Werkstattkompanien und Nachschub-Lager
20. Soll an Waffen eines Panzerregiments — 1944
21. Soll an Fahrzeugen eines Panzerregiments — 1944
22. Verluste an Panzerkampfwagen im Ostfeldzug
23. Die deutschen Kampfwagen im letzten Kriegsjahr
24. Die Träger des Eichenlaubs zum Ritterkreuz der Panzertruppe (...bis Regimentskommandeur)
25. Träger des Ritterkreuzes zum Kriegsverdienstkreuz
26. Feldzeitungen der Panzertruppe (Auswahl)
27. Generale der Panzertruppe, die den Soldatentod auf dem Schlachtfeld starben
28. Die Panzerverbände der Luftwaffe
29. Die Panzerverbände der Waffen-SS
30. Das Gesicht der deutschen Panzerkampfwagen

Liste der Panzerregimenter, selbständigen Panzerabteilungen und -kompanien

Nr.	Ersatz-Wehrkreis	Unterstellung	Bemerkungen
Lehr Rgt.		H. Tr.	
Lehr Abt.	III	H. Tr.	1940 II./Pz. Rgt. 33
Rgt. "Brandenburg"	III	Pz. Gren. Div. Brandenburg	1944/45 mit Pz. Sturm Abt.
Rgt. "Fü. Begleit Div."		Fü. Begl. Div.	vorher Abt. bei Fü. Begl. Brig.
Abt. "Fü. Gren. Div."		Fü. Grén. Div.	1945; später III./Pz. Gren. R FG
Abt./Rgt. "Feldherrnhalle"	XX	Pz. Gren. Div. FHH Pz. Korps FHH	
Rgt. "Großdeutschland" (Abt.)	III	Pz. Gren. Div. GD Pz. Korps GD	3. Abt., dav. 1 "Tiger" aus Pz. Abt. 100
Rgt. "Kurmark"	XI	Pz. Gren. Div. Kurmark	1945
Rgt. 1	IX	1 Pz. Div.	s. auch 116
Rgt. 2	IX/VI	1. Pz. Div.	
		16. Pz. Div.	ab 1941; 1943 III. (Stu. G.) Abt.
Rgt. 3	XVII	2. Pz. Div.	
Rgt. 4	XVII	2. Pz. Div.	
	XI	13. Pz. Div.	ab 1941; 1943 II. und III. Abt.; I. Abt. wird Pz. Abt. 507
Rgt. 5	III	3. Pz. Div.	bis Jan. 1941
		5. le. Div.	
		21. Pz. Div.	Mai 1943 in Tunis untergegangen
Abt. 5	X	20. Pz. Gren. Div.	1943 Stu. G.; wurde Abt. 190
Rgt. 6	III	3. Pz. Div.	1941/42 3 Abt.
Rgt. 7	V	4. Pz. Brig./H. Tr.	1939
		10. Pz. Div.	1943 untergegangen
Abt. 7	XIII	10. Pz. Gren. Div.	1943 Stu. G; wurde später Pz. Abt. 110 (?)
Rgt. 8	V	4. Pz. Brig./H. Tr.) Pz. Verb. Ostpr.)	1939
	XII	15. Pz. Div.) 10. Pz. Div. (?))	1949/1943
Abt. 8	V	25. Pz. Gren. Div.	1943 Stu. G.
9	VI	25. Pz. Div.	1942/43 aus Pz. Rgt. 202 II. sp. Pz. Abt. 2104
Abt. I./10	I	A. O. K. 3/H. Tr.	1939
Rgt. 10	I/III	8. Pz. Div.	ab 1940, zeitw. 3 Abt. unter Aufnahme der Pz. Abt. 67 und der I./Pz. Rgt. 10
Rgt. 11	VI	1. le. Div.	1941 Pz. Abt. 65 als III. Abt.
		6. Pz. Div.	
Abt. z. b. V. 12	III	H. Tr.	wurde II./Pz. Rgt. "Brandenburg" (1944)
Rgt. 15	VIII	5. Pz. Div.	bis 1941
		11. Pz. Div.	1942/43 3 Abt. III. Abt. 1943 bei 4. Pz. Div.
Rgt. 16	VI	116. Pz. Div.	aus Pz. Abt. 116
Rgt. 17	VII	17. Pz. Div. (?)	1944/45 (?); aus Pz. Rgt. 39

Rgt. 18	XI	18. Pz. Div.	zeitw. 3 Abt.; 1943 aufgelöst; I. = Pz. Abt. 160
Rgt. 21	IX	20. Pz. Div.	3 Abt.
Rgt. 22	III	21. Pz. Div.	aus Pz. Rgt. 100 (?)
Abt. I. /23	XII	2. le. Div.	1939; wurde II. /Pz. Rgt. 25
Rgt. 23	V	23. Pz. Div.	aus Pz. Rgt. 201
Rgt. 24	I	24. Pz. Div.	1942 aus Teilen der 1. Kav. Div. (R. R. 2); zeitw. 3 Abt.; Kp. hießen Schwadronen; I. zeitw. b. Pz. Lehr Div.
Stab, I. /25	XIII	2. le. Div.	1939
Rgt. 25	IX	7. Pz. Div.	1940 aus I. /Pz. Rgt. 23 und I. /Pz. Rgt. 25; zeitw. 3 Abt.
Rgt. 26	III	26. Pz. Div.	aus Pz. Rgt. 202; I. Abt. 1943 zeitw. bei 25. Pz. Div. Stab=Stab Pz. Rgt. Brandenburg
Rgt. 27	XI	19. Pz. Div.	aus Pz. Rgt. 11 zeitw. 3 Abt.
Abt. 28		H. Tr.	in Pz. Rgt. 6 aufgegangen
Rgt. 29	II	12. Pz. Div.	zeitw. 3 Abt.
Rgt. 31	VIII	5. Pz. Div.	
Abt. 32		H. Tr.	
Abt. 33	XVII	4. le. Div.	1939; Pz. Abt. (verlastet)
Rgt. 33	XVII	9. Pz. Div.	"Prinz Eugen"; 1940 unter Zuführung der Pz. Lehr Abt. aus Pz. Abt. 33; zeitw. 3 Abt.; II. Abt. wurde 1943 Pz. Abt. 51 und III. Abt. Pz. Abt. 506
Rgt. 35	XIII	4. Pz. Div.	
Rgt. 36	XIII	4. Pz. Div.	bis Anfang 1941
	IV	14. Pz. Div.	ab Anfang 1941; gab Teile zur Aufstellung Pz.-Abt. 509 ab
Abt. 37		H. Tr.	
Rgt. 39	XVII	17. Pz. Div. Pz. Brig. 10	zeitw. 3 Abt.; wurde 1944 Pz. Rgt. 17 (?)
Abt. z. b. V. 40		H. Tr.	
(Kp. z. b. V. 1. /40)		11. Schütz. Brig. AOK Norwegen	1940 wurde 1943 Pz. Abt. Norwegen (?)
Abt. 51	XVII	H. Tr. Pz. Brig. 10	Panther-Abt.; aus II. /Pz. Rgt. 33
Abt. 52		H. Tr.; Pz. Brig. 10	Panther-Abt.
Abt. 55	V	255. Pz. Div.	aus Res. Pz. Abt. 5
Abt. 60		H. Tr.	
Abt. 65	VI	1. le. Div. 6. Pz. Div.	anfangs Abt. (verlastet); wurde 1941 III. /Pz. Rgt. 11
Abt. 66	IX	2. le. Div.	Pz. Abt. (verlastet) (1939)
	V	10. Pz. Div.	ging in Pz. Rgt. 25 auf
Abt. 67	III	3. le. Div.	Pz. Abt. (verlastet) (1939) ging in Pz. Rgt. 10 auf
Rgt. Stab 69		H. Tr.	wurde Stab/Pz. Rgt. 16
Kp. 72		H. Tr.	
Kp. 81		H. Tr.	
Kp. 82		H. Tr.	
Rgt. 100		H. Tr.	franz. Panzer; wurde Pz. Rgt. 22

Abt. 100 (F)	XII	H. Tr.	Flamm-Pz. Abt. (1941); sp. GD
Abt. 101 (F)	IX	H. Tr.	ebenso (1941)
Abt. 102 (F)		H. Tr.	später Pz. Abt. 2102
Abt. 103 (F)		H. Tr.	
Abt. 103	III	3. Pz. Gren. Div.	Stu. G.
Abt. 104		H. Tr.	Tiger (?)
Abt. 110	XIII	10. Pz. Gren. Div.	aus Pz. Abt. 7 (?)
Abt. 115	XII	15. Pz. Gren. Div.	aus Pz. Abt. 215
Abt. 116	VI	16. Pz. Gren. Div.	aus I./Pz. Rgt. 1; wurde Pz. Rgt. 16
Abt. 118	VIII	18. Pz. Gren. Div.	Stu. G.
Abt. 120	X	20. Pz. Gren. Div.	aus Pz. Abt. 5 (?)
Abt. 125	V	25. Pz. Gren. Div.	aus Pz. Abt. 8 (?)
Abt. 129	IX	29. Pz. Gren. Div.	Stu. G.
Rgt. 130	XI	Pz. Lehr Div.	
Kp. 157		H. Tr.	
Abt. 160	XX	60. Pz. Gren. Div. FHH	vh. I./Pz. Rgt. 18 Jan. 1943 zerschlagen
Abt. 190	III	90. Pz. Gren. Div.	vh. II./Pz. Rgt. 202; wurde II./Pz. Rgt. 5
Stab, II./190	III	21. Pz. Div.	
Kp. 200		H. Tr.	
Kp. 201	IX	201. Sich. Div.	Beutepanzer
Rgt. 201		H. Tr./8. Pz. Brig. 23. Pz. Div.	franz. Panzer; wurde Pz. Rgt 23
Rgt. 202		H. Tr./8. Pz. Brig. 26./25. Pz. Div.	franz. Panzer; wurde Pz. Rgt. 26 u. 29; II. sp. Pz. Abt. 190
Rgt. 203		H. Tr.	erhielt niedrige Nr. bei einer Pz. Div.; Stab sp. Stab Pz. Rgt. GD
Kp. 203	III	203. Sich. Div.	Beutepanzer
Rgt. 204	XII	22. Pz. Div.	1945 im Ruhrkessel als Abt
Abt. 205		H. Tr.	
Abt. 206		H. Tr.	
Kp. 207	II	207. Sich. Div.	Beutepanzer
Abt. 208		H. Tr.	
Abt. 211		H. Tr./XXXVI. Geb. K.	
Abt. 213		H. Tr.	
Kp. 213	VIII	213. Sich. Div.	Beutepanzer
Abt. 214		H. Tr.	
Abt. 215		H. Tr. 15. Pz. Gren. Div.	mit 4. (Stu. G.) Kp.; wurde Pz. Abt. 115
Abt. 216		H. Tr.	Sturmpanzer
Abt. 217		H. Tr.	ebenso
Abt. 218		H. Tr.	ebenso
Abt. 220	IV	164. Afrikadiv.	
Kp. 221	VIII	221. Sich. Div.	Beutepanzer
Abt. 223		H. Tr.	
Kp. 224		LXXXVIII. A. K.	Beutepanzer
Versuchs Kp. 258		H. Tr.	
Kp. 281	II	281. Sich. Div.	Beutepanzer
Kp. 285	II	285. Sich. Div.	ebenso
Abt. 300		H. Tr.	
Abt. 301		H. Tr.	1941 franz. Panzer Neuaufstellung aus III./Pz. Rgt. 10 als Pz. Abt. (FKL)
Abt. 302 (FKL)		H. Tr.	
Kp. 305 (FKL)		H. Tr.	
Abt. 306		H. Tr.	

Kp. 311 (FKL)		H. Tr.	1943 bei Pz. Rgt. GD
Kp. 312 (FKL)		H. Tr.	
Kp. 313 (FKL)		H. Tr.	
Kp. 314 (FKL)		H. Tr.	
Kp. 315 (FKL)		H. Tr.	
Kp. 316 (FKL)		H. Tr.	
Kp. 317 (FKL)		H. Tr.	
Kp. 318		Befh. Heeresgeb. Süd	Beutepanzer
Abt. 330		H. Tr.	
Abt. 339		H. Tr.	
Abt. 345		345. Pz. Gren. Div.	
Kp. 351 (F)		H. Tr.	Flamm-Panzer
Kp. 352 (F)		H. Tr.	ebenso
Kp. 353 (F)		H. Tr.	ebenso
Kp. 354	VIII	442. Sich. Div.	Beutepanzer
Kp. 377		H. Tr.	
Abt. 386		386. Pz. Gren. Div.	
Kp. 387		H. Tr.	
Kp. 445		H. Tr. (445. Sich. Div. ?)	Beutepanzer
s. Abt. 500	VI	H. Tr.	Tiger
Rgt. Stab/Kraftf. Kampftruppen 501	I	A. O. K. 3	1939 mit Pz. Abw. Abt. 511 und 521 sowie 5./Fla. Btl. 31
s. Abt. 501	VI	H. Tr.	Tiger; 1943 in Tunis; später A. O. K. 4
s. Abt. 502	VI	H. Tr.	Tiger
s. Abt. 503	VI	H. Tr.	Tiger
s. Abt. 504	VI	H. Tr.	Tiger; 1943 in Tunis
s. Abt. 505	VI	H. Tr./5. Pz. Div.	
s. Abt. 506	VI	H. Tr.	Tiger; 1943 aus III./Pz. Rgt. 33
s. Abt. 507	VI	H. Tr.	Tiger; aus I./Pz. Rgt. 4
s. Abt. 508	VI	H. Tr.	Tiger; aus III./Pz. Rgt. 4
s. Abt. 509	VI	H. Tr.	Tiger; aus Pz. Rgt. 36; 1944/45 bei Fü. Begl. Div.
s. Abt. 510	VI	H. Tr./14. Pz. Div.	Tiger
s. Kp. 513 (FKL)		H. Tr.	Tiger
Abt. 567		H. Tr.	Jagd-Panzer (?)
s. Abt. 583		H. Tr.	Tiger
Abt. 653		H. Tr.	Jagd-Panzer
Abt. 654		H. Tr.	Jagd-Panzer
Abt. 656		H. Tr.	Jagd-Panzer
Abt. 661		H. Tr.	Jagd-Panzer
Abt. 664		H. Tr.	Jagd-Panzer
Abt. 700		H. Tr.	
Abt. 745		H. Tr.	
Lehr Rgt. 900		H. Tr.	zuletzt als Pz. Lehr Brig.
Kp. 1000		74. Sich. Brig.	Beutepanzer
Abt. 2101		101. Pz. Brig.	
Abt. 2102		102. Pz. Brig.	vh. Pz. Abt. 102
Abt. 2103		103. Pz. Brig.	
Abt. 2104		104. Pz. Brig.	aus II./Pz. Rgt. 9
Abt. 2105	VIII	105. Pz. Brig.	
Abt. 2106	XX	106. Pz. Brig. FHH	zuletzt bei Pz. Korps FHH
Abt. 2107	V	107. Pz. Brig.	
Abt. 2108	XIII	108. Pz. Brig.	
Abt. 2109		109. Pz. Brig.	
Abt. 2110		110. Pz. Brig.	
Abt. 2111	VI	111. Pz. Brig.	
Abt. 2112	V	112. Pz. Brig.	sp. Pz. Brig. FHH u. Pz. Jäg. Abt. Brandenburg

Abt. 2113	XIII	113. Pz. Brig.
Abt. 2202		102. Pz. Brig.
Pz. Abt. "Rhodos"		Sturmdiv. Rhodos 1943
Pz. Abt. "Norwegen"		Pz. Div. "Norwegen"
Pz. Kp. "Paris"		
Pz. Kp. "Prag"		539. Div.

Erläuterungen:

Wehrkreis:				
	I.	Königsberg	XI.	Hannover
	II.	Stettin	XII.	Wiesbaden
	III.	Berlin	XIII.	Nürnberg
	IV.	Dresden	XVII.	Wien
	V.	Stuttgart	XVIII.	Salzburg
	VI.	Münster	XX.	Danzig
	VII.	München	XXI.	Posen
	VIII.	Breslau		
	IX.	Kassel		
	X.	Hamburg		

H.Tr. = Heerestruppe

Sich.Div. = Sicherungsdivision (Die Panzerkompanien der Sich.Div. wurden offiziell als »leichte Panzer-Sicherungskompanien« oder als leichte Panzerkompanien »Ost« geführt.)

(F) = Flamm-Panzer-Einheit

(FKL) = Einheit mit Funklenkpanzern

STELLENBESETZUNG DER PANZERTRUPPE
3. Januar 1939

Brigade mit Regimentern	**Standort**	**Kommandeur**
1. Pz. Brig.	Erfurt	Generalm. Schaal
PR. 1	Erfurt	Oberstlt. Nedtwig
PR. 2	Eisenach	Oberstlt. Keltsch
2. Pz. Brig.	Wien	Ob. von Prittwitz
PR. 3	Mödling	Ob. Harpe
PR. 4	Korneuburg	Ob. Baeßler
3. Pz. Brig.	Berlin	Ob. Stumpff
PR. 5	Bernau	Ob. Nehring
PR. 6	Neuruppin	Ob. Crüwell
4. Pz. Brig.	Stuttgart	Ob. Kempf
PR. 7	Vaihingen	Ob. Landgraf
PR. 8	Böblingen	Oberstlt. Elster
5. Pz. Brig.	Bamberg	Generalm. von Hartlieb
PR. 35	Bamberg	Oberstlt. Eberbach
PR. 36	Schweinfurt	Oberstlt. Breith
6. Pz. Brig.	Paderborn	Generalm. Ritter v. Radlmaier
PR. 11	Paderborn	Ob. Philipps
PR. 25	Erlangen	Ob. Irmisch
I./ PR. 23	Mannheim	Mj. Ilgen
8. Pz. Brig.	Sagan	Ob. Haarde
PR. 15	Sagan	Ob. Streich
PR. 31	Jägerndorf	Ob. Schuckelt
selbst. Abt.:		
I./ PR. 10	Zinten	Mj. Sieberg
Pz. Abt. 33	St. Pölten	Mj. v. Köppen
Pz. Abt. 65	Iserlohn	Mj. Thomas
Pz. Abt. 66	Gera	Mj. Sieckenius
Pz. Abt. 67	Spremberg	Oberstlt. Goerbig

Anlage 3

Bestand an Panzerkampfwagen im 2. Weltkrieg

(Aufstellung nach Müller-Hillebrand: Das Heer, Bd. 3)

Typ	I	II	(F)	35 (t)	38 (t)	III	III	IV	IV	IV	V Panther	VI Tiger I	VI Tiger II	Flak-Pz.	Pz. Befw.	Berge-Pz.	Summen der	
Fahrgestell	I	II	II/III	35 (t)	38 (t)	III	III	IV	IV	IV	V	VI	VI	38 (t) u. IV	I-VI	38 (t), III, IV, V	Zeilen 1 bis 16	„frontfähigen" Pzkpfw.
Waffe	M.G.	Kw.K. 2 cm	Flammöl	Kw.K. 3,7 cm	Kw.K. 3,7 cm	Kw.K. 3,7 u. 5 cm L 42	Kw.K. 5 cm L 60 u. 7,5 L 24	Kw.K. 7,5 cm L 24	Kw.K. 7,5 cm L 43 u. L 48	Pak 7,5 cm L 70	Kw.K. 7,5 cm L 70	Kw.K. 8,8 cm L 56	Kw.K. 8,8 cm L 71	Flak 2 cm, 2 cm-Vierling, 3,7 cm, 3 cm-Zwilling	versch.	—		
Nr. d. Zeile	1	2	3	4	5	6	7	8	9	10	11	12	13	14	15	16	17	18
Datum:																		
1. 9. 1939	1445	1223	3	—	—	98		211							215		3195	3195
1. 4. 1940	1062	1079	7	143	238	329		280							243		3381	3381
1. 9. 1940	957	920	61	142	320	537		300							183		3420	3420
1. 1. 1941	1079	955	87	(190)	476	918		419							244		4368	4178
1. 2.	1028	984	85	(170)	520	1015		453							232		4487	4317
1. 3.	1044	994	85	(175)	570	1110		476							260		4714	4539
1. 4.	(786)	1019	85	(179)	636	1200		459							286		4650	3685
1. 5.	(829)	1042	85	(184)	686	1323		499							308		4956	3943
1. 6.	(877)	1072	85	(187)	754	1440		517							330		5262	4198
1. 7.	(843)	1067	85	(189)	763	1501		531							331		5310	4278
1. 8.	(771)	985	85	(189)	661	1479		488							331		4989	4029
1. 9.	(642)	900	85	(191)	543	1571		470							335		4737	3904
1. 10.	(681)	896	86	(191)	547	1646		499							328		4874	4002
1. 11.	(717)	887	86	(191)	528	1784		485							315		4993	4085
1. 12.	(728)	868	87	(192)	434	1866		511							318		5004	4084
1. 1. 1942	(723)	(837)	89	(197)	(381)	1849		513							307		4896	2758
1. 2.	(708)	(800)	89	(201)	(424)	1723	64	530							289		4828	2695
1. 3.	(693)	(810)			(491)	1656 *)		534							278		4462	2468
1. 4.	(702)	(860)			(522)	1893		552							273		4802	2718
1. 5.	(708)	(907)			(521)	2068		609 *)							269		5082	2946
1. 6.	(701)	(979)			(454)	2306		681							264		5385	3251
1. 7.	(692)	(1021)			(479)	2482		723							266		5663	3471
1. 8.	(692)	(1029)			(479)	2457		761							255		5673	3473
1. 9.	(692)	(1039)			(436)	2628		842				9			257		5903	3736
1. 10.	(690)	(1014)			(375)	2630		863				11			256		5839	3760
1. 11.	(692)	(1006)			(334)	2767		901				16			257		5973	3941
1. 12.	(687)	(996)			(309)	2704		957				30			248		5931	3939
1. 1. 1943		(997)	Fahr-		(287)	2944		1077				65			278		5648	4364
1. 2.		(950)	gestell III:		(252)	2762		1130			4	85			280		5463	4261
1. 3.		(730)	64		(242)	1757		975			21	108			252		4149	3177
1. 4.		(350)	97		(161)	(564)	1102	(182)	836		61	127			317		3797	2540
1. 5.		(304)	100		(186)	(485)	980	(164)	913		22	165			324		3643	2504
1. 6.		(265)	108		(197)	(475)	932	(164)	1047		263	191			359		4001	2900
1. 7.		(236)	109		(204)	(477)	946	(167)	1305		428	240			412	12	4536	3452
1. 8.		(218)	105		(212)	(462)	(782)	(158)	1216		524	261			430	11	4379	2547
1. 9.		(209)	93		(201)	(450)	(639)	(157)	1203		601	284			461	30	4328	2672
1. 10.		(433)	75		(255)	(473)	(658)	(186)	1388		675	299			509	40	4991	2986
1. 11.		(419)	62		(260)	(464)	(603)	(184)	1488		783	349			507	38	5157	3227
1. 12.		(408)	44		(249)	(443)	(517)	(186)	1503		912	373			483	40	5158	3355
1. 1. 1944		(399)	30		(227)	(438)	(482)	(176)	1492		1084	395			477	66	5266	3544
1. 2.		(400)	27		(227)	(433)	(448)	(167)	1543		1205	414		121	484	74	5543	3868
1. 3.		(394)	27		(227)	(433)	(455)	(167)	1657		1339	499	5	140	466	74	5883	4207
1. 4.		(413)	18		(227)	(431)	(429)	(163)	1969		1617	556	6	141	475	74	6519	4856
1. 5.		(419)	12		(227)	(431)	(404)	(164)	1955		1649	551	12	141	488	115	6568	4923
1. 6.		(426)	11		(229)	(433)	(406)	(166)	2138		1898	615	31	141	520	127	7141	5481
1. 7.		(445)	11		(232)	(430)	(374)	(159)	2177		2105	631	55	141	549	138	7447	5807
1. 8.		(385)	11		(229)	(431)	(367)	(161)	1967		2067	511	101	141	541	147	7059	5486
1. 9.		(386)	11		(229)	(435)	(366)	(159)	1873	34	2160	441	175	141	573	197	7180	5605
1. 10.						(515) *)		(80)	1459	94	1794	283	142	185	326	311	5189	4594
1. 11.						(523) *)		(80)	1525	211	1729	245	145	207	307	424	5396	4793
1. 12.						(533) *)		(80)	1630	382	1966	243	166	243	327	466	6036	5423
1. 1. 1945						(534) *)		(80)	1604	575	1982	245	183	256	320	505	6284	5670
1. 2.						(534) *)		(80)	1491	665	1964	185	219	228	299	526	6191	5577
1. 3.						(534) *)												

*) = keine Trennung nach Typen, daher großer Anteil ( ). (1942)

*) = ohne Pzkpfw. III mit Kw.K. 3,7 cm (1944/45)

Erläuterung: Zahlen in ( ) bedeutet, daß diese Typen nicht mehr frontfähig sondern nur noch zur Verwendung im Sicherungsdienst hinter der Front, bei Besatzungskräften und zur Ausbildung geeignet waren

Anlage 4

Oberste Kommandobehörde der Panzertruppe

Letzte Friedens- und letzte Kriegs-Stellenbesetzung

Chef der Schnellen Truppen im Oberkommando des Heeres — 1939
(In Klammern: Dienstgrad und -Stellung bei Kriegsende)

Chef der Schnellen Truppen:	General der Panzertruppe Guderian (Generaloberst und Chef des Generalstabes des Heeres)
Adjutant:	Major Riebel (Generalmajor und Kommandeur PR 24, 23.8.1942 vor Stalingrad gefallen)
Stabsoffiziere:	Major i.G. Roettiger (General d. Panzertruppe und Chef des Generalstabes der Heeresgruppe C)
	Major i.G. von Le Suire (General der Gebirgstruppe und Kommandierender General XXXXIX. Gebirgskorps)
	Hauptmann Dr. Luther (Oberst und Abteilungsleiter Heerespersonalamt)

Generalinspekteur der Panzertruppen — 1945
(In Klammern: Dienstgrad und -Stellung im Friedensjahr 1939)

Generalinspekteur:	Generalleutnant Thomale (Major in der Waffenabteilung des OKH)
Adjutant	Major i.G. Heick (Leutnant in der Panzerabwehrabteilung 41)
Abteilungsleiter f. Organisation:	Oberst d.G. Freyer (Hauptmann und Kompaniechef Panzerabwehrabteilung 8)
Abteilungsleiter f. Ausbildung:	Major d.G. Freiherr von Woellwarth-Lauterburg (Leutnant im Kavallerieregiment 17)
Stabsoffizier:	Major d.G. Petsch) (Leutnant im Kradschützenbataillon 3)

Zur Unterscheidung: Offiziere im Generalstab des Heeres trugen nach Dienstgrad die Bezeichnung i.G.;
Offiziere im Oberkommando der Wehrmacht d.G.

Anlage 5

Dienstanweisung für den Generalinspekteur der Panzertruppen

1. Der Generalinspekteur der Panzertruppen ist mir verantwortlich für eine der kriegsentscheidenden Bedeutung entsprechende Weiterentwicklung der Panzertruppen. Der Generalinspekteur der Panzertruppen untersteht mir unmittelbar. Er hat die Dienststellung eines Oberbefehlshabers einer Armee und ist oberster Waffenvorgesetzter der Panzertruppen.1)

2. Dem Generalinspekteur der Panzertruppen obliegt Organisation und Ausbildung der Panzertruppen und der großen Schnellen Verbände des Heeres im Einvernehmen mit dem Chef Gen. Stb. d. H. Er hat außerdem das Recht, in meinem Auftrage der Luftwaffe und der Waffen-SS auf dem Gebiete der Organisation und Ausbildung der Panzertruppen Weisungen zu geben.
   Grundsätzliche Entscheidungen behalte ich mir vor.
   Seine Forderungen für die technische Weiterentwicklung seiner Waffen und für die fabrikatorischen Planungen trägt er mir in enger Verbindung mit dem Reichsminister für Bewaffnung und Munition zur Entscheidung vor.

3. In seiner Eigenschaft als Waffenvorgesetzter ist er auch Befehlshaber der Ersatztruppen seiner Waffen. Es ist seine Aufgabe, für das Feldheer laufend voll brauchbaren Ersatz an Personal und Panzerfahrzeugen sicherzustellen, gleichgültig, ob es sich um Einzelfahrzeuge, Auffrischung oder Neuaufstellung von Verbänden handelt.
   Die Verteilung der Panzer und gepanzerten Fahrzeuge auf Feld- und Ersatzheer ist seine Aufgabe nach meinen Weisungen.

4. Der Generalinspekteur der Panzertruppen stellt die planmäßige und zeitgerechte Durchführung der befohlenen Neuaufstellungen und Auffrischungen von Panzertruppen und Schnellen Verbänden sicher. Er sorgt hierzu im Einvernehmen mit Gen. Stb. d. H. für eine zweckmäßige Verwendung panzerloser Besatzungen des Feldheeres.

5. Der Generalinspekteur der Panzertruppen hat die Kriegserfahrungen für Kampfführung, Bewaffnung, Ausbildung und Organisation der Panzertruppen auszuwerten. Hierzu hat er das Recht, alle Panzertruppenteile der Wehrmacht und der Waffen-SS aufzusuchen und zu besichtigen. Dem Generalinspekteur der Panzertruppen berichten die Panzertruppen des Feldheeres über Erfahrungen aller Art unmittelbar. Seine Wahrnehmungen und Erfahrungen bringt er allen zuständigen Dienststellen einschließlich Reichsminister für Bewaffnung und Munition zur Kenntnis.
   Der Generalinspekteur der Panzertruppen leitet die Bearbeitung aller Vorschriften für die Panzertruppen. Dabei ist vor Herausgabe von Vorschriften, die die Führung von Verbänden und das Zusammenwirken mit anderen Waffen betreffen, das Einverständnis des Chef Gen. St. d. H. herbeizuführen.

6. Dem Generalinspekteur der Panzertruppen als Waffenvorgesetzten sind dauernd unterstellt:
a) Die Ersatz- und Ausbildungstruppenteile der Schnellen Truppen (außer Kavallerie- und Radfahrersatztruppenteile), die unter besonderen Kommandobehörden zusammenzufassen sind.
b) Die Schulen für Schnelle Truppen (ohne Kavallerie- und Radfahrlehreinrichtungen) des Feld- und Ersatzheeres mit den dazu gehörigen Lehrtruppen.

7. Der Generalinspekteur der Panzertruppen ist ermächtigt, im Rahmen seiner Befugnisse bindende Weisungen an alle Dienststellen des Heeres zu erteilen. Alle Dienststellen sind gehalten, dem Generalinspekteur der Panzertruppen die von ihm benötigten Unterlagen zur Verfügung zu stellen.

Führerhauptquartier, den 28. Februar 1943

DER FÜHRER
ADOLF HITLER

1) Die Bezeichnung »Panzertruppen« in dieser Dienstanweisung umfaßt: Panzertruppen, Panzergrenadiere und Inf. mot., Pz. Aufklärungstruppen, Pz. Jägertruppen und schwere Sturmgeschützeinheiten.

Generalkommandos der Panzerkorps — 1943

Gen.Kdo.	Artillerie-Kdr.	Kartenstelle	Nachr. Abt.	Korps-Nachschub-Truppe	Feld-Gendarmerietrupp	Feldpostamt
III.	3	403	43	403	403	403
XIV.	414	414	60	414	414	414
XXIV.	143	424	424	424	424	424
XXXIX.	140	439	439	439	439	439
XXXX.	128	440	440	440	440	440
XXXXI.	35	441	441	441	441	441
XXXXVI.	101	446	446	446	446	446
XXXXVII.	130	447	447	447	447	447
XXXXVIII.	144	448	448	448	448	448
LVI.	125	456	456	456	456	456
LVII.	121	457	457	457	457	457
LXXVI.	476	476	476	476	476	90

Der Artilleriekommandeur war innerhalb des Panzerkorps verantwortlich für Führung und Einsatz aller Artillerieeinheiten.
Die Kartenstelle sorgte für Anfertigung von Lagekarten und stellte kleinere Druckerzeugnisse her.
Die Nachrichtenabteilung bestand aus Stab, drei mot. Kompanien, eine gepanzerte Funkkompanie und eine leichte Nachrichtenkolonne.
Der Kommandeur der Panzerkorps-Nachschubtruppen verfügte über eine Kraftfahr-Kompanie 120 to und einen Kraftwagen-Werkstattzug.
Beim XXIV. und LVII. PzKorps gab es dagegen zwei kleine Kraftwagenkolonnen 30 to, eine große Betriebsstoffkolonne und einen Kraftwagen-Werkstattzug; beim XXXXI., XXXXVI., XXXXVII. und LVI. Pz.Korps verfügte die Kraftfahr-Kompanie über 90 to und beim III. Pz.Korps gab es zur Normalausstattung zusätzlich die Ost-Fahrkolonne 403 (60 to). Das LXXVI. Pz.Korps verfügte nur über eine Kraftfahrkompanie mit 90 to.

Anlage 7

STELLENBESETZUNG DER PANZERDIVISIONEN AM 1. MÄRZ 1942

PD.	Kommandeur	1. Gen. St. Offz. (Ia)
1.	Generalm. Krüger	Oberstlt. i. G. Irkens
2.	Generalm. Frhr. v. Esebeck	Oberstlt. i. G. Reinhard
3.	Generalm. Breith	Oberstlt. i. G. Pomtow
4.	Generalm. Eberbach	Oberstlt. i. G. Heidkämper
5.	Generalm. Fehn	Mj. i. G. Engels
6.	Generalm. Raus	Mj. i. G. Graf von Kielmannsegg
7.	Generalm. Frhr. v. Funck	Mj. i. G. Graf v. Nostitz
8.	Generalm. Brandenberger	Oberstlt. i. G. Berendsen
9.	Generallt. Hubicki	Oberstlt. i. G. v. Necker
10.	Generalm. Fischer	Oberstlt. i. G. Bürker
11.	Generalm. Scheller	Mj. i. G. Selmayr
12.	Generalm. Weßel	Mj. i. G. Bergengruen
13.	Ob. Herr	Mj. i. G. Kraemer
14.	Generalm. Kühn	Oberstlt. i. G. Hörst
15.	Generalm. v. Vaerst	Mj. i. G. Müller, H.
16.	Generallt. Hube	Oberstlt. i. G. Müller, W.
17.	Generalm. Licht	Mj. i. G. Berlin
18.	Generalm. Frhr. v. Thüngen	Mj. i. G. Estor
19.	Ob. Schmidt	Mj. i. G. v. Unger
20.	Generalm. Ritter v. Thoma	Mj. i. G. Staedtke
21.	Generalm. v. Bismarck	Mj. i. G. v. Heuduck
22.	Generalm. v. Appell	Mj. i. G. Schulz
23.	Generalm. v. Boineburg - Lengsfeld	Mj. i. G. Reichel
24.	Generallt. Feldt	Mj. i. G. Menges
	(in Aufstellung in Norwegen:)	
25.	Generallt. Haarde	

Anlage 8

Panzerbrigade-Stäbe

Die nachfolgende Aufstellung führt die Stäbe der Panzerbrigaden in den Panzerdivisionen an. Diese Stäbe wurden nach und nach bis 1943 aufgelöst.
Die selbständigen Panzerbrigade-Stäbe, die nach 1943 neugebildet wurden und dem Oberkommando des Heeres unterstanden, werden nicht genannt.
Die Brigadestäbe verfügten zusätzlich über einen leichten Panzerkampfwagen- und einen Nachrichtenzug.

Pz.Brig.	Ersatz-Wehrkreis	Unterstellung	Bemerkungen
1	IX.	1. PD	wurde 18. Pz.Brig.
2	XVII.	2. PD	1942 aufgelöst
3	III.	3. PD	1940 aufgelöst
4	V.	Heerestruppe, 1939 2. lei. D, 10. PD	1943 aufgelöst
5	VIII.	Heerestruppe, 1938 4. PD, 1940 3. PD	1942 aufgelöst
6	VI.	Heerestruppe, 1. lei. D, 1939 6. PD	1940 aufgelöst
8	VIII.	5. PD, 1941 Heerestruppe	1942 Stab Pz.Brig. 100
10	ohne	Heerestruppe	Pz.Brig.Strachwitz
17	ohne	Heerestruppe	1943 aufgelöst
18	IV.	18. PD	s. Pz.Brig 1
		1943 Heerestruppe	1943 aufgelöst
19	ohne	19. PD	1943 aufgelöst
20	ohne	20. PD	1943 aufgelöst
21	ohne	21. PD	1943 aufgelöst
100	IX.	Heerestruppe	s. Pz.Brig. 8

Anlage 9

Panzertruppenschule Wünsdorf — 1939

Gliederung und Stellenbesetzung

Stab:

Kommandeur:	Oberst Kühn
Adjutant:	Hauptmann Jansa
Stabsoffiziere:	Oberstleutnante von Holtzendorff, Theiss Majore Borowietz, Volckheim Hauptleute von Hülsen, Rahneberg, Hennecke, von Zezschwitz
Waffenoffizier:	Oberleutnant Gabriel

Taktische Lehrgänge:

Leiter:	Major Fronhöfer
Lehroffiziere:	Hauptleute Goinka, Hildebrand, Teege, von Mutius, Oberleutnant von Flotow

Technische Lehrgänge:

Leiter:	Oberstleutnant Spaeth
Lehroffiziere:	Hauptleute Gröbke, Dr. Hoffmann

Panzerlehrabteilung:

Kommandeur:	Major von Lewinski
Adjutant:	Leutnant Felix
Kompaniechefs:	Hauptleute Peffer, Wolf Oberleutnante Edler von der Planitz, Düwel

Anlage 10

KOMMANDEURE DER PANZERTRUPPENSCHULE

1925 - 1929	Oberstlt. Stottmeister
1929 - 1931	Oberst Genée
1932 - 1934	Oberst Fessmann
1934 - 1937	Oberst Haarde
1937 - 1938	Oberst Ritter von Radlmaier
1938 - 1940	Oberst Kühn
1940	Oberst Harpe
1941 - 1943	Oberst Nedtwig
1943	Oberst Kraeber
1944 - 1945	Oberst Munzel

KOMMANDEURE DER PANZERSCHIESS-SCHULE

1934 - 1938	Oberstlt. Baumgart
1938 - 1943	Oberstlt. Kraeber
1943	Oberstlt. Bonatz
1943	Oberst von Koeppen
1943 - 1944	Oberst von Bodenhausen
1944 - 1945	Major Fechner

Auswahl von Tagesbefehlen der Panzergruppen/ Armee-Oberkommandos im Jahr 1941

Der Oberbefehlshaber der Panzergruppe 1 — Gr. H. Qu., den 12. August 1941

Soldaten der Panzergruppe 1!

Nach scharfem Vorstürmen trotz aller Flankenangriffe und nach rechtzeitigem Einschwenken hat die Panzergruppe der russischen 6. und 12. Armee den Weg über den Dnjepr verlegt und dadurch allein die Voraussetzung für die Große Umfassungsschlacht von Uman geschaffen.
In der zehntägigen Umfassungsschlacht haben XXXXVIII. und XIV. A. K. alle Durchbruchsversuche abgewiesen und starke Feindteile zerschlagen, während das III. A.K.Flanke und Rücken der Panzergruppe schützte und in schneidigem Vorstoß den Dnjepr bei Krementschug erreichte.

25 feindliche Divisionen konnten so vernichtet werden. Beide Oberbefehlshaber wurden gefangen.

Die siegreiche Beendigung dieser gewaltigen Umfassungsschlacht ist die Krönung des siebenwöchigen harten Ringens der Heeresgruppe Süd gegen eine zahlenmäßig gewaltige Übermacht. Der Feind hat eine Niederlage erlitten, die viel zu dem entscheidenden Endsieg beitragen wird.

Der Herr Oberbefehlshaber des Heeres und der Herr Oberbefehlshaber der Heeresgruppe haben der Führung und allen beteiligten Truppenteilen ihre Glückwünsche und höchste Anerkennung ausgesprochen.

Ich freue mich, dies meiner Panzergruppe mitteilen zu können und sage der Führung und Truppe meinen Dank und meine Anerkennung zu den ungeheuren Leistungen der letzten Wochen.

Ich gedenke hierbei auch in Dankbarkeit und Treue der gefallenen Kameraden und unserer Verwundeten in den Lazaretten.
Nun weiter zum Endsieg.

Heil unserem Führer

gez. v. Kleist

Der Oberbefehlshaber
der 2. Panzerarmee

A.H.Qu., den 18.10.1941

ARMEE-TAGESBEFEHL

Soldaten der 2. Panzerarmee!

Die Durchbruchs- und Einkreisungsschlacht im Raume Orel — Brjansk ist beendet. Die feindlichen Stellungen zwischen Putiwl und Nowgorod—Sewersk wurden am 30.9. durchstoßen, der Gegner in rastloser Verfolgung bis über die Straße Orel — Brjansk geworfen und diese beiden wichtigen Städte genommen. Hierdurch wurden südlich der Straße die 3. und 13. russische Armee, nördlich der Straße die russische 50. Armee im Rücken gefaßt, in der Masse im Zusammenwirken mit unserer Nachbararmee eingeschlossen und vernichtet. Nur Trümmer konnten sich retten.

Unsere Beute seit dem Angriffsbeginn beläuft sich auf:

80.044 Gefangene
236 Panzer
539 Geschütze
66 Pak
87 Flak
16 Flugzeuge.

Der beginnende Winter mit seinen Regen- und Schneestürmen machte die Wege grundlos und gestaltete Märsche und Kämpfe ungewöhnlich anstrengend und zeitraubend. Wenn trotzdem so große und entscheidende Ergebnisse erzielt wurden, so ist dies der vorbehaltlosen Hingabe und Einsatzbereitschaft der Truppe und der Geschicklichkeit der Führung zu verdanken. Hierfür meinen aufrichtigsten Dank und meine besondere Anerkennung auszusprechen, ist mir ein Herzensbedürfnis.
Noch stehen wir nicht am Ende unseres Weges. Der Feind muß in Fortführung unseres Sieges vollends zerschlagen werden. Daraum rufe ich Euch erneut auf, in bewährter Treue und Kraft weiter zu kämpfen.

Für Deutschland und unseren Führer!

Guderian

Der Befehlshaber
der Panzertruppe 3

Gr.Gef.St., den 6. August 1941

Soldaten der Panzergruppe!

Sieben Wochen stärksten geschichtlichen Erlebens liegen hinter uns. Die Kernarmeen Stalins sind zersprengt, seine gewaltige Panzerarmee ist in ihrer Masse zerschlagen. Das Tor nach Moskau ist aufgestoßen, wenn die Roten sich auch noch verzweifelt dagegen stemmen: es wird ihnen nicht gelingen, es wieder zuzuschlagen.
Der Njemen-Merkino, Olita, Wilnja, Smolowicze, Zeslaw, Pleszczenice; die Düna-Dzisna, Ulla und Beschenkowitschi; Witebsk, Gorodok, Newel und Welikije Luki; Senno, Dobromysl, Demidow, Welish, Jartzewo und Rattschino sind die Meilensteine Eures Sieges. Die Schließung des Kessels von Minsk im Norden, die Zersprengung der an der oberen Düna und bei Witebsk aufmarschierenden roten Armeen und die Abriegelung ihrer Reste bei Smolensk von Osten sind Euer Verdienst. Aus vollem Angriffsschwung heraus mußte ich Euch schließlich die Abwehr feindlicher Entlastungsstöße befehlen. Auch dieser Aufgabe wart Ihr noch gewachsen. Als Sieger verlaßt Ihr Eure Stellungen am Wop und südwestlich Bjeloj.
Der Führer hat unsere Ablösung und kurze Ruhe befohlen. Als er mir am 4.8.41 im Hauptquartier der Heeresgruppe sagte, daß unser rascher Vorstoß über die Düna seine Erwartungen übertroffen habe und mit beiden Händen die Hand drückte, nahm ich diesen Händedruck als seinen Dank für Euch, seine Soldaten. Auch ich danke Euch aus vollem Herzen für Eure Hingabe, Eure Ausdauer, Eure Tapferkeit und Euer Vertrauen in meine Führung. Mein Dank gilt auch allen Soldaten in der Tiefe der gewaltigen Kampffront.
In wohlverdienter Ruhe wollen wir neue Kräfte sammeln, seelische und körperliche, und Waffen und Gerät instandsetzen, um uns zu wappnen für die Beendigung des Kampfes gegen die rote Kriegsmacht. Das Opfer unserer Toten und Verwundeten, derer wir in Ehrfurcht gedenken, soll nicht umsonst gewesen sein.

Es lebe der Führer!

gez. Hoth
Generaloberst

Der Befehlshaber Gr.Gef.St., den 9.7.1941

der Panzergruppe 4

Gruppenbefehl

1. Der Versuch des Feindes, an der ehemaligen russischen Reichsgrenze eine neue Abwehrfront aufzubauen, ist gescheitert. Sie ist durchbrochen.

2. Heeresgruppe Nord greift weiter in Richtung Leningrad an und nimmt Leningrad.

3. ...

4. Panzergruppe 4 stellt sich zwischen Ilmensee und Pleskau zum Vorstoß auf Leningrad bereit....
   a) Sie schließt Leningrad zwischen Ladoga-See und Kronstädter Bucht ab.
   b) Sie hat bis zum Herankommen der 16. Armee ihren Rücken gegen Feind ostwärts des Ilmensees selbst zu schützen.
   c) Sie verhindert durch Besetzen der Narwa-Übergänge... ein Entweichen des Feindes aus Estland.

5. Im Einzelnen...

6. ...

Es lebe der Führer!

gez. Hoepner
Generaloberst

DER EINSATZ DER PANZERDIVISIONEN
(Geschichte in Stichworten)

1. Panzerdiv.: Juni 1940 im Westen, ab September 1940 an der deutsch - sowjetrussischen Interessengrenze, ab Juni 1941 im Osten, ab Januar 1943 im Westen, ab Juni 1943 im Südosten, ab November 1943 im Osten,

2. Panzerdiv.: Juni 1940 im Westen, ab Juli 1940 im Reichsgebiet, ab September 1940 im Raum Wien, ab Januar 1941 in Rumänien, ab März 1941 in Bulgarien, April 1941 Jugoslawien- und Griechenlandfeldzug, ab Juli 1941 im Reichsgebiet, ab September 1941 im Westen, ab Oktober 1941 im Osten, ab Januar 1944 im Westen.

3. Panzerdiv.: Juni 1940 im Westen, ab Juli 1940 im Reichsgebiet, ab Mai 1941 im Osten.

4. Panzerdiv.: Juni 1940 im Westen, ab Dezember 1940 im Reichsgebiet, ab Februar 1941 im Westen, ab Mai 1941 im Osten.

5. Panzerdiv.: Juni 1940 im Westen, ab Juli 1940 im Reichsgebiet, ab September 1940 an der deutsch - sowjetrussischen Interessengrenze, ab Januar 1941 in Rumänien, ab März 1941 in Bulgarien, April 1941 Jugoslawien-/ Griechenlandfeldzug, ab Juli 1941 im Reichsgebiet, ab Oktober 1941 im Osten.

6. Panzerdiv.: Juni 1940 im Westen, ab Juli 1940 im Reichsgebiet, ab September 1940 an der deutsch - sowjetrussischen Interessengrenze, ab Juli 1941 im Osten, ab Juni 1942 im Westen, ab Dezember 1942 im Osten.

7. Panzerdiv.: Juni 1940 im Westen, ab Februar 1941 im Reichsgebiet, ab Mai 1941 im Osten, ab Juni 1942 im Westen, ab Januar 1943 im Osten.

8. Panzerdiv.: Juni 1940 im Westen, ab Januar 1941 im Reichsgebiet, ab März 1941 im Westen, April 1941 Jugoslawienfeldzug, anschließend im Reichsgebiet, ab Juni 1941 im Osten.

9. Panzerdiv.: Juni 1940 im Westen, ab Juli 1940 im Reichsgebiet, ab September 1940 im Raum Wien, ab Februar 1941 in Rumänien, ab März 1941 in Bulgarien, April 1941 Jugoslawien- und Griechenlandfeldzug, ab Mai 1941 im Reichsgebiet, ab Juni 1941 im Osten, ab April 1944 im Westen und Eingliederung der 155. Reservepanzerdiv.

10. Panzerdiv.: Juni 1940 im Westen, ab März 1941 im Reichsgebiet, ab Mai 1941 im Osten, ab April 1942 im Westen, ab Dezember 1942 in Nordafrika, Mai 1943 vernichtet.

11. Panzerdiv.: Juni 1940 im Westen, ab Juli 1940 im Reichsgebiet, ab Februar 1941 in Rumänien, ab März 1941 in Bulgarien, April 1941 Jugoslawienfeldzug, anschließend Reichsgebiet, ab Juni 1941 im Osten, ab Juni 1944 im Westen.

12. Panzerdiv.: Dezember 1940 durch Umgliederung der 2. Inf. Div. (mot), siehe dort, im Reichsgebiet aufgestellt, ab Mai 1941 im Osten, Kriegsende in Kurland.

13. Panzerdiv.: Oktober 1940 durch Umgliederung der 13. Inf. Div. (mot), siehe dort, in Rumänien aufgestellt, Lehrtruppe in Rumänien, ab Mai 1941 im Osten, Februar 1945 Umbenennung in **Panzerdiv. Feldherrnhalle 1,** siehe dort und vergleiche mit » Panzerdiv. Feldherrnhalle «.

14. Panzerdiv.: Oktober 1940 durch Umgliederung der 4. Inf. Div., siehe dort, im Reichsgebiet aufgestellt, April 1941 Jugoslawienfeldzug, anschließend im Reichsgebiet, ab Juni 1941 im Osten, Februar 1943 in Stalingrad vernichtet. Ab März 1943 im Westen neu aufgestellt, ab Oktober 1943 im Osten, Kriegsende in Kurland.

15. Panzerdiv.: Oktober 1940 durch Umgliederung der 33. Inf. Div., siehe dort, im Reichsgebiet aufgestellt, ab Mai 1941 in Nordafrika, Mai 1943 vernichtet. In Italien verblieben Restteile der Division zur Aufstellung der 15. Panzergren. Div. verwendet.

16. Panzerdiv.: Oktober 1940 durch Umgliederung der 16. Inf. Div., siehe dort, im Reichsgebiet aufgestellt, ab Ende Dezember 1940 als Lehrtruppe in Rumänien, April 1941 in Bulgarien, ab Juni 1941 im Osten, Februar 1943 bei Stalingrad vernichtet. Ab März 1943 im Westen neu aufgestellt, ab Juni 1943 im Osten.

17. Panzerdiv.: Oktober 1940 durch Umgliederung der 27. Inf. Div., siehe dort, im Reichsgebiet aufgestellt, ab Mai 1941 im Osten.

18. Panzerdiv.: Oktober 1940 unter Verwendung von Teilen der 4. und 14. Inf. Div. im Reichsgebiet aufgestellt, ab Mai 1941 im Osten, Oktober 1943 aufgelöst, Div. Kommando als Div. Kommando der 18. Artilleriediv. verwendet.

19. Panzerdiv.: Oktober 1940 durch Umgliederung der 19. Inf. Div., siehe dort, im Reichsgebiet aufgestellt, ab Mai 1941 im Osten, ab Juni 1944 im Westen, ab August 1944 im Osten.

20. Panzerdiv.: Oktober 1940 unter Verwendung von Teilen der 19. Inf. Div. im Reichsgebiet aufgestellt, ab Mai 1941 im Osten.

21. Panzerdiv.: Juli 1941 durch Umbenennung und Umgliederung der 5. Leichten Afrikadiv., siehe dort, in Nordafrika aufgestellt, Mai 1943 vernichtet. Juli 1943 **neue 21. Panzerdiv.** durch Erweiterung der » Schnellen Brigade West « in Frankreich aufgestellt, ab Februar 1945 im Osten.

22. Panzerdiv.: September 1941 im Westen aufgestellt, ab März 1942 im Osten, September 1942 Abgabe etwa der Hälfte der Division zur Aufstellung der 27. Panzerdiv., siehe dort, 4.2.1943 aufgelöst.

23. Panzerdiv.: September 1941 im Westen aufgestellt, ab April 1942 im Osten (Südabschnitt).

24. Panzerdiv.: Ende 1941 durch Umgliederung der 1. Kavalleriediv., siehe dort, im Westen aufgestellt, ab Juni 1942 im Osten, Februar 1943 bei Stalingrad vernichtet. Ab März 1943 im Westen aus den Genesenen und früheren Angehörigen der Division wieder aufgestellt, ab August 1943 in Norditalien, ab Oktober 1943 im Osten.

25. Panzerdiv.: Ab Frühjahr 1942 in Norwegen aufgestellt, ab September 1943 im Westen, ab November 1943 im Osten, April 1944 stark angeschlagen, in Dänemark Eingliederung der Panzerdiv. Norwegen, siehe dort, ab August 1944 im Osten.

26. Panzerdiv.: Ab Oktober 1942 unter Verwendung von Teilen der 23. Inf. Div., siehe dort, im Westen aufgestellt, ab August 1943 im Südwesten.

27. Panzerdiv.: September 1942 durch Teilung der 22. Panzerdiv., siehe dort, und Verstärkung durch Heerestruppen im Osten aufgestellt, Januar 1943 aufgelöst.

116. Panzerdiv.: April 1944 durch Umgliederung der 179. Reservepanzerdiv., siehe dort, und unter Verwendung von Resten der zerschlagenen 16. Panzergrenadierdiv., siehe dort, im Westen aufgestellt und eingesetzt.

232. Panzerdiv.: Februar 1945 im Osten aus der Feldausbildungs-Panzerdiv. Tatra, siehe dort, aufgestellt, März 1945 aufgelöst.

233. Panzerdiv.: März 1945 durch Umbenennung der 233. Reservepanzerdiv. in Dänemark entstanden.

Panzerlehrdiv.: Mai 1944 im Westen aus Reservepanzerlehrdiv., siehe dort, aufgestellt.

Panzerdiv. Norwegen: September 1943 in Norwegen aufgestellt, Juni 1944 aufgelöst und bis auf Reste in die 25. Panzerdiv., siehe dort, eingegliedert.

Panzerdiv. Feldherrnhalle 1: Februar 1945 durch Umbenennung der 13. Panzerdiv. im Osten aufgestellt.

Panzerdiv. Feldherrnhalle 2: 27.11.1944 durch Umgliederung der Panzergrenadierdiv. Feldherrnhalle, siehe dort, im Osten entstanden, Februar 1945 Umbenennung in **Panzerdiv. Feldherrnhalle 2** und Zusammenfassung mit der Panzerdiv. Feldherrnhalle 1 zu dem **Panzerkorps Feldherrnhalle.**

Panzerdiv. Holstein: Februar 1945 aus Abgaben der 233. Reservepanzerdiv. in Dänemark aufgestellt, ab Ende Februar 1945 im Osten, Ende März 1945 aufgelöst.

Panzerdiv. Schlesien: Februar 1945 im Reichsgebiet aufgestellt, ab Februar 1945 im Osten, Ende März 1945 aufgelöst.

Panzerdiv. Jüterbog: Februar 1945 aufgestellt, ab Februar 1945 im Osten.

Panzerdiv. Müncheberg: Februar 1945 aufgestellt, ab März 1945 im Osten.

Gefechtsberichte zum Ostfeldzug 1941-1945

(Auszüge aus den bisher erschienenen Divisionsgeschichten)

Vormarsch 1941

Um 4.43 Uhr durchwaten die ersten Panzer III und IV den Fluß, nachdem sie auf zwei Sandschleifspuren eingetaucht sind, mit Anhängern, die 400 Liter Reservebenzin enthalten, mit Lenzpumpe von innen zu bedienen, unter Führung des Kommandeurs der I. Abteilung Pz.Rgt. 18, Major Graf Manfred v. Strachwitz, als erster Zug der des Oberfeldwebels Wierschin. Seine Panzer waren vollkommen geschlossen, mit Luftzuführung durch Einsatz von langen Rohren anstelle von Schlauch-Bojen, ausgerüstet für eine Watfähigkeit von 4 bis 5 Metern. Da es schnell gelang, eine seichte Stelle zu finden, die etwa 2 Meter tief war, konnten die übrigen Panzer mit offenem Turm den Bug durchwaten. Generaloberst Guderian war anwesend und freute sich über das schnell gelungene Manöver.
Über diesen militärgeschichtlich erstmaligen Flußübergang mit Tauchpanzern berichtet später der damalige Chef der 2. Kompanie Panzerregiment 18, Oberleutnant v. Grolman: »Die Funkverbindung zum Regiment war jenseits des Bugs zunächst abgerissen, so fuhr ich selbständig den vorgesehenen Vormarschweg, begleitet von einem Aufklärungsflieger, der uns gute Dienste leistete. Kurz vor der Brücke über die Lessna überholte uns Guderian mit seinem Pkw und zwei Kraftfahrern und war als erster am Übergang der unzerstörten Brücke.«

(18. PD - 22.6.1941)

»Das Panzerregiment 10 trat in den frühen Morgenstunden auf Dünaburg an. Es gelang ihm, in überraschendem Vorstoß die Brücke von Zarasai nach hartem, aber kurzen Kampf in Besitz zu nehmen, die dortige russische Sicherung zu durchbrechen und in unaufhaltsamem Vorwärtsdrang an die Dünabrücken zu gelangen.
Auf diese waren je eine Abteilung des Regiments 800 unter Führung des Oberleutnants Knaak, der bei einem ähnlichen Einsatz bei Kedainiai einen Steckschuß erhalten hatte, aber trotzdem bei der Truppe blieb, angesetzt.
Die linke auf die Eisenbahnbrücke angesetzte Gruppe des Regiments 800 fuhr an fünf feindlichen Panzerspähwagen vorbei und stieß an der Brücke auf die dort stehenden, weiteren feindlichen Panzerspähwagen, die sie mit ihren Maschinengewehren nicht angreifen konnten. Sie drehten infolgedessen kurz entschlossen auf der großen Straße nach Süden gegen die Straßenbrücke ab und gingen dort in Stellung. Dabei gelang es dem Feldwebel Krückeberg, ein Zündkabel zu durchschneiden, von dem vermutet wurde, daß es eines der für die Sprengung der Brücke vorbereiteten Kabel war.

Die zweite Gruppe des Regiments 800 war auf die Straßenbrücke angesetzt, wo der Führer Oberleutnant Knaak sich im vordersten Wagen befand. Die russischen, im Gespräch mit Zivilisten befindlichen Posten an der Westseite der Brücke wurden, völlig überrascht, niedergeschossen, und die Gruppe 800 fuhr über die Düna-Brücke auf das jenseitige Ufer zu. Dort war inzwischen eine Pak aufmerksam geworden, die einen Schuß auf den vordersten Wagen abgab, der diesen außer Gefecht setzte und Oberleutnant Knaak tödlich verwundete. Gleichzeitig begann ein mörderisches Feuer vom Düna-Ufer her, das stark besetzt war, und aus allen Häusern beiderseits der Brücke. Es war der vorausschauenden Führung des Oberstleutnant Fronhöfer zu verdanken, daß die Panzer des Panzerregiments 10 unmittelbar hinter den Gruppen des Regiments 800 folgten.«

(8. PD - 26.6.1941)

Am 25. Juni wird der Angriff über Smorgon und Molodeczno fortgesetzt. Der Durchbruch durch die Befestigungsanlagen an der ehemaligen polnisch-russischen Grenze nördlich Minsk gelingt, so daß am Abend die sogenannte Autobahn (Rollbahn) Minsk - Moskau bei Sloboda erreicht wird. Am 27. Juni meldet das Pz.Rgt. nach Vernichtung bzw. Eroberung eines Panzerzuges und anderer gepanzerter Einheiten »Sieg auf der ganzen Linie«, allerdings auch starke eigene Verluste. Bis zum Abend des 28. Juni kann Minsk eingenommen werden. Im Verlaufe russischer Gegenangriffe und Abwehrkämpfe wird an der Spitze seines Pz.Rgt. Oberst Rothenburg schwer verwundet und auf dem Rücktransport in dem vom Feind nicht gesäuberten Hintergelände von Russen erschossen.
Die Division ehrt das Andenken an diesen vorbildlichen Truppenführer, indem das Panzer-Regiment 25 künftig als »Panzer-Regiment Rothenburg« bezeichnet wurde.
Am 2./3. Juli stößt das Pz.Rgt. bis zur Beresina vor. Die Brücke bei Lepel ist nachhaltig zerstört. Aber SR 7 gelingt es, südlich Lepel eine Brücke unversehrt in die Hand zu bekommen und auf dem Ostufer einen Brückenkopf zu bilden. Am 4. Juli wird die Division die See-Enge ostwärts Beschenkowitschi öffnen. Der Feind verteidigt die Enge und ihre Umgebung erbittert. Feindvorstöße, unterstützt von Panzern und Artillerie von den überragenden Höhen herab, können abgewehrt werden. Während der folgenden Tage kommt es in diesem Abschnitt wiederholt zu schweren Kämpfen.
Nach Aufschließen der Restteile der Division und auch Bereitstellung der gesamten Artillerie des PzKorps am 10. Juli wird ein bis in alle Einzelheiten geplanter Angriff vorbereitet. Durch kühnes und entschlossenes Zupacken des II. Bataillons SR 7 kann die See-Enge genommen werden.

(7. PD - Juni/Juli 1941)

Das für 9.00 Uhr des 23.6. befohlene Antreten des Panzerregiments aus dem Brückenkopf verzögerte sich infolge fehlender Betriebsstoffversorgung. Mittags kam es bei Eigirdony zum Kampf gegen feindliche Panzer und Infanterie, in den auch das AR 92 eingriff. Dennoch setzte die Division — nunmehr ständig in Feindberührung — durch Wege- und Brückenschwierigkeiten aufgehalten, ihren Vormarsch fort. Die unbefestigten Sandwege und Sumpfstrecken entwickelten sich vor allem zwischen Rudziski und Warka zu einem erheblichen Hindernis und machten Verstärkungsarbeiten durch die Pioniere, später den Bau einer Behelfsbrücke notwendig. In der Dunkelheit schob und schleppte die Truppe die Fahrzeuge in mühsamer Einzelarbeit durch das weiche Gelände. Als ein sowjetischer 40-t-Panzer bei Omuskis eine Batterie des AR 92 beschoß und hierbei zwei Geschütze erheblich beschädigte, schoß die 2./AR 92 diesen Panzer ab. Infolge der Feuersbrunst in Omuskis mußte der Ort wiederum durch sumpfige Wiesen umgangen werden. Rückwärtige Marschgruppen erhielten aus den flankierenden Wäldern Karabinerbeschuß von zurückgebliebenen Feindteilen.

Am 24.6. überschritt das PzR 21 die Warka und schlug feindliche Panzer auf Wilna zurück. Das Regiment sicherte jenseits der Warka nach Osten und Norden. Die unerhört schlechten Wege erforderten erhöhten Treibstoffverbrauch. Da die Tankfahrzeuge infolge der Wegebehinderung noch nicht eintrafen, litt die Truppe unter Treibstoffmangel. Die auf der Vormarschstraße langsam nachrückenden Divisionsteile wirbelten auf den ausgetrockneten unbefestigten Fahrwegen bei der Sommerhitze weithin sichtbare Staubwolken auf, die für angreifende Bomber lohnende Ziele versprachen. Sechs solcher Angriffe erlebte die Truppe bereits am ersten Kampftag, wobei die Maschinen ihre Bombenlast aus großer Höhe abwarfen. Sie stoppten damit vorübergehend den Weitermarsch, richteten jedoch keinen nennenswerten Schaden an. Als beim letzten Luftangriff vier deutsche Jäger aus einem Bomberpulk von sieben Maschinen ohne eigene Verluste vier Feindmaschinen herausschossen, zeigte sich für längere Zeit kein feindliches Flugzeug mehr am Himmel.

(20. PD - Juni 1941)

Vormarsch 1942

»Befehlsgemäß sollte die nachgeführte 22. Pz.Div. durch die geschlagene Bresche vorgehen und dann nach Norden eindrehen zur Einkesselung und Vernichtung des Feindes. Jedoch verwandelte ein am Spätnachmittag des 9. Mai niedergehendes Gewitter das Kampfgelände in ein Sumpfgebiet, so daß die 22. Pz.Div. und die mot. Vorausabteilung des Korps völlig steckenblieben und auch die Bewegungen der Inf.Divisionen erheblich verlangsamt wurden. Nur mit größter Mühe gelang es, noch in der Abenddämmerung die 22. Pz.Div. ohne ihr Art. Regt., das noch nicht herangekommen war, zum Stoß nach Norden für die Einkesselung anzusetzen. Der Divisionskommandeur wollte nicht mehr in die Nacht hinein angreifen. Seine Division, etwa sechs Wochen vorher eingetroffen und auf der Krim vom Korps im Schnellverfahren vier Wochen weiter ausgebildet, hatte noch nie einen Nachtangriff ausgeführt. Ich bestand aber auf meiner Forderung, möglichst weit in die Nacht vorzustoßen. Sobald ein Weiterstoß wegen völliger Dunkelheit nicht mehr möglich war, sollte die Division »igeln«, um beim ersten Morgenlicht weiter nach Norden durchzustoßen. Das war notwendig, denn sonst hätte sich der Feind, ein Meister des Rückzugs, der Einkesselung entzogen. Tatsächlich gelang es der 22. Pz.Div., noch tief in die feindliche Flanke vorzudringen. Dann igelte sie sich ein und konnte am nächsten Morgen bei Büchsenlicht bereits überraschend in sowjetische Panzerbereitstellungen hineinstoßen. In der sich nun entwickelnden Panzerschlacht erzielte die Division hohe Abschußzahlen, wodurch sie den feindlichen Panzerwiderstand vollständig brach. Sie konnte bis an die Nordküste der Kertsch durchbrechen, so daß die beabsichtigte Einkesselung erheblicher Feindteile gelang.«

(22. PD - 9.5.1942)

Im Morgengrauen des 21. August 1942 tritt die II./Pz.Rgt. 201 an, durchfährt Nowo Iwanowskij und überschreitet den Urwany. Um 5.15 Uhr werden feindliche Gefechtsposten aus der Kolchose südlich Prawurganski geworfen und z.T. gefangengenommen. Gegen 8.00 Uhr erreicht die Panzer-Abteilung die Bahnlinie Naltschik, Maisij und bringt die Lokomotiven zweier von Naltschik herankommender Güterzüge durch Beschuß zum Stehen.

Begleitende Pioniere sprengen die Bahnlinie an mehreren Stellen, dann geht die II./Pz.Rgt. 201 befehlsgemäß zur Kolchose zurück, wo sie sich im Rahmen der Kampfgruppe Burmeister zum Angriff auf die Straßenbrücke bei Maiskij bereitstellt. Um 10.00 Uhr tritt die Kampfgruppe an, die I. und III./Pz.Art.Rgt. 128 unterstützen den Angriff. Unter schwerem Abwehrfeuer sowjetischer Artillerie kämpfen sich die Panzer bis auf 600 m an die Brücke heran. Aus zwei Pakriegeln werden vier Pak herausgeschossen. Vor die Brücke schießt die feindliche Artillerie Sperrfeuer. Um 16.00 Uhr sprengt der Feind die Brücke. Der Angriff wird abgebrochen.

Um 17.45 Uhr tritt die II./Pz.Rgt. 201 erneut an. Ziel ist diesmal die südlich gelegene Eisenbahnbrücke über den Tscherek. Es folgt Kradschtz. Btl. 23. Mit Artillerie- und Werferunterstützung wird der Angriff bis auf 500 m an die Brücke herangeführt. Gegen zähen Feindwiderstand sowie massierte Pak und Artillerie schiebt sich die Angriffsgruppe bis auf 100 m an die Brücke heran, da geht auch diese in die Luft. Der Angriff wird eingestellt. Die Gruppe Burmeister geht auf ihre Ausgangsstellungen zurück.

(23. PD - 21.8.1942)

Vor uns sichtbar unser Angriffsziel: Ordshonikidse.
Der Weg dorthin führte einzig und allein über eine deckungslose Pläne.
Nach Gefangenenaussagen war die Stadt in der Gesamtheit mit stärksten Befestigungen ausgebaut, umgeben von Betonbunkern, Pakstellungen unter Stahlbunkern, den üblichen Minenfeldern und dergleichen mehr.
Nach Überwinden des Feindwiderstandes im Raume Gisel erreichten die vordersten Bataillone einen der Panzergräben in der Nähe des Flugplatzes. In des Wortes wahrstem Sinne schoben sich unsere Panzer-Grenadiere weiter und weiter vor und gelangten bis ca. 1.800 m an den Ostrand der Stadt.
Ordshonikidse war ein wichtiger Waffenplatz der sowjetischen Kaukasus-Armee. Ferner war die zur Stadt führende Grusinische Heerstraße eine wichtige Paß-Straße, auf welcher die Sowjets ihren Nachschub aus Transkaukasien von Tiflis her heranführten. In Stellung befanden sich rechts II./93, links II./66, I./66 links rückwärts gestaffelt. Kr. 43, verstärkt durch die III./Pz.Rgt. 4, hatte die Abdeckung der linken Flanke, I./ und II./Pz.Rgt. 4 standen als Stoßreserve zur Verfügung.
Zur Deckung der rechten Flanke, nahe dem Gebirge, kämpfte das uns unterstellte I./Geb.Jäg.Rgt. 99 mit einer Sturmgeschütz-Batterie 203 und einer Kompanie Pi. Bataillon 626. Dem angestrebten Angriffserfolg entsprechend, sollte dieser Verband in die Grusinische Heerstraße hineinstoßen.

(13. PD - 1.11.1942)

»Dann bricht es (das Schützenbataillon) in den Südteil von Duderhof ein. Russische Infanterie mit Pak, die hinter der 36. Inf.Div. mot. wieder nach Duderhof-Wilosi hineingestoßen war, wird von den Panzern der Spitze zerschlagen. Darauf dreht Major Eckinger sein Bataillon, bei dem sich je nach Lage und Gelände Panzer und Schützenpanzer als Spitze ablösen, nach Süden und dann wieder nach Osten, gegen die »kahle Höhe« südostwärts Duderhof ab. Von ihrer höchsten Stelle schaut eine alte Kirche, Teil eines Klosters, weit hinaus ins Land. Sich durch Duderhof zügig »vorfranzend«, dann nach Osten herumgreifend und bald darauf zwischen feindlichen Bunkern aufgesessen hindurchschlängelnd, gelingt der Einbruch in die mit Marineschützen bestückte Bunkerlinie!...
Durch diesen Angriff mit verkehrter Front glückt die Einnahme des beherrschenden Höhenzuges bei Punkt 167 südostwärts Duderhof. Er wird gegen 12.00 Uhr frontal von Nordosten her durch die verstärkte I./Schtz.Rgt. 113 (Hauptmann v. Berckefeldt) und die verstärkte 6./Pz.Rgt. 1 (Oberleutnant Darius) genommen. Unteroffizier Fritsch stürmt mit Pionierstoßtrupps und Flammenwerfern Feldstellungen und Geschützstände auf dem Höhenzug. Die entscheidende Höhe war bis 12.30 Uhr fest in deutscher Hand. Der Chef der 6./Pz.Rgt. 1 funkte in diesem Augenblick an seinen Abteilungsführer: Ich sehe Leningrad und das Meer!«

(1. PD - 11.9.1941 - Leningrad)

Durch! So rollen die Fahrzeuge immer weiter durch Hohlwege, Sumpfniederungen, durch Wald und Feld und über manche brüchige Holzbrücke. Die Kolonne kommt in der Nähe von Titschi über die Ssula, damit ist die Hälfte des Weges geschafft! Plötzlich bricht die Funkverbindung mit der Division ab. Die eigenen Wagen stehen in einer Schlucht, doch als sie sich den Weg wieder nach oben gebahnt haben, ist die Verbindung wieder da, und hinten in Romny atmen General Model und Major i.G. Pomtow hörbar auf, als sie hören: »Um 16.02 Uhr auf der Höhe von Luka«. Schon lange ist die Sonne rotgolden untergegangen. Aber endlich kann die Kampfgruppe auf einer Hochfläche halten und die Fahrzeuge hinter Getreidepuppen untertauchen lassen. Durch Ferngläser blicken die Männer hinüber zur Silhouette der Stadt, die sich gerade noch vom Abendhimmel abhebt. Dunst- und Qualmwolken ziehen über die Häuser, dazwischen pfeifen die MG-Schüsse und krachen die Artillerieeinschläge. Es ist kein Zweifel mehr, der Stoßtrupp steht dicht hinter der russischen Front und wenige Kilometer weiter halten die Spitzen der Heeresgruppe Süd!
Oberleutnant Warthmann gibt Befehl: »Panzer — Marsch!« Die Kampfgruppe rollt an, durchfährt eine Schlucht, feuert auf plötzlich aus dem Dunkel auftauchende Russen, die erschrocken davonstieben. Da versperrt ein Bach die Weiterfahrt. Die Fahrzeuge suchen einen Übergang. Dort ist eine Brücke. Der P-III des Oberleutnants fährt darauf zu, die Brücke ist gesprengt. Graue Gestalten springen auf, lehmverkrustet, stoppelbärtig, und winken und winken. Es sind Männer der 2./Pi. 16 der 16. PD! Es ist genau 18.20 Uhr.
Die Soldaten weisen eine gangbare Stelle durch den Bach. Oberleutnant Warthmann fährt mit seinem Wagen hinüber und dreht nach Lubny ein. Kurze Zeit später meldet

er sich bei Generalmajor Hube. Der Kampfwagen der 3. PD mit dem großen »G« (Guderian) auf seiner Stahlwand steht neben einem Panzer mit den Buchstaben »K« (Kleist). Die Spitzen der beiden Heeresgruppen haben sich vereinigt! Der Kessel von Kiew ist geschlossen!

(3. PD - 14.9.1941 - Kiew)

»Mit der hereinbrechenden Schlammperiode hatte sich beim Feind ein Bundesgenosse eingestellt, der das erreichte, was der russischen Führung und der erbittert kämpfenden Truppe trotz aller Blutopfer bisher nicht gelungen war. Nicht der russische Winter, sondern der Herbstregen brachte den deutschen Vormarsch zum Stehen. Es regnete und schneite ununterbrochen. Im knietiefen Schlamm der Wege blieben alle Bewegungen stecken. So wurde es fast unmöglich, die Truppe auch nur mit dem notwendigsten Kampf- und Lebensmittelbedarf zu versorgen. Auch auf den sogenannten »guten« Straßen bereitete der Verkehr von Mitte Oktober bis Anfang November unsägliche Schwierigkeiten. Die Fahrer der Trosse und Nachschubkolonnen leisteten Übermenschliches. Schließlich blieb nichts übrig, als mit den wenigen verfügbaren Panjewagen den Nachschub an die Front zu bringen. Erst mit Eintreten des Frostes konnte allmählich an eine Festigung der Front und besonders auch an die Sicherstellung geordneter Versorgung und Bevorratung gedacht werden. Bis dahin wurden unsere Divisonsteile seit dem 4.11. mit der »alten Tante« Ju 52 aus der Luft versorgt. Pro Tag standen zwei Scheiben Knäckebrot, etwas Wurst, einige Zigaretten auf dem Speisezettel. Die Truppe aus dem Lande zu verpflegen, war nur in sehr geringem Umfang möglich, weil die Dörfer entlang der Vormarschstraße zwar noch angegriffene Kartoffelvorräte, aber fast keinen Viehbestand mehr aufwiesen.«

(2. PD - 26.10.1941 - Moskau)

»Seit 4.00 Uhr führt der Gegner, nach neuerlich starker Artillerievorbereitung, mehrere starke Angriffe aus südostwärtiger Richtung mit Schwerpunkt beiderseits der Bahnlinie Krujukowo. 5 feindliche Batterien und Stalinorgeln, die mittlerweile gefürchteten Raketen-Salvengeschütze, treten dabei neu auf. Desgleichen mehrere Panzer schwerster Bauart. Doch alle Feindangriffe können abgewehrt werden. Es gelingt dem Gegner lediglich, die Sicherungen ostwärts von Krujukowo vorübergehend einzudrücken, doch kann die alte Lage im Gegenstoß wieder hergestellt werden.
Die danach eintretende Feuerpause wird genutzt, um die eigenen Toten zu begraben. Damit aber hat man seine liebe Not, da die Erde so hart gefroren ist, daß ihr mit Spaten und auch mit Spitzhacken nicht beizukommen ist. Mit Handgranaten, die in vorbereitete Löcher gesteckt werden, gelingt es dann schließlich, ein paar seichte Mulden für die gefallenen Kameraden herauszusprengen. Das ist aber auch alles, was hier für sie getan werden kann.«

(11. PD - 3.12.1941 - Moskau)

Schlachten 1942

In dichten Pulks trugen die Stukas ihre Bomben nach Stalingrad und ließen auf dem Rückflug dicht über den Türmen der vorrollenden Panzer übermütig ihre Sirenen heulen. Nach hartem Gefecht überwand die 16. Pz.Div. den Tatarengraben und überquerte südlich Kotluban die Bahnlinie Frolow-Stalingrad. Eisenbahnzüge gingen in Flammen auf. Der Gegner schien vollkommen überrascht. Zügig ging der Vormarsch weiter. Am frühen Nachmittag erblickten die Kommandanten der Panzer am Horizont rechts drüben die imposante Silhouette der Stadt Stalingrad, die sich 40 Kilometer lang an der Wolga hinstreckte. Fördertürme und Schlote, Hochhäuser und Türme sahen aus den Qualmwolken der Brände hervor. Sehr fern im Norden ragte aus der gestaltlosen Weite eine Kathedrale empor.
Gegen 15.00 Uhr kam feindliches Feuer auf. Vor den nördlichen Vorstädten, Spartakowka mit seinem Traktorenwerk, Rynok und Lataschinka stand russische Flak, von Frauen bedient. Sie empfingen die Angreifer mit ihren Granaten. Geschütz für Geschütz mußten 37 Feuerstellungen von Pz.Abt. v. Strachwitz und II./64 niedergekämpft werden. Und dann standen die ersten Panzer an dem überragenden Westufer der Wolga. Still und majestätisch floß der breite, schwarze Strom dahin und trug Schleppkähne flußabwärts, und drüben dehnte sich die asiatische Steppe ins Unendliche, und Stolz und Freude und ein Staunen war auf den Gesichtern der Männer. Zur Nacht igelte die Division am Nordrand der Stadt nahe dem Strom. Fieberhaft rüsteten sich die Kampfgruppen für die Kämpfe der nächsten Tage. Schon jagte der Russe Panzer- und Flakfeuer herüber. Wie Wetterleuchten zuckte der grelle Schein der Abschüsse am sternklaren Nachthimmel.

(18. PD - 23.8.1942 - Stalingrad)

15. September 1942. Ich muß mich heute noch breiter machen und auch die Schwadron, die bisher rechts von uns lag, ablösen. Die Panzerabteilung von Lanken greift heute durch die Südstadt die »Kasernenhöhe« an, kommt aber auch nicht vorwärts. Das unübersichtliche Gelände dort ist von Bunkern, Stellungen und eingegrabenen Panzern nur so übersät.
16. September 1942. Auch wir werden herausgezogen, um durch die Stadt erneut mit den Panzern anzugreifen und um dieses Widerstandsnest endlich auszuheben. Wir fahren in Marschordnung an der Bahn entlang in die Stadt, wo die Abteilung von Heyden soeben den Hauptbahnhof genommen hat und bis zum Wolgaufer vorgestoßen ist. Dann drehen wir ein und fahren in westlicher Richtung auf die »Kasernenhöhe« zu. Die Stadt ist hier völlig verbrannt, Trichter um Trichter besäen die Straßen.
Am Stadtrand sitzen wir ab und greifen, von den Panzern durch Feuer unterstützt, zunächst ein starkes Stellungssystem vor einer quer zur Höhe verlaufenden tiefen Nordsüdrachel an. Wir dringen in den vordersten Graben ein und rollen ihn im harten Nahkampf auf. 30 m vor uns liegt jetzt der zweite Graben und dahinter fängt das Gebüsch mit Bunkern und Panzern an. In einem geschlossenen Sprung nehmen wir den zweiten Graben und räumen auch diesen auf. Starkes Artilleriefeuer faßt uns jetzt; es ist nicht auszumachen, ob eigenes oder feindliches. Nachdem der zweite Graben fest in

unserer Hand ist, und die letzten Russen aus ihren Löchern herausgeholt oder mit der Pistole getötet worden sind, dringen wir stoßtruppartig in das Gebüsch ein. Vor uns liegt eine kleine Häusergruppe, links führt ein Weg und rechts ist dichtes Gebüsch, in dem mehrere T 34 in 50 bis 100 m Entfernung zu erkennen sind.

(24. PD - 16.9. 1942 - Stalingrad)

»Im ersten Morgengrauen treten Kampfgruppe Quentin (Panzeraufklärungsabteilung 6) und Panzergruppe Hünersdorff zur Gewinnung eines Übergangs über den Aksaj an«, heißt es im Kriegstagebuch vom 13. Dezember. »Kampfgruppe Quentin trifft bereits bei Punkt 90,7 auf hartnäckig kämpfenden Panzerfeind, bei dem sich auch starke Artillerie und Stalinorgeln befinden.«
Hierzu Kriegstagebuch des Panzerregiments 11: »Das Vorgehen wird durch 2 vereiste Schluchten verzögert. Am Bahnknick kurzer Feuerkampf mit Feindpanzern ostwärts der Bahn. Die ostwärts der Bahn vorgehende Gruppe Quentin bittet gegen diese Panzer um Unterstützung. Der Kommandeur entschließt sich jedoch, sich nicht durch diese Panzer nach Osten abziehen zu lassen, sondern befiehlt Weitermarsch nach Nordwesten auf Saliwskij.«
Der Übergang über den Aksaj wird in Saliwskij von den Panzern um 8.00 Uhr fast ohne Feindwiderstand genommen.
Kriegstagebuch des Panzerregiments 11:
»I. Abteilung geht nach Norden und stellt sich zum Angriff auf Werchne-Kumskij bereit. Beim Übergang des der I. Abteilung folgenden Regimentskommandeur-Panzers bricht die Brücke und der Kommadeur-Panzer sperrt den Übergang für alle weiteren Fahrzeuge. Der I. Abteilung können weitere Kräfte nicht nachgesandt werden. Vorgesehen war der Angriff des gesamten Regiments mit dem Schützenpanzerwagenbataillon 114 und Artillerie. Nach einem starken Stukaangriff auf Werchne-Kumskij entschließt sich der Kommandeur zum Angriff nur mit der I. Abteilung. Werchne-Kumskij wird gegen schwachen Feindwiderstand um 12.00 Uhr genommen. Zu dieser Zeit beginnt auch der Brückenschlag über den Aksaj, da der eingebrochene Panzer nicht von der Brücke heruntergezogen werden kann.«

(6. PD - 13.12.1942 - Entsatz Stalingrad)

Der Anmarsch der Panzer-Abteilung verzögerte sich, da der Kommandeur einen falschen Weg eingeschlagen hatte, dadurch auf einen Hang geriet, an dem die Panzer, vor allem die Panzer 4, bei dem Glatteis zu rutschen drohten. Erst nachdem die Abteilung die von mir an Ort und Stelle zugewiesene nördlichere Anmarschrichtung eingeschlagen hatte, konnte der Angriff durch planmäßiges Zusammenwirken der drei Hauptwaffen vorgetragen werden. Um den Kolchos wurde erbittert eine volle Stunde im Panzerduell gekämpft, bevor der Gegner nachgab. Der Kolchos fiel gegen 11.00 Uhr. Dabei wurden 15 großenteils unbeweglich in die Verteidigung eingebaute feindliche Panzer vernichtet! Es war nicht festzustellen, ob diese Taktik durch Betriebsstoffmangel oder »Haltebefehle« bestimmt war. Das bewegliche Panzergefecht wurde gegen von Norden herangeführte Panzer geschlagen. Die eigenen Panzer holten nach Westen aus, griffen dann nach Nordosten an und erzwangen den Rückzug.

Der Gegner hatte zum Glück nicht die wirksamere Taktik eines Panzerangriffs aus nordwestlicher Richtung gewählt, die für die Division die empfindlichste gewesen wäre. Während des Kampfes übernahm die hinter der Panzergruppe nachgezogene verstärkte Gruppe des Pz.Gren.Rgts. 40 den Schutz der linken, offenen Flanke.

Das Korps meldete, der Gegner baue unter dem Eindruck des Angriffs auf seine rechte Flanke eine neue Verteidigungsfront auf den Höhen nördlich Werchne-Kumskij auf. Daher wurde der ursprüngliche Plan, im Verein mit der frontal angreifenden 6. Pz.Div. den Ort Werchne-Kumskij zu nehmen, aufgegeben und der Angriff gegen die Höhen nördlich dieses Ortes angesetzt. Er kam nicht mehr zur Ausführung, weil es zu früh (gegen 15.00 Uhr) dunkel wurde. In den Nachmittagsstunden versuchte der Gegner erneut vom Norden her mit Panzern anzugreifen, konnte aber nunmehr ziemlich mühelos abgewiesen werden.

(17. PD - 16.12.1942 - Entsatz Stalingrad)

Schlachten 1943

Die Vorbereitung der Sommeroffensive »Zitadelle« nahm das OKH zum Anlaß, ab April die Panzerdivisionen nach der Konzeption des Generalinspekteurs der Panzertruppen, GO Guderian, zu gliedern. Schon im Dezember 1942 war der Stab 9. Pz.Gren.Brig. weggefallen; es folgte nun die Abgabe von 2 Abteilungen Pz.Rgt. 33, die Herauslösung der IV. Abteilung aus dem Pz.Art.Rgt. 102 als selbständige HFlak.Art. Abt. 287 und die neuerliche Umgliederung des Kradsch.Btl. 59 in die Pz.Aufkl.Abt. 9. So waren Ende Juni 1943 einsatzbereit:

DivStab		
Pz.Rgt. 33 (1 Abt.)	Pz.Art.Rgt. 102 mit	Pz.Pi.Btl. 86
Pz.Gren.Rgt. 10 (2 Btl.)	2 lei + 1 sAbt.	Pz.Nachr.Abt. 85
Pz.Gren.Rgt. 11 (2 Btl.)	HFlak.Art.Abt. 287	Pz.Div.Na.Tr. 60
Pz.Aufkl.Abt. 9	Pz.Jg.Abt. 50	Feld.Ers.Btl. 60

Am 5.7.1943 trat die 9. Pz.Div., dem XXXXVII. Pz.Korps unterstellt, aus dem Orelbogen Richtung Fatesh im Schwerpunkt der 9. Armee (Model) zum Angriff an. Die verratene Offensive, die nicht durchschlug, zwang den OB dazu, wegen unverantwortbarer Verluste den Angriff am 13.7. anzuhalten. Die 9. Pz.Div. setzte er unverzüglich zum Abdämmen des sowjetischen Durchbruchs im Rücken der 9. Armee nördl. Orel beim XXXXI. Pz.Korps ein; Mitte August dem Pz.AOK 2 zur Verfügung gestellt, kam sie nördl. Kirow beim LVI. Pz.Korps zum Einsatz. Damit nahm die Division an zwei wichtigen Absetzbewegungen in die »Hagenstellung« ostw. Brjansk teil, bis sie am 22.8. im Bahntransport beschleunigt in den Abschnitt der 6. Armee, zum XXIX. AK an die Miusfront, geworfen wurde.

(9. PD - Juni/Juli 1943 - Zitadelle/Orel)

5.00 Uhr Antreten der eigenen Infanterie und Panzer aus Linie: Butowo - Gerzowka mit Sturmgeschützen und 4./Pz.Stu.Pi.Btl. GD beim Angriffs-Bataillon der Grenadiere, dem III. Btl. unter Hptm. Senger.

9.00 Uhr Punkt 237,8 westlich Tscherkasskoje erreicht! — 12. Kp. dreht nach Westen ein. — Eigene Panzer haben Schwierigkeiten vor Panzergräben im Gerzowka-Grund. — Rechter Nachbar — 11. PD — steht bei Höhe 237,8. — Linker Nachbar — Pz.Füsiliere — auf gleicher Höhe mit uns. Starke feindl. Fliegertätigkeit. —

9.15 Uhr Bombenvolltreffer auf Rgt. Gef. Std. — Ausfälle: Rgt. Adj. Hptm. Beckendorff, Lt. Hofstetter IV. Btl. (Adj.), Lt. Stein, Pz.Jäg.Abt. GD gefallen.

10.00 Uhr Befehl von Ia Div. an Panther-Brig.: Vorstoßen auf Punkt 210,7. — I. und II. Btl. schließen sich an. — Ausführung durch Stop vor Panzergraben verzögert. — II. Btl. hat Schwierigkeiten nachzukommen, da Pz.Abt. den Weg versperrt. —

11.00 Uhr Brücke wird über den Gerzowka-Grund gebaut — etwa in der Mitte des Angriffsstreifens der Division.

13.50 Uhr Sowjetischer Angriff mit 7 Panzern in Richtung Korowino (bei den Füs.), dort auch unser III. Btl.

13.53 Uhr	Alle 7 angreifenden Russen-Panzer von eigenen Panzern abgeschossen. Zeitweise Aufleben feindlicher Fliegertätigkeit.
14.30 Uhr	Das I. Btl. und Panther-Brigade mit Anfängen am Panzergraben. Das II. und IV. Btl. mit Spitze südlich Punkt 229,8 und in Mulde.
15.30 Uhr	Behelfsbrücke über Beresowyj-Grund von Panther zerfahren.
17.50 Uhr	Stellungswechsel Rgt. Gef. Std. nach Westrand Jamnoje.

(Pz.Gren. »GD« - 6.6.1943 - Zitadelle)

Rückzug 1944

Am nächsten Tag, dem 5. April, sollte der Angriff bei Morgengrauen fortgesetzt werden. Generalleutnant v. Saucken hatte dazu der Panzerkampfgruppe Mühlenkamp befohlen, den vom Feind stark besetzten Höhenzug südlich Dubowa im Angriff zu nehmen, restliches Pz.Gren.Rgt. 33 sollte mit Hilfe des von Norden umfassend angreifenden Pz.Rgts. der 5. Pz.Div. das stark besetzte Dubowa zu Fall bringen und alsdann unter Sicherung von Flanke und Rücken durch die 5. Pz.Div. in breiter Front auf den Nordrand von Kowel zum Angriff antreten.
Es wurde ein voller Erfolg und stellte die langerstrebte Verbindung mit dem »festen Platz« Kowel her. Schon in der Nacht zum 5.4. hatte die Aufklärung des Pz.Gren.Rgts. 33 eine zeitweilige Verbindung mit den vordersten Stützpunkten des Pol.Rgts. Goltz der Festungsbesatzung von Kowel hergestellt. Durch den Angriff der verstärkten 4. Pz.Div. wurde diese im Laufe des 5.4. endgültig geschaffen.
Um 3.15 Uhr brach der Angriff los. Zwei Stoßkeile traten nach Südosten an, Panzerkampfgruppe Mühlenkamp rechts mit Angriffsziel Höhen 2 Kilometer südlich Dobowa, links Pz.Gren.Rgt. 33 auf »do Dubowej«. Nach hartem Kampf wurde das erste Angriffsziel in kurzer Zeit erreicht. Nunmehr begann das Ringen um die feindliche Außenbastion am Nordrand von Kowel, die mit Paks geradezu gespickt war. Jetzt ging die Panzerkampfgruppe Mühlenkamp im ständigen Feuergefecht mit einer Panzerkolonne rechts davon auf den Eisenbahnbogen nordwestlich der Stadt, mit der linken Kolonne entlang der Bahnlinie Brest-Litowsk - Kowel vor und zerschlug nach hartnäckigem Feuerkampf die dortigen Pak-Sperren, während die Angriffsgruppe der 4. Pz.Div. direkt von Norden aus in den Nordteil von Kowel eindrang.

(5. PD - 5.4.1944)

Am 26. erfolgt Weitermarsch. Der geplante Weg über Toubowka kann nicht eingehalten werden, da dieser Ort bereits von starken russischen Kräften besetzt ist. Bei Nikolajewka wird die Marschkolonne der Division, bei der sich auch General Källner befindet, plötzlich von Toubowka her von starken russischen Panzerkräften angegriffen. Sofort bezieht die Division eine igelförmige Stellung rund um den Ort. Der Panzergruppe Schneider vom Pz.Rgt. 27 gelingt es erneut, 20 Feindpanzer abzuschießen. Das I./Pz.Gren.Rgt. 73 wird als Spitze angesetzt, um den Weg nach Jelisawetiwka freizukämpfen. Der dortige Waldrand ist bereits von starken russischen Kräften besetzt, das Batl. liegt bald fest. Inzwischen hat General Källner einen neuen Marschweg ausfindig gemacht. Über Maschina schleust er die Division über 40 km auf einer einzigen Marschstraße durch die ukrainischen Wälder. Dunkelheit bricht herein, unermüdlich geht der Weg über den schlechten Waldweg, durch riesige Wasserlöcher. Übermenschliches, was hier von den erschöpften Soldaten geleistet wird. Wieviel steckengebliebene Fahrzeuge werden flottgemacht, doch die Männer müssen marschieren. Dabei ist das Regiment Nachhut. Sobald die Kolonne einmal hält, hört man durch die Nacht starke Kettengeräusche russischer Panzer von Norden.
(19. PD - 26.12.1944)

»12. Panzerdivision: Erfahrene, bewährte Panzerdivision mit mehreren schwungvollen, hervorragenden Kommandeuren. Harte, auf alles bedachte Führung.«

(12. PD - Beurteilung Heeresgruppe 1944)

Rückzug 1945

Die Gr. Hoffmann wirft (12.20 Uhr) nach Feuerschlag auf Höhe 78,7 und gleichzeitig auf Ileni den Gegner aus Ileni. Der Ort ist z.Zt. in unserer Hand. Der Feind geht zwischen Ileni und Muldeini zurück.
Um 14.20 Uhr hat auch Pz.Pi.Btl. 79 Ileni erreicht.
15.00 Uhr gelingt fdl. Gegenstoß. Eigene Teile werden dadurch in den Wald westl. davon zurückgedrängt.
Die Gr. v. Gaudecker kann mit dem I./Pz.Gren.Rgt. 12 nach viermaligem erneuten Antreten die HKL wegen zu starken fdl. Widerstandes nicht erreichen.
Das I./12 wird um 5.45 Uhr herausgelöst und dem Pz.Gren.Rgt. 12 zugeführt. II./Pz.Gren.Rgt. 33 verlegt die HKL rückwärts (westl. des »Ei-Waldes«) und richtet sich dort zur Verteidigung ein.
Von Pz.Pi. 79, Pz.Pi.Btl. 32 und I./273 geführte Angriffe, um die alte HKL beiderseits der Höhe 78.7 wiederzugewinnen, erreichten trotz harter Nahkämpfe nicht ihr Ziel.
Pz.Gren.Rgt. 12 übernimmt (6.00 Uhr) den Befehl über Pz.A.A. 4, Pz.Pi. 79, Pz.Pi.Btl. 32 und I./273.
Tagsüber zieht sich Gegner gruppenweise in den »Ei-Wald«, von unserer Art. dauernd bekämpft. Auf unserer Stellung liegt starkes fdl.Art.-, Gr.W.- und Pak-Störungsfeuer und mehrfach Salvengesch.-Feuer.
(17.00 Uhr) Die HKL des Abschn. der Gr. v. Gaudecker ist geschlossen, Sperrfeuerräume sind durch Art. erschossen. — Die Btlne. verfügen am Abend über schwache Reserven für Gegenstöße. Eine 2. Stellung ist durch die s.Kp. und Teile des MG-Btl. »Stettin« besetzt. So erscheint trotz völliger Erschöpfung der Männer im Graben die Verteidigung möglichst gewährleistet.

(4. PD - 5.1.1945)

Der Bericht der Division über den Verlauf des ersten Kampftages wies ansehnliche Erfolgsziffern auf: 63 Feindpanzer waren abgeschossen worden, davon 11 allein mit der »Panzerfaust«. Zahlreiche Pak, Granatwerfer und Handfeuerwaffen hatten erbeutet werden können. Den Pionieren war es gelungen, zwei noch fahrbereite »Sherman«-Panzer aus dem Niemandsland zu bergen und hinter die eigenen Linien zurückzubringen. Daneben waren aber auch Erfolge errungen worden, die sich in Zahlen nicht ausdrücken ließen. Die rote Infanterie — ohnehin nicht übermäßig sattelfest — hatte schwere Verluste erlitten und ihren Angriffsschwung weitgehend eingebüßt. Selbst ihren Verteidigungsaufgaben war sie trotz ausreichender Artillerie- und Salvengeschützunterstützung nur noch sehr bedingt gerecht geworden. Ihr Zutrauen zu den amerikanischen »Sherman«-Panzern, die sich weder den »Tigern« und »Panthern«, noch den schwächeren Pz.IV und Sturmgeschützen gewachsen gezeigt hatten, war geschwunden. Auch die Panzerbesatzungen selbst waren vorsichtiger geworden. Sie zögerten, wo sie hätten energisch zupacken müssen, und es ließ sich wiederholt feststellen, daß sie, selbst wenn sie weitaus in der Überzahl waren, dem Kampf Panzer gegen Panzer gern aus dem Wege gingen. Im übrigen schien die 14. Pz.Div. ein Gegner zu sein, der ihnen ganz und gar nicht »lag«. Ein Funkspruch war aufgefangen worden, der bereits am Morgen des 25.1. nach immerhin recht erheblichen Anfangserfolgen des Russen aufgegeben, fast wie der Hilferuf eines in die Enge getriebenen Verteidigers klang: »Schickt Panzer und Pak! Liegen fest! Die 14. greift an!« Welche Antwort der rote Truppenführer darauf erhielt, ist nicht bekannt geworden. Es war aber unverkennbar, daß von nun an der Angriffsdruck durch Einsatz frischer Infanteriekräfte gesteigert und daß nach und nach die gesamte Operationsreserve an Panzern und schweren Waffen in die Schlacht geworfen wurde. Auch die Kampftätigkeit der taktischen Fliegerverbände nahm, begünstigt durch aufklarendes Wetter, an Umfang und Heftigkeit zu.

(14. PD - 25.1.1945)

Die Orte der Mark Brandenburg glühen in dieser Nacht als brennende Fackeln in den Frühlingshimmel. Buckow, Strausberg, Altlandsberg, Fredersdorf sind die flammenden Wegweiser für die sowjetischen Panzerspitzen. Die wenigen noch einsatzfähigen deutschen Verbände sind nicht in der Lage, energischen Widerstand zu leisten. Abgesehen davon, daß sie völlig erschöpft sind und kaum über größere Mengen Munition verfügen, stecken sie eingekeilt zwischen Flüchtlingstrecks auf den zerstörten Straßen oder in den brennenden Wäldern der Mark. Die Fahrzeuge müssen immer neuen Bombentrichtern ausweichen. Überall liegen zerschossene Lkw und Panzer, andere liegen infolge Betriebsstoffmangels oder Achsenbruchs fest. Diese Wagen sind oft mit Dingen beladen, die die Front so nötig gebraucht hätte. Jetzt allerdings findet keiner mehr Zeit, sich um die aufgeladenen Munitionskisten, Lebensmittelvorräte oder Bekleidungsstücke zu kümmern. Volkssturmmänner haben Panzersperren errichtet, die kein Hindernis für die schweren russischen Kampfwagen sind, wohl aber für die fliehende Bevölkerung mit ihren Pferdefuhrwerken und Handkarren. Nun stauen sich die Kolonnen, bis sie von Panzerkanonen auseinandergesprengt und von den T-34 überrollt werden.
Die Landser der Division Müncheberg geraten in den Strudel der sich überschlagenden Ereignisse. Die Panzerkampfwagen sind die Korsettstangen der Division, die das Auseinanderbrechen der Einheit mit knapper Not verhindern. Feldwebel Hartmann und seine Panzerbesatzung sind ständig unterwegs, um kleinere sowjetische Einbrüche abzuriegeln, versprengte Gruppen herauszuhauen und verspätete Flüchtlingstrecks zu sichern.

(PD »Müncheberg« - 21.4.1945)

Anlage 14

Die Zeichen der Panzerdivisionen 1941/42

1. Panzerdivision
Wehrkreis IX Kassel
Pz.-Grenadierregiment 1, 113
Panzerregiment 1
Pz.-Artillerieregiment 73

2. Panzerdivision
Wehrkreis XVII Wien
Pz.-Grenadierregiment 2, 304
Panzerregiment 3
Pz.-Artillerieregiment 74

3. Panzerdivision
Wehrkreis III Berlin
Pz.-Grenadierregiment 3, 394
Panzerregiment 6
Pz.-Artillerieregiment 75

4. Panzerdivision
Wehrkreis XIII Nürnberg
Pz.-Grenadierregiment 12, 33
Panzerregiment 35
Pz.-Artillerieregiment 103

5. Panzerdivision
Wehrkreis VIII Breslau
Pz.-Grenadierregiment 13, 14
Panzerregiment 31
Pz.-Artillerieregiment 116

6. Panzerdivision
Wehrkreis VI Münster
Pz.-Grenadierregiment 4, 114
Panzerregiment 11
Pz.-Artillerieregiment 76

7. Panzerdivision
Wehrkreis IX Kassel
Pz.-Grenadierregiment 6, 7
Panzerregiment 25
Pz.-Artillerieregiment 78

8. Panzerdivision
Wehrkreis III Berlin
Pz.-Grenadierregiment 8, 28
Panzerregiment 10
Pz.-Artillerieregiment 80

9. Panzerdivision
Wehrkreis XVII Wien
Pz.-Grenadierregiment 10, 11
Panzerregiment 33
Pz.-Artillerieregiment 102

10. Panzerdivision
Wehrkreis V Stuttgart
Pz.-Grenadierregiment 69, 86
Panzerregiment 7
Pz.-Artillerieregiment 90

11. Panzerdivision
Wehrkreis VIII Breslau
Pz.-Gren.-Regiment 110, 111
Panzerregiment 15
Pz.-Artillerieregiment 119

12. Panzerdivision
Wehrkreis II Stettin
Pz.-Grenadierregiment 5, 25
Panzerregiment 29
Pz.-Artillerieregiment 2

13. Panzerdivision
Wehrkreis XI Hannover
Pz.-Grenadierregiment 66, 93
Panzerregiment 4
Pz.-Artillerieregiment 13

14. Panzerdivision
Wehrkreis IV Dresden
Pz.-Gren.-Regiment 103, 108
Panzerregiment 36
Pz.-Artillerieregiment 4

16. Panzerdivision
Wehrkreis VI Münster
Pz.-Grenadierregiment 64, 79
Panzerregiment 2
Pz.-Artillerieregiment 16

17. Panzerdivision
Wehrkreis VII München
Pz.-Grenadierregiment 40, 63
Panzerregiment 39
Pz.-Artillerieregiment 27

18. Panzerdivision
Wehrkreis IV Dresden
Pz.-Grenadierregiment 52, 101
Panzerregiment 18
Pz.-Artillerieregiment 88

19. Panzerdivision
Wehrkreis XI Hannover
Pz.-Grenadierregiment 73, 74
Panzerregiment 27
Pz.-Artillerieregiment 19

20. Panzerdivision
Wehrkr. IX Kassel XI Hann.
Pz.-Grenadierregiment 59, 112
Panzerregiment 21
Pz.-Artillerieregiment 92

21. Panzerdivision
Wehrkreis VI Münster
Pz.-Gren.-Regiment 125, 192
Panzerregiment 100 (22)
Pz.-Artillerieregiment 155

22. Panzerdivision
Wehrkreis XII Wiesbaden
Pz.-Gren.-Regiment 129, 140
Panzerregiment 204
Pz.-Artillerieregiment 140

23. Panzerdivision
Wehrkreis V Stuttgart
Pz.-Gren.-Regiment 126, 128
Panzerregiment 23
Pz.-Artillerieregiment 128

24. Panzerdivision
Wehrkreis I Königsberg
Pz.-Grenadierregiment 21, 26
Panzerregiment 24
Pz.-Artillerieregiment 89

25. Panzerdivision
Wehrkreis VI Münster
Pz.-Gren.-Regiment 146, 147
Panzerregiment 9
Pz.-Artillerieregiment 91

26. Panzerdivision
Wehrkreis III Berlin
Pz.-Gren.-Regiment 9, 67
Panzerregiment 26
Pz.-Artillerieregiment 93

116. Panzerdivision
Wehrkreis VI Münster
Pz.-Gren.-Regiment 60, 156
Panzerregiment 16
Pz.-Artillerieregiment 146

Anlage 15

Deutsche Panzerkampfwagen im Ostfeldzug

Mit Beginn der Offensive gegen die »Rote Armee« erzielten die deutschen Kampfwagen dank ihrer technischen Überlegenheit, dem taktischen Können und der Feuerdisziplin ihrer Besatzungen gewaltige Erfolge. Hier griffen Kampfwagen vom Typ P-III über die Steppen Weißrußlands an. Zu beachten sind noch die weißen Markierungen am Turm, an denen man die Einheiten erkennen konnte. (Bild vom 29.6.1941.)

Der Vormarsch 1941

Eine Panzerabteilung im Kampf um eine Ortschaft bei Smolensk. Rechts ein P-II, vor ihm ein P-III, weiter vorn die Fahrzeuge der Schützen. (Bild vom 17.7.1941.)

Nach der Schlacht von Kiew im September 1941 rücken deutsche Panzer — an sowjetischen Kriegsgefangenen vorbei — zur Schlacht um Moskau nach vorn.

Verteidigung an allen Frontabschnitten — 1942/43

Als der Herbstregen auf russische Straßen und Felder herabrauschte, versanken diese im Schlamm und Modder. Jetzt ging es nur mühsam weiter. (Bild vom 28.10.1941.)

Noch schlimmer wurde es, als der Winter kam. Nicht nur Kälte und Eis ließen die Motoren einfrieren, sondern die Kampfwagen blieben im Schnee stecken. Hier ein P-III vor Tula, 2.12.1941.

Der größte und gefährlichste Gegner wurde im Herbst und Winter 1941 der russische Kampfwagen »T-34«, ihm waren die mittleren deutschen Kampfwagen nicht gewachsen. Vorn zwei T-34. (Bild vom 10.8.1942.)

Die Kriegslage erforderte oft eine rasche und improvisierte Verlegung der Panzerverbände, die als »Feuerwehren« dort eingesetzt wurden, wo es »brannte«. Da wurde der Kampfwagen zum Transportfahrzeug, auf das Waffen, Munition, Ersatzteile und Verpflegung geladen wurden. (Bild vom 24.3.1942.)

Noch einmal rollten deutsche Kampfwagen nach Osten. Wie hier am 15.9.1942 in Richtung Stalingrad. Dann aber, als der Winter kam, ging es nur noch zurück. Bild unten zeigt eine Abteilung mit P-IV am 18.1.1943 auf dem Rückmarsch aus dem Kaukasus in Richtung Rostow.

Rückzug und Endkampf — 1944/45

Nachdem 1943 das »Unternehmen Zitadelle« gescheitert war, wurden die Kampfwagen nur noch zur Abwehr, zu Gegenstößen oder als Nachhut eingesetzt. Hier rollen die »Tiger«-Panzer der Division »Großdeutschland« an Schützenpanzerwagen vorbei, um sich für einen Gegenstoß bereitzustellen.

Auch im Norden der Ostfront — hier Kampfwagen einer »Tiger«-Abteilung an der lettischen Ostseeküste — ging es zurück. Kurland ist von der übrigen Front abgeschnitten, der letzte Kriegswinter ist da.

Der letzte deutsche Panzerangriff größeren Stils erfolgte im ungarischen Kampfgebiet. Hier rollen »Königstiger« zu einer Bereitstellung im Gran-Brückenkopf, nördlich von Budapest, vor. (Bild vom 5. 3. 1945.)

Anlage 16

Organisation, Gliederung und Einsatz der — nach laufender Nummer — ersten und letzten Panzerdivision

1. Panzer-Division

(WK IX, E 1 Erfurt)

* 15. 10. 1935 durch Umbenennung der leichten Div. (fr. 3. Kav.Div.) Weimar. 18. 8. 1939 mobil mit

1. Schützen-Brig., Weimar
   Schützen-Rgt. 1 Weimar I., II.
   Kradsch.Btl. 1 Langensalza
1. Panzer-Brig., Erfurt
   Panzer-Rgt. 1 Erfurt I., II.
   Panzer-Rgt. 2 Eisenach I., II.
Art.Rgt. 73 Weimar I., II.
Div.Einheiten 37, jedoch Aufkl.Abt. (mot.) 4
Vers.Truppen 81

Am 30. 10. 1939 trat III./Inf.Rgt. 69 von der 20. Inf.Div. (mot.) als III./Schtz.Rgt. 1 zur Division. Am 20. 10. 1940 schied Pz.Rgt. 2 aus und trat zur neugebildeten 16. Pz.Div. Die 1. Pz.Div. erhielt ein zweites Schtz.Rgt. 113 zunächst am 6. 11. 1940 aus III./Schtz. Rgt. 1 (fr. III./69) und einem aus Abgaben des Schtz.Rgt. 1 gebildeten II. Btl. Am 15. 2. 1941 tauschen dann II./1 und I./113, so daß das frühere III./69 jetzt II./Schtz.Rgt. 1 wird. Art.Rgt. 73 erhält eine III. Abt. aus II./Art.Rgt. 56

Schützen-Rgt. 1 I., II.
Schützen-Rgt. 113 I., II.
Kradsch.Btl. 1
Panzer-Rgt. 1 I., II.
Art.Rgt. 73 I.–III.
Div.Einheiten 37 (Aufkl.Abt. 4 1942 aufgel.)
Vers.Truppen 81

11. 7. 1942 Schützen-Rgt. 1 und 113 in Pz.Gren.Rgt. umbenannt. Abgabe von I./Pz.Rgt. 1 als Pz.Abt. 116 an die 16. Pz.Gren.Div. Die Div. behält nur II. Abt. bis am 15. 1. 1943 bei der Auffrischung der Div. in Frankreich diese I. Abt. wird und die II. aus I./Pz. Rgt. 203 neu gebildet wird. Die Heeres-Flakart.Abt. 299 tritt zur Division. Das Kradsch. Btl. 1 wird 1. 3. 1943 vorübergehend Pz.Aufkl.Rgt. 91 (mit I., II., 7) dann 29. 4. Pz.Aufkl. Abt. 1. Das Art.Rgt. erhält eine weitere Abt.

Pz.Gren.Rgt. 1 I., II.
Pz.Gren.Rgt. 113 I., II.
Pz.Aufkl.Abt. 1
Pz.Rgt. 1 I., II.
Art.Rgt. 73 I.–IV.
H.Flakart.Abt. 299
Div.Einheiten 37, Vers.Truppen 81

Am 28. 9. 1944 wird das Gren.Ausb.Btl. (mot.) 1009 der Pz.Div. Tatra in die Div. eingegliedert. Diese erhält Febr. 1945 völlig neue Feldpostnummern ohne erkennbare grundlegende Auffrischung.

Unterstellung:

1939	Sept.	XVI	10. Armee	Süd	Osten	Radom, Warschau
	Dez.	z. Vfg.	–	„B"	Westen	Eifel, Hunsrück
1940	Jan.	z. Vfg.	–	„B"	Westen	Eifel, Hunsrück
	Mai	z. Vfg.	16. Armee	„A"	Westen	Luxemburg, Somme
	Juni	XXXIX	Guderian (12.)	„A"	Westen	Frankreich (Aisne)
	Juli/Aug.	XXXIX	2. Armee	„C"	Westen	Frankreich
	Sept./Dez.	XVI	18. Armee	„B"	Osten	Ostpreußen
1941	Jan./Febr.	XVI	18. Armee	„B"	Osten	Ostpreußen
	März/Apr.	z. Vfg.	4. Pz.Gru.	„B"	Osten	Ostpreußen
	Mai	z. Vfg.	4. Pz.Gru.	„C"	Osten	Ostpreußen
	Juni/Sept.	XXXXI	4. Pz.Gru.	Nord	Osten	Dünaburg, Leningrad,
	Okt./Dez.	XXXXI	3. Pz.Gru.	Mitte	Osten	Wiasma, Moskau
1942	Jan.	XXXXI	3. Pz.Gru.	Mitte	Osten	Welish
	Febr.	XXXXVI	9. Armee	Mitte	Osten	Welish, Rshew
	März/Apr.	XXIII	9. Armee	Mitte	Osten	Rshew
	Mai	XXVII	9. Armee	Mitte	Osten	Rshew
	Juni/Juli	XXIII	9. Armee	Mitte	Osten	Rshew
	Aug.	z. Vfg.	4. Armee	Mitte	Osten	Rshew
	Sept./Nov.	XXXIX	9. Armee	Mitte	Osten	Rshew
	Dez.	XXXXI	9. Armee	Mitte	Osten	Rshew
1943	Jan.	z. Vfg.	–	„D"	Westen	Frankreich
	Febr.	z. Vfg.	15. Armee	„D"	Westen	Frankreich
	März/Apr.	z. Vfg.	7. Armee	„D"	Westen	Frankreich
	Mai	z. Vfg.	–	„D"	Westen	Frankreich
	Juni	z. Vfg.	–	„E"	Südosten	Balkan
	Juli/Aug.	LXVIII	–	„E"	Südosten	Griechenland
	Sept.	LXVIII	11. ital. Armee	„E"	Südosten	Griechenland
	Okt.	LXVIII	„E"	„E"	Südosten	Griechenland
	Nov.	z. Vfg.	8. Armee	Süd	Osten	Nordukraine
	Dez.	XXXXVIII	4. Pz.Armee	Süd	Osten	Shitomir
1944	Jan.	XXXXVIII	4. Pz.Armee	Süd	Osten	Winniza
	Febr.	XXIV	4. Pz.Armee	Süd	Osten	Winniza
	März	z. Vfg.	1. Pz.Armee	„A"	Osten	Brody
	Apr.	LIX	1. Pz.Armee	Nordukr.	Osten	Brody
	Mai	z. Vfg.	4. Pz.Armee	Nordukr.	Osten	Brody
	Juni	z. Vfg.	1. Pz.Armee	Nordukr.	Osten	Brody
	Juli	III	1. Pz.Armee	Nordukr.	Osten	Zloczow
	Aug.	XXXXVIII	4. Pz.Armee	Nordukr.	Osten	Brody
	Sept.	XXIV	1. Pz.Armee	Nordukr.	Osten	Karpathen
	Okt.	III	6. Armee	Süd	Osten	Ungarn
	Nov.	LVII	6. Armee	Süd	Osten	Ungarn
	Dez.	IV	6. Armee	Süd	Osten	Ungarn
1945	Jan.	Kav.K.	6. Armee	Süd	Osten	Ungarn
	Febr./März	III	6. Armee	Süd	Osten	Ungarn
	Apr.	IV. SS	6. Armee	Süd	Osten	Ungarn
	Mai	IV. SS	6. Armee	Ostmark	Osten	Ostalpen

233. Panzer-Division

Im April 1945 wurde die in Dänemark stehende 233. Res.Panzer-Division in 233. Panzer-Division umbenannt. Sie bestand jetzt aus (Stand 7. 5. 1945):

Panzergrenadier-Rgt. 42 3 Btle.
Panzergrenadier-Rgt. 50 2 Btle. (bisher Res.Gren.Rgt. 3)
Panzergrenadier-Rgt. 83 2 Btle.
Pz.Aufkl.Abt. 233 aus Res.Pz.Aufkl.Abt. 3
Pz.Jg.Abt. 1033 aus Res.Pz.Jg.Abt. 3
Art.Rgt. 1233 (Stab) mit Art.Abt. 1233 aus Res.Art.Abt. 59
Pz.Pi.Btl. 1233 aus Res.Pi.Btl. 208
Pz.Nachr.Kp. 1233 aus Res.Pz.Nachr.Kp. 1233
Versorg.Abt. 1233.

In der FpÜ fehlen I. und III./42, Stab 50 und I./83. Das Pz.Gren.Rgt. 42 sollte mit Befehl vom 6. 4. 1945 der Pz.Division Clausewitz zur Aufstellung in den Raum Lauenburg/Elbe zugeführt werden; die letzte Fp.Angabe lautet jedoch noch Aarhus.

Unterstellung:

1945	März (Reste)	WBefh. Dänemark
	April	WBefh. Dänemark

Anlage 17

Panzerverbände im Partisaneneinsatz

Die Panzerverbände der Fronteinheiten wurden in der Regel nicht zum Einsatz gegen Partisanen im Hinterland verwendet. Nur in Ausnahmefällen (s.u.), wenn ein Panzerverband zur Auffrischung oder in Ruhequartieren hinter der Front lag, konnte er bei entsprechender militärischer Lage zum Einsatz gegen sowjetische Partisanengruppen eingesetzt werden.

Die Kommandierenden Generale und Befehlshaber der Sicherungstruppen im Hinterland der Heeresgruppen hatten z.B. im September 1943 folgende Panzereinheiten in ihrem Bereich stehen:

Heeresgebiet Nord:
Pz.-Kompanie Radfahr-Sicherungsregiment 3
Panzer-Werkstattkompanie 918

Heeresgebiet Mitte:
leichte Pz.-Kompanie Radfahr-Sicherungsregiment 2

Heeresgebiet Süd:
Pz.-Kompanien 221 und 318
(Die Pz.-Kompanien waren lediglich mit leichten russischen Beute-Panzerkampfwagen ausgerüstet.)

Auswahl von Beispielen zum Einsatz von Panzerverbänden gegen Partisanen:

1.) März/April 1943:
Einsatz 8. PD gegen Partisanen im Raum Gorodok-Orel;

2.) Mai 1943:
Einsatz 5. PD gegen Partisanen im Raum nordwestlich Brjansk;

3.) Juni 1943:
Einsatz 4. und 18. PD gegen Partisanen im Raum Brjansk-Trubtschewssk;

4.) August 1944:
Pz.Abt. 302 (Funklenkpanzer) und I./Fallschirm-PR. »Hermann Göring« gegen polnische Widerstandsgruppen in Warschau - usw.

Anlage 18

Panzerwerkstatt- und Bergeeinheiten

Bei den Panzerregimentern gab es je eine Panzer-Werkstattkompanie (anfangs nur Werkstattkompanie genannt). Die selbständigen Panzerabteilungen verfügten gleichfalls über eine Panzer-Werkstattkompanie bzw. einen -zug.
Spezialeinheiten zur Instandsetzung und Bergung von Panzerkampfwagen wurden 1940 innerhalb der Nachschubdienste, die zu den Heerestruppen gehörten, aufgestellt. Diese Einheiten wurden ab 1.4.1943 der Waffengattung Panzertruppen zugeteilt.
Es gab im einzelnen:

Panzer-Instandsetzungsabteilungen mit Panzer-Werkstatt- und Panzer-Bergekompanie,
selbständige Panzer-Bergekompanien bzw. -züge,
Panzer-Ersatzteillager OKH A-E,
Panzer-Werkstattkommando Paris,
Panzer-Nachschublager (nur 1941),
Panzerwerkstätten in Wien und Pschelautsch/Mähren,
Panzer-Ersatzteilkolonne Nr. 1,
Ersatzteilstaffeln,
Reifen- und Ersatzteillager,
Panzer-Werkstattkompanie Nr. 918 bei Heeresgruppe Nord,
Gleiskettenlager des OKH,
Panzer-Instandsetzungsgruppen bei den Heeres-Kraftfahrparks an der Front und in der Heimat.

Anlage 19

Werkstattkompanien und Nachschub-Lager

Ohne die Männer der Werkstattkompanien hätten die Kampfwagen nicht fahren und schießen können. Trotzdem wurden diese Einheiten nie im Bericht des Oberkommandos der Wehrmacht erwähnt. Hier wird die Laufkette eines P-III untersucht und wieder anmontiert. (Bild vom 22.8.1941.)

Das Treibrad der Laufkette eines »Tigers« muß ausgewechselt werden. Mit Hilfe des Kranwagens der Werkstattkompanie muß das neue Treibrad in die richtige Position zur Montage gehievt werden.(Bild vom 1.11.1943.)

Neue Kampfwagen vom Typ P-II sind vom Band gerollt und harren der Tarnfarben. (Bild vom 24.10.1942 von einem Auslieferungslager der Firma MAN.)

Im Munitions- und Treibstofflager einer Panzerdivision im Mittelabschnitt der Ostfront. (Bild vom 27.3.1944.)

In einer »Tiger«-Reparatur-Werkstätte. Der beschädigte Turm mit Kanone wurde neu hergerichtet, und wird nun vom Kran einer Hebebrücke aufgehoben, um zum Panzerfahrzeug gebracht zu werden. (Bild vom Mai 1944.)

Anlage 20

Soll an Waffen eines Panzerregiments — 1944

Gewehre	= 626
Pistolen	= 911
Maschinenpistolen	= 109
Maschinenpistolen auf Pz.-Fahrzeugen	= 170
leichte Maschinengewehre	= 29
leichte Maschinengewehre auf Panzerfahrzeugen	= 334
2-cm-Flak-Vierling auf Selbstfahrlafetten	= 6
3,7-cm-Flak auf Panzerfahrzeugen	= 8
7,5-cm-KwK 40 oder 42	= 79 bzw. 81

Anlage 21

Soll an Fahrzeugen eines Panzerregiments — 1944

Gepanzerte Fahrzeuge:

Panzerkampfwagen P-IV	= 86
Panzerkampfwagen P-V	= 73
Panzer-Befehlswagen P-IV	= 3
Panzer-Befehlswagen P-V	= 6
Berge-Panzer P-III	= 2
Schützenpanzerwagen	= 10

Ungepanzerte Fahrzeuge:

leichte Kräder	= 13
Beiwagen-Kräder	= 3
Ketten-Kräder	= 41
leichte Pkw (normal)	= 3
leichte Pkw (geländegängig)	= 61
mittl. Pkw (geländegängig)	= 6
leichte Lkw (normal)	= 3
mittl. Lkw (normal)	= 9
schwere Lkw (normal)	= 28
leichte Lkw (geländegängig)	= 22
mittl. Lkw (geländegängig)	= 47
schwere Lkw (geländegängig)	= 78
Lkw mit Kettenantrieb (»Maultier«)	= 12
Kranken-Kraftwagen	= 2
Kraft-Omnibus	= 1
Anhänger	= 17
Sonder-Kfz 100	= 3
Zug-Kraftwagen (Zgkw) 1 to	= 17
Zug-Kraftwagen 8 to	= 6
Zug-Kraftwagen 18 to	= 8
Zug-Kraftwagen 35 to	= 4
Sonder-Kfz 9/1 (18 to)	= 2

Anlage 22

Verluste an Panzerkampfwagen im Ostfeldzug

(Aufstellung nach Müller-Hillebrand: Das Heer, Bd. 3)

Typ	I	II	(F)	38 (t)	III	III	IV	IV	IV	V Panther	VI Tiger I	VI Tiger II	Flak-panzer	Pz. Befw.	Berge-Pz.	Summe der Zeilen 1 bis 15
Fahrgestell	I	II	II/III	38 (t)	III	III	IV	IV	IV	V	VI	VI	38 (t) u. IV	I-VI	38 (t), III, IV, V	
Waffe	M.G.	Kw.K. 2 cm	Flamm-öl	Kw.K. 3,7 cm	Kw.K. 3,7 u. 5 cm L 42	Kw.K. 5 cm L 60 u. 7,5 cm L 24	Kw.K. 7,5 cm L 24	Kw.K. 7,5 cm L 43 u. L 48	Pak 7,5 cm L 70	Kw.K. 7,5 cm L 70	Kw.K. 8,8 cm L 56	Kw.K. 8,8 cm L 71	Flak 3,7 cm, Flak 2 cm, 2 cm-Vierling, 3 cm-Zwilling	versch.	—	
Nr. der Zeile	1	2	3	4	5	6	7	8	9	10	11	12	13	14	15	16
Mai 1941	—	—		—	—		1							—		1
Juni	34	16		33	27		16							1		127
Juli	109	107		175	219		108							18		736
August	141	96		173	90		70							12		582
September	7	24		62	98		21							17		229
Oktober	15	34		84	35		52							14		234
November	25	27		144	105		36							6		343
Dezember	14	89		102	208		65							28		506
Summe 1941	345	393		773	782	—	369							96		2758
Januar 1942	18	76		31	181	—	48							28		382
Februar	15	40		8	157		49	—						16		285
März	1	3		7	32		10	—						8		61
April	1	12		11	50		22	—						4		100
Mai	8	6		6	14		30							2		66
Juni	5	22		4	110		41							3		185
Juli	—	28		5	235		61							16		345
August	2	27		20	130		37				—			2		218
September	4	21		24	179		48				—			4		280
Oktober	1	11		37	87		54				3			3		196
November	5	29		25	266		57				—			9		391
Dezember	—	12		18	60		45				—			4		139
Summe 1942	60	287		196	1501		502				3			99		2648
Januar 1943	—	49	—	30	231		93				11			17		431
Februar		207	—	13	988		345				3			40		1596
März		51	—	30	242		136				16			27		502
April		22	—	4	80	165	19	117			4			5		416
Mai		25	1	2	13	90	4	152			17			2	—	306
Juni		12	—	—	—	2	1	4		—	—			—	—	19
Juli		26	4	—	18	171	19	271		83	33			17	3	645
August		4	11	1	14	163	11	269		41	40			18	—	572
September		1	9	1	7	1	1	136		123	65			9	—	353
Oktober		2	13	5	10	55	6	193		107	32			26	1	450
November		5	11	10	21	84	2	260		79	28			22	2	524
Dezember		4	14	—	5	35	12	301		92	58			26	1	548
Summe 1943		408	63	96	2395		2352			525	307			209	7	6362
Januar 1944		3	3		5	37	10	264		128	53			28	—	531
Februar		2	1		1	26	3	149		116	13			28	—	339
März		1	8		1	—	1	120		19	28			13	—	191
April		2	6		2	38	1	276		242	96			26	1	690
Mai		1	1		—	—	—	83		114	20			7	—	226
Juni		1	—		6	8	8	262		133	89			19	2	528
Juli		46			—	4	—	426		347	191			46	8	1068
August		4				2	3	365		278	91			21	5	769
September		1				—	—	292	—	298	142		16	23	3	775
Oktober		—						141	20	283	39	10	19	27	7	546
November								81	5	105	19	11	18	12	3	254
Dezember								158	28	234	2	30	38	21	6	517
Summe 1944		61	19		15	115	26	2617	53	2297	783	51	91	271	35	6434
Januar 1945								287	93	237	62	6	22	46	11	764
Summe Mai 1941 bis Januar 1945	405	1149	82	1065	4808		6153		146	3059	1155	57	113	721	53	18966

Bem.: Panzerkampfwagen des Typs 35 (t) waren ab 1941 nicht mehr im Feldheer vorhanden.

DIE DEUTSCHEN KAMPFWAGEN IM LETZTEN KRIEGSJAHR

Typ	Gefechts- gewicht to.	Bewaffnung	Geschwindigkeit Straße Gelände km/h	Panzerung: Front Seiten Turm vorn
P - IV	23,6	7,5-cm KwK	42 15 - 20	50 mm 30 mm 50 mm
P - V/I	44,8	7,5-cm KwK 42 L/70	55 30 - 40	80 - 100 mm 45 mm 80 mm
P - V/II	(dasselbe, nur mit schmalem Turm)			
P - VI/I	54	8,8-cm KwK 42 L/56	40 20 - 30	100 mm 60 - 80 mm 120 mm
P - VI/II	68	8,8-cm KwK 42 L/71	38 15 - 20	150 mm 80 mm 150 mm
P - III (Flamm-)	23	2 MG	40 18 - 20	50 mm 30 mm 50 mm

(Strahllänge 50 - 60 m, Ölinhalt 1000 l.)

DIE TRÄGER DES EICHENLAUBS ZUM RITTERKREUZ DER PANZERTRUPPE

(Dienststellung nur bis Regimentskommandeur)

Nr.	Datum der Verleihung	Dienstgrad und Name	Dienststellung und Einheit
44.	31. 12. 1941	Oblt. Buchterkirch	Chef 2./PR. 6
47.	31. 12. 1941	Hptm. Schulz	Kdr. I./PR. 25
133.	11. 10. 1942	Hptm. Kümmel	Kdr. I./PR. 8
144.	13. 11. 1942	Oberstlt. Graf Strachwitz	Kdr. I./PR. 2
219.	02. 04. 1943	Hptm. Hudel	Kdr. I./PR. 7
236.	10. 05. 1943	Hptm. Stotten	Kdr. I./PR. 8
262.	01. 08. 1943	Major Bäke	Kdr. II./PR. 11
285.	29. 08. 1943	Major von Cossel	Kdr. I./PR. 35
348.	07. 12. 1943	Oberstlt. Langkeit	Kdr. PR. 36
385.	08. 02. 1944	Major Löwe	Kdr. Pz. Abt. 501
396.	12. 02. 1944	Oberst von Lauchert	Kdr. PR. 15
425.	13. 03. 1944	Hptm. Rettemeier	Kdr. Pz. Abt. 5
436.	26. 03. 1944	Hptm. Grüner	Kdr. I./PR. 2
485.	04. 06. 1944	Oberfeldw. Strippel	Zugf. 4. /PR. 1
513.	26. 06. 1944	Hptm. Graf von Kageneck	Kdr. Pz. Abt. 503
535.	27. 07. 1944	Leutnant Carius	Fhr. 2. /Pz. Abt. 502
536.	27. 07. 1944	Ob. v. Oppeln-Bronikowski	Kdr. PR. 22
538.	28. 07. 1944	Major Schulze	Kdr. Pz. Abt. 21
581.	10. 09. 1944	Leutnant Bölter	Fhr. 1. /Pz. Abt. 502
590.	21. 09. 1944	Major Haen	Kdr. Pz. Abt. 103
604.	04. 10. 1944	Oblt. Burg	Fhr. 7. /PR. »GD«
636.	28. 10. 1944	Major Schultz	Kdr. PR. 35
649.	16. 11. 1944	Major Weidenbrück	Kdr. Pz. Abt. 104
729.	05. 02. 1945	Oberst Sander	Kdr. PR. 31
754.	24. 02. 1945	Leutnant von Rohr	Fhr. 2. /PR. 25
795.	23. 03. 1945	Oberstlt. von Meyer	Kdr. PR. »Coburg«.

Von den genannten Soldaten erhielten später das »Eichenlaub mit Schwertern...«: Oberst Graf Strachwitz, Oberstlt. Schultz, Oberstlt. Bäke, Generalmajor von Oppeln-Bronikowski; die ersten beiden Offiziere wurden noch mit dem »Eichenlaub mit Schwertern und Brillanten...« ausgezeichnet.

TRÄGER DES RITTERKREUZES ZUM KRIEGSVERDIENSTKREUZ

Oberleutnant (Ing.) Römer	Pz. Brig. 101
Leutnant (Ing.) Schlegel	Pz. Abt. 103
Heeres - Hauptwerkm. Benoit	PR. 31
Heeres - Hauptwerkm. Sextel	PR. 35
Ober - Funkmeister Hoelck	PR. 6
Oberfeldwebel Reuschel	PR. 3
Oberfeldwebel Schwarz, A.	PR. 201
Oberfeldwebel Schwarz, F.	PR. 23
Oberfeldwebel Wassner	PR. 36

Obermeister Hahne der Firma Alkett, Berlin, der bereits in der deutschen Pz. Ausbildungsstätte Kama/ UdSSR tätig und bis Kriegsende hervorragend am Panzerbau beteiligt war, erhielt das »Goldene Ritterkreuz des KVK«. (Diese Auszeichnung wurde nur zweimal verliehen.)

Anlage 26

Feldzeitungen der Panzertruppe

(Auswahl)

»Armee-Zeitung« (2. Panzerarmee)
»Blücher. Frontzeitung einer Panzerarmee«.
»Die Feuerwehr. Grabenzeitung der Pz.Gren.D. Großdeutschland, später Panzerkorps Großdeutschland.«
»Frontnachrichtenblatt der Armeezeitung 'Der Sieg'«.
»Grabenzeitung des 'Panzer voran'.«
»Die Oase. Feldzeitung der deutschen Truppen in Afrika.«
»Panzer am Balkan. Nachrichtenblatt unserer Panzergruppe.«
»Panzer voran! Frontzeitung einer Panzerarmee im Osten.«
»Panzerfaust. Feldzeitung für die Soldaten einer Panzerarmee.«
»Panzerfunk. Nachrichtenblatt einer Panzerarmee.«
»Der Panzer-Kamerad. Nachrichtenblatt einer Panzerdivision.« (6. PD).
»Raupe und Rad. Frontzeitung einer Panzerarmee.« (2. Panzerarmee).

Verschiedene Panzerdivisionen ließen im Laufe des Krieges durch ihre Kartenstellen Mitteilungsblätter und Feldzeitungen für die Angehörigen der jeweiligen Division herstellen. Als Beispiel für diese Art von Soldatenzeitungen ist oben die Ausgabe der 6. PD genannt.

Generale der Panzertruppe, die den Soldatentod auf dem Schlachtfeld starben

Dienstgrad und Name	Dienststellung	Todesjahr und -Ort
Glt. Angern	Kdr. 16. PD	1943 Stalingrad
Gm. von Bernuth	Chef Gen.Stab Pz.AOK 4	1942 Ostfront/Mitte
Glt. von Bismarck	Kdr. 21. PD	1942 Tobruk
Gen. d. Inf. Block	Komm. General LVI. Pz.Korps	1945 Oderfront
Gm. Büchting	Höh. Nachr. Fhr. Pz.Armee Afrika	1942 El Alamein
Gm. Baron Digeon von Monteton	Kdr. Waffenschule 3. Pz. Armee	1944 Gorodez/Witebsk
Gm. Edler von Dawans	Chef Gen.Stab Pz.Gruppe West	1944 La Caine/Normandie
Gen. d.Inf. Eibl	Komm. General XXIV. Pz.K.	1943 nordwestl. Stalingrad
Gm. Frhr. von Elverfeldt	Kdr. 9. PD	1945 Köln
Glt. Fischer	Kdr. 10. PD	1943 Tunis
Gm. von Hünersdorff	Kdr. 6. PD	1943 sdl. Stalingrad
Gm. Jacob	Höh. Art.Offizier XXIV. Pz.Korps	1942 Stalino
Glt. Källner	Komm. General XXIV. Pz.Korps	1945 Sokolnica
Gen. Arzt Dr. Kern	Armeearzt Pz.AOK 1	1945 Brünn
Gm. Knebel	Kdr. Waffenschule 3. Pz.Armee	1945 Pommern
Gen. d.Pz.Tr. Frhr. von Langermann und Erlencamp	Komm. General XXIV. Pz. Korps	1942 Storoshewoje
Gm. Mack	Kdr. 23. PD.	1942 sdl. Pjatigorsk
Gen. d. Art. Martinek	Komm. General XXXIX. Pz.Korps	1944 Beresinow
Gm. Michalik	Kdr. Pz. Eingreif-Verb. Heeresgr. Südukraine	1944 am Pruth
Gm. Neumann-Silkow	Kdr. 15. PD	1941 Derna/Nordafrika
Gm. Graf von Nostitz-Wallwitz	Kdr. 24. PD	1945 Eckernförde
Glt. von Prittwitz und Gaffron	Kdr. 15. PD	1941 Tobruk
Glt. von Randow	Kdr. 21. PD	1942 Tripolis
Gm. Riebel	Kdr. PR. 24	1942 Stalingrad
Glt. Schilling	Kdr. 17. PD	1943 Doljenhaja
Gm. Schmidhuber	Kdr. 13. PD	1945 Budapest
Gen. Arzt Dr. Scholl	Korpsarzt XXXX. Pz. Korps	1942 Kaukasus
Glt. Schünemann	Komm. General XXXIX. Pz.Korps	1944 Pagost
Gm. Schulz, A.	Kdr. 7. PD	1944 Schepetowka

Gm. Dr. Schulz, J.	Kdr. 9. PD	1943 Kriwoj Rog
Gm. von Seckendorff	Kdr. Pz.Brig. 113	1944 Lagarde
Glt. Sieberg	Kdr. 14. PD	1943 Kirowograd
Gen. d.Pz.Tr. Stumme	Führer Pz.Armee Afrika	1942 El Alamein
Gen. d.Art. Wandel	Komm. General XXIV. Pz.Korps	1943 Chilino
Gm. Ritter von Weber	Kdr. 17. PD	1941 Krassnyj
Gen. d.Pz.Tr. Zorn	Komm. General XXXXVI. Pz.Korps	1943 Krassnaja-Roschtscha

Abkürzungen:		
	Gen. = General	Inf. = Infanterie
	Glt. = Generalleutnant	Art. = Artillerie
	Gm. = Generalmajor	Pz.Tr. = Panzertruppe

Ferner starben im 2. Weltkrieg noch folgende Generale:

durch Krankheit (teilw. in Gefangenschaft)	= 8
durch Unglücksfälle	= 4
durch Freitod	= 5
durch Todesurteil deutscher Gerichte	= 1

Anlage 28

Die Panzerverbände der Luftwaffe

Nachdem die Fallschirmjägertruppe der Luftwaffe nach ihrem Einsatz auf Kreta 1941 auf höchsten Befehl hin nicht mehr zum Fallschirmsprungeinsatz verwendet werden sollte, wurden die Divisionen für den Fronteinsatz befohlen. Im Zuge dieser Umstrukturierung wurde im November 1942 bei Berlin die aus zwei Regimentern bestehende Fallschirm-Panzerdivision »Hermann Göring« aufgestellt.
(Das Heer stellte in den folgenden Jahren hierzu Offiziere, Unteroffiziere und Mannschaften ab; so waren z.B. die Generalmajore von Necker und Lemke als Heeresoffiziere Kommandeure dieser Division.)

Einsatzdaten und -orte der Fallschirm-PD »Hermann Göring«:

1943	Januar/April	Ausbildung im Raum Bordeaux
	Mai/Juli	Einsatz auf Sizilien
	August/Dezember	Einsatz in Kalabrien, bei Salerno und am Volturno
1944	Januar/Februar	Einsatz Raum Nettuno
	März/April	Auffrischung in der Toscana
	Juni/Juli	Einsatz bei und in Rom
	August	Verlegung an die Ostfront
	September	Kampf in und bei Warschau
	Oktober	Rückzugkämpfe nach Ostpreußen
	November/Dezember	Einsatz im Raum Gumbinnen
1945	Januar	Einsatz in Südpolen (Lodz)
	Februar	Kampf um Breslau
	März/April	Einsatz in Niederschlesien und Ostsachsen
	Mai	Kapitulation in Mitteldeutschland

Anlage 29

Die Panzerverbände der Waffen-SS

SS-Panzer-Armee-Oberkommando 6:

Aufgestellt am 26.10.1944 im Westen für die Ardennen-Offensive, ab 3.3. 1945 Einsatz in Ungarn und Österreich.
Unterstellt SS-Führ.Nachr.Rgt. (mot.) 500.
Dem Stab SS-Pz.AOK 6 gehörten auch Offiziere des Heeres an. Gleichfalls waren Armee- bzw. Panzerkorps des Heeres mit ihren Divisionen dem SS-Pz.AOK 6 unterstellt.

SS-Panzerkorps:

Nr.	Bemerkungen	Bemerkungen
I.	Leibstandarte AH	Aufgestellt 1943
II.		Aufgestellt 1942
III.	Germanisches Pz.K	Aufgestellt 1943
IV.		Aufgestellt 1944
VII.		Aufgestellt 1944
XIII.		Aufgestellt 1944

SS-Panzerdivisionen:

Nr.	Name	mit SS-Panzer-Regiment Nr. u. Name
1	Leibstandarte AH	1 Leibstandarte AH
2	Das Reich	2
3	Totenkopf	3 Danmark
5	Wiking	5
9	Hohenstaufen	9
10	Frundsberg	10 Langemarck
12	Hitlerjugend	ohne ein SS-PR

SS-Divisionen mit SS-Panzerabteilungen:

Nr.	Name	mit SS-Panzerabteilung Nr. u. Name
4	SS-Polizei-D	4
11	Nordland	11 Hermann von Salza
16	Reichsführer-SS	16
17	Götz von Berlichingen	17
18	Horst Wessel	18
26	Ungarische Nr. 3	26
27	Langemarck	27
28	Wallonien	28
31	Böhmen-Mähren	31

Das Gesicht der deutschen Panzerkampfwagen

Sturmpanzerkampfwagen »A 7 V« des 1. Weltkrieges. 9 t, 100 PS, zwei 5,7-cm-Schnellfeuerkanonen, zwei MG.

Panzer I, Ausf. A, 5,4 t, 60 PS, zwei MG.

Panzer II, Ausf. F, 9,5 t, 140 PS, 2-cm-KwK 38 L/55, ein MG 34.

Panzer III, Ausf. J, 22,3 t, 265 PS, 5-cm-KwK L/60, zwei MG.

38(t), 10,5 t, 125 PS, 3,7-cm-KwK (t) L/40, zwei MG.

Panzer IV, Ausf. H, 25 t, 300 PS, 7,5-cm-KwK L/48, zwei MG.

Panzer V, Ausf. G, 44,8 t, 700 PS, 7,5-cm-KwK L/70, drei MG.

Panzer VI-II »Königstiger« 69,7 t, 700 PS, 8,8-cm-KwK L/71.